烂柯山鸟瞰

烂柯山景区入口

中国围棋谷

天生石梁

日迟亭

青霞第八洞天

张源题词碑

陈祖德题词石碑

忠壮公像

忠壮公墓

忠壮陵园

忠壮陵牌坊

宝岩寺

樵隐岩

荆溪村八卦田

荆溪花海

衢州文库 区域文化集成

围棋仙地

衢州烂柯山

衢州市住房和城乡建设局 主编

创于1897 商务印书馆
The Commercial Press

图书在版编目（CIP）数据

围棋仙地：衢州烂柯山 / 衢州市住房和城乡建设局
主编 . —北京：商务印书馆，2017
（衢州文库）
ISBN　978-7-100-12988-6

Ⅰ.①围…　Ⅱ.①衢…　Ⅲ.①山-介绍-衢州　Ⅳ.
①K928.3

中国版本图书馆CIP数据核字（2017）第038296号

围 棋 仙 地
——衢州烂柯山
衢州市住房和城乡建设局　主编

商 务 印 书 馆 出 版
（北京王府井大街36号　邮政编码100710）
商 务 印 书 馆 发 行
山东鸿君杰文化发展有限公司印刷
ISBN 978-7-100-12988-6

2017年1月第1版　　开本710×1000　1/16
2017年1月第1次印刷　　印张 19
定价：65.00元

《衢州文库》总序

陈　新

　　衢州地处钱塘江源头,浙闽赣皖四省交界之处,是一座生态环境一流、文化底蕴深厚的国家历史文化名城。生态和文化是衢州的两张"金名片",让250多万衢州人为之自豪,给众多外来游客留下了美好的印象。

　　文化是一个地方的独特标识,是一座城市的根和魂。衢州素有"东南阙里、南孔圣地"之美誉,来到孔氏南宗家庙,浩荡儒风迎面而来,向我们讲述着孔子第48代裔孙南迁至衢衍圣弘道的历史。衢州是中国围棋文化发源地,烂柯山上的天生石梁状若虹桥,向人们诉说着王质遇仙"山中方一日、世上已千年"的传说。衢州也是伟人毛泽东的祖居地,翻开清漾村那泛黄的族谱,一部源远流长的毛氏家族史渐渐清晰……这些在长期传承积淀中逐渐形成的文化因子,承载着衢州的历史,体现了衢州的品格,成为衢州人心中独有的那份乡愁。

　　丰富的历史文化遗产是衢州国家历史文化名城的根本,是以生态文明建设力促城市转型的基础。失去了这个根基,历史文化名城就会明珠蒙尘、魅力不再,城市转型也就无从谈起。我们要像爱惜自己的生命一样保护历史文化遗产,并把这些重要文脉融入城市建设管理之中,融入经济社会发展之中,赋予新的内涵,增添新的光彩。

　　尊重和延续历史文化脉络,就是对历史负责,对人民负责,对子孙后代负责。对此，我们义不容辞、责无旁贷。近年来，我们坚持在保护中发展、在发展中保护，对水亭门、北门街等历史文化街区进行保护利用，复建了天王塔、文昌阁，创建了国家级儒学文化产业试验园区，儒学文化、古城文化呈现出勃勃生机。我们还注重加强历史文化村落保护，建设了一批农村文化礼堂，挖掘整理了一批非物质文化遗产，留住了老百姓记忆中的乡愁。尤为可喜的是，在优秀传统文化的涤荡和影响下，衢州凡人善举层出不穷，助人为乐蔚然成风，"最美衢州、仁爱之城"已成品牌、渐渐打响。

《衢州文库》对衢州悠久的历史文化进行了收集和汇编，旨在让大家更加全面地了解衢州的历史，更好地认识衢州文化的独特魅力。翻开《衢州文库》，你可以查看到载有衢州经济、政治、文化、社会等沿革的珍贵史料文献，追溯衢州文化的本源。你可以了解到各具特色的区域文化，感悟衢州文化的开放、包容、多元、和谐。你可以与圣哲先贤、仁人志士进行跨越时空的对话，领略他们的崇高品质和人格魅力。它既为人们了解和传承衢州文化打开了一扇窗户，又能激发起衢州人民热爱家乡、建设家乡的无限热情。

传承历史文化，为的是以史鉴今、面向未来。我们要始终坚持继承和创新、传统与现代、文化与经济的有机融合，从优秀传统文化中汲取更多营养，更好地了解衢州的昨天，把握衢州的今天，创造衢州更加美好的明天。

文化传承的历史担当（代序）

　　由衢州市文化广电新闻出版局组织编撰的《衢州区域文化集成》与《衢州名人集成》出版发行了，这两套集成内容广泛，门类齐全，特色鲜明，涉及衢州的历史文化、民情风俗、文学艺术、乡贤名人等方方面面，是一项浩大的文化工程，是一桩当今的文化盛事，也是近年来一项重要的文化成果。古人说：盛世修志，盛世修书。这两套集成的应运而出，再次见证了今天衢州文化的繁荣和兴旺。

　　衢州是国家历史文化名城，地处浙、闽、赣、皖四省交界，是多元文化交汇融合的独特地域，承载着九千多年的文明，可谓历史悠久，人文璀璨，有着丰富多样又特色鲜明的地方文化。一方水土养一方人，一方人又创造一方文化，因此，就衢州的文化而言，无论是以儒家文化为核心的主流文化，还是质朴自然的民俗文化，都打上了鲜明的地域印记，有着别具一格的风采和神韵，这就是我们昨天的一道永不凋谢的风景！是衢州人的精神因子与文化内核，是衢州人文精神的源头。

　　一个地方的文化传统、文化内涵、文化底蕴、文化品位如何，靠的不是笔墨和口水，而是靠我们拥有的那份文化遗存，靠固有的文化资源和独特的人脉传承，靠历史留下的那份无须争辩的文化财富。这两套集成就是要对衢州优秀的文化传统与当代文化进行全面的整理，并进行深入研究，分类撰写，汇编成册,把那些丰富的文化内涵充分地展示出来,让那些久远的同时又是优秀的历史文化走出尘封,让那些就在身边的优秀当代文化更清晰,让它们变得可以亲近,可以阅读,可以欣赏,可以触摸,可以感受,让优秀的地方文化焕发光彩!

优秀的地方文化是我们与前人共同创造的宝贵精神财富,是我们共同的精神家园,是我们共同的文化之根,是我们世代传承的精神血脉。传承优秀文化,是我们今天应有的历史担当,也是当下经济发展社会进步的客观需要。习近平总书记在纪念孔子诞辰2565周年国际学术研讨会暨国际儒学联合会第五届会员大会开幕式上的讲话中指出:"科学对待文化传统。不忘历史才能开辟未来,善于继承才能善于创新。优秀传统文化是一个国家、一个民族传承和发展的根本,如果丢掉了,就割断了精神命脉。我们要善于把弘扬优秀传统文化和发展现实文化有机统一起来,紧密结合起来,在继承中发展,在发展中继承。"我们出这两套集成的最根本目的就是要继承优秀的传统文化,又在继承中发展当下的文化,推进我们的文化强市建设,丰富城市的文化内涵,提升城市的知名度和美誉度,助推衢州经济社会的发展繁荣。

在今天新的历史时期,全市人民正团结一心,意气风发,开拓创新,为实现美丽的中国梦、美丽的衢州梦而奋发努力。在这种时代背景下,更需要有优秀的人文精神来凝聚人心,焕发激情,启迪心智,加油鼓劲!《衢州区域文化集成》与《衢州名人集成》的出版,就是顺应这一需要,通过接地气,通文脉,鉴古今,让昨天的文化经典成为我们今天追梦路上新的历史借鉴和新的精神动力!

衢州区域文化集成　　编委会
衢州名人集成

2015年12月

目　录

前　言

　　衢州烂柯山位于浙江省衢州市城南郊区10公里的石室乡境内，是一座历史文化名山，是晋代王质遇仙对弈，观棋烂柯神话故事的诞生地，从已知有文字记录至今已有1600余年，其名盛传不衰。这里山含翠黛，涧泉汩汩，石梁横空，洞穴生风。终日云烟缥缈，有如人间仙境，是浙江省省级旅游风景区。这天生地造的胜景，是大自然对衢州的恩赐。而王质遇仙这一传奇故事经历代典籍的记载，远播海内外。千百年来，多少文人墨客心仪名山而留下不朽之诗文，从而使烂柯山文化积淀如此之深厚，其意蕴如此之博大。

　　烂柯山又称围棋仙地，凡有围棋活动之处，莫不知烂柯典故。烂柯棋谱盛名天下，"烂柯"已成为围棋的别称。

　　烂柯山被道家称为七十二福地之一，名之为"烂柯福地"。道教将此处视为修真圣地，称其为"青霞第八洞天"。烂柯山又为衢州佛教发祥地之一，其山南麓的宝岩寺，曾盛极一时。

　　烂柯山有石破天惊之奇，柯烂人醒之妙，人间沧桑，意境无限。自晋朝以来，世世代代令人神往，烂柯文化早已融入向往者的心坎之上。

第一章 柯山概貌

第一节 自 然 环 境

烂柯山位于衢州市柯城区石室乡境内,地理坐标约为东经118°55′30″,北纬28°52′43″。地处市区东南面,坐落于乌溪江东畔。西北与全省闻名的化工城(巨化集团公司)隔江相望,西南麓建有衢州高级中学,东为连绵的山峦丘陵,北为广袤的平原农田。主峰海拔176.9米,一般为140米左右,相对高差60—90米。整个山体面积约8平方公里。

烂柯山源于仙霞山脉,为仙霞岭余脉的一部分,地处金衢盆地的西南端。金衢盆地形成于燕山运动晚期(距今约8000万年以前),受北东向断裂带控制,形成地堑型坳陷盆地。燕山期地壳运动极为强烈,表现为大规模的岩浆喷出和入侵,以及以断裂为主的剧烈构造变形为特点。但到晚白垩世时,地壳活动大为减弱,并处于相对稳定阶段,岩浆活动基本结束。而在坳陷盆地——金衢盆地时处于干旱气候环境下,堆积了巨厚的以红色为主的河湖相碎屑岩沉积层。主要由紫红色、棕红色、棕褐色泥岩、粉砂岩、泥质粉砂岩、细砂岩、夹砾岩等组成,有介形虫、脊椎动物及恐龙蛋、碎骨等动植物化石。红砂石下有石灰岩层,为古海洋生物骨骼沉积而成。

烂柯山的岩石质地不甚坚硬,主要由泥沙质胶结,在长期的风吹、雨淋、日晒、冰冻下受侵蚀。由于这些岩石颗粒粗细、软硬程度、胶结物和地质构造的破坏程度等多种因素，使其沿着岩石的裂隙、节理和层面等薄弱部位形成沟槽，如一线天景观就是颗粒较细的粉砂岩沿岩石层面被风化剥蚀而成缝和洞。砂砾岩因含质地坚硬的砾石，抗风化能力强，故呈壁和桥状，发育成洞、厅等千姿百态的地貌景观。又因这些岩石呈红色，形似红色晚霞，与福建武夷山风景区、江西贵溪龙虎山风景区一样，都为丹霞地貌。

烂柯山属亚热带季风气候区，并具有盆地气候特征。一年中四季分明，光照充足，雨量充沛，气候湿润，冬暖夏凉，年平均气温为17℃。每年1月为全年最冷时期，平均气温约4.5℃，极端最低温度为-10℃；自3月始，气温逐渐上升，7月份为全年气温最高时期，平均温度约26℃。极端最高温度为39℃。自9月始，温度逐渐下降。

全年降水量约1700毫米，每年4—6月为雨季，降水量约占全年的47％；7—8月晴热少雨。全年平均日照总时数为2118小时，年平均太阳总辐射量112千卡/平方厘米，冬季日照率高达95％以上。

第二节　生　物　状　况

清代以前，烂柯山松柏苍翠参天，林木荫郁，丹崖翠壁辉映林麓，飞禽走兽穿梭林间。林木除松、柏、杉外，还有樟、枫、柳、竹、桐、乌桕及橘柚、碧桃、枣、桂花等。药材有茱萸、茯苓、灵芝等。林间禽兽有子规、鹤、鸦、莺、鸠鹆、啄木鸟、猿、麋鹿、竹鼬等。但清末后林木毁损，禽兽大减。

1949年后，为恢复烂柯山植被和发展经济，50年代栽植油茶，60年代末、70年代初，分别种植大片马尾松、杉木。1979年始，实行全面封山。1983年自原浙江化工学院至一线天约400亩松林内插栽枫香、木荷、香樟等阔叶林种，以改变风景区内单一林相，同时又可控制松毛虫蔓延，并进一步发展各类经济林。80年代末以来，又栽植多种观赏花木，增添景色。20世纪末，烂柯山植被覆盖率在90％以上。主要植物有：

绿化树种：香樟、马尾松、火炬松、湿地松、黄山松、雪松、杉、水杉、池杉、千头柏、桧柏、刺柏、豹皮樟、木荷、枫香、长江枫、香梓、香椿、喜树、南酸枣、苦楝、苦槠、垂柳、黄杨、冬青、小叶女贞、桤木、泡桐、檵木、山槐、深山含笑、毛竹、小竹、雷竹。

经济林果：椪柑、蜜柑、柚、梨、桃、枇杷、枣、杨梅、柿、板栗、茅栗、山楂、银杏，以上为果品类；油茶、乌桕、山苍子、乌药，以上为油料类；山棉皮、野葛、青藤、棕榈，以上为纤维类，以及茶叶、桑树。

观赏花木：桂花、广玉兰、梅、蜡梅、樱花、碧桃、寿星桃、满山红、含笑、合欢、大血藤、杜鹃花、剪秋罗。

药用草木：栀子、蔷薇、厚朴、茯苓、白术、女贞子、草白前、白花、金银花、蚊香草、百合、蒲公英、半夏、十大功劳、金缨子、夏枯草、茱萸。

茅草（白茅、芒）、狼衣草（蕨）是柯山的主要草群丛，分散分布的还有狗尾草、牛筋草、马唐、狗牙根、苈草、马齿苋、蛇莓、茅莓、刺苋、芒其、香附子、车前草、青蒿、鸡眼草、地绵、天蓝苜蓿等，它们大多具食、药用开发价值。

此外，松蕈、木耳、草蕈等食用菌及地衣、苔藓等石生植物繁多。

茂林修竹，草木丛生，使禽兽得以栖息繁衍。现知柯山主要禽鸟有雉、布谷、啄木鸟、大山雀、八哥、黄鹂、猫头鹰、喜鹊、野鸡、花斑鸠及国家一类保护野生动物花山鸡。兽类主要是野兔、松鼠、狐狸、黄麂、穿山甲等。

柯山昆虫具特色的是蝴蝶，品种多样，大多属亚热带、温带类型。主要有黄蝶、凤蝶、粉蝶、蓝边蝶、黑幔等。其中凤蝶体形甚大，双翅色彩纷呈。

第三节　辖　区　简　介

烂柯山坐落于衢州市柯城区石室乡石室村，为石室乡辖区。该处晋时属信安县。唐咸通中（860—874）改信安县为西安县。宋承旧制，烂柯山属西安县十七乡。元属西安县烂柯乡兴贤里。明属西安县靖安乡石室里、石桥里。清初承明旧，康熙间，柯山属靖安乡十一都三十庄，雍正十年（1732）改编以千字文为序，将全县分为154字，烂柯山属馀字，后仍属靖安乡辖。民国3年（1914）属黄坛区，隶衢县（民国元年西安县改称衢县）；9年，黄坛区改为黄坛乡；19年设石室乡，隶衢县大洲区；34年设柯山乡，由县直属。

1949年8月属黄坛区黄坛乡（区公所驻石室街），1950年5月归大洲柯山乡辖，1956年属衢县石室乡，1958年属和平（大洲）公社石室管理区，1961年9月属花园区石室公社，均隶衢县，1981年4月属衢州市（县级）花园区石室公社，1982年底改石室公社为石室乡。1985年衢州市升为地级市，设柯城区，7月归属柯城区石室乡。乡人民政府驻石室街。

石室乡辖区东与衢江区大洲镇相邻，南与衢江区黄坛口乡为界，西与柯城区花园街道、衢化街道隔江相望，北与衢江区东港街道毗连，总面积42平方公里。下辖11个行政村，一个社区，39个自然村，人口1.9万余人。该乡系半山区和低丘陵区，地势自东南向西北倾斜，境内山地面积占80%，乌溪江自西南入境，向北流经东港街道入衢江，境内流程约10公里。发源于本乡南部天苍岭的石室溪，流程约7公里，在溪东埠汇入乌溪江。乌溪江引水渠坝位于烂柯山西南2公里，渠水由西南向东北经柯山西麓，再折东入衢江区横路乡。该引水工程的建成，使石室乡的水利灌溉条件有了改善。

1949年后，该乡逐步发展成以粮食为主，多种经营的综合农业经济区。1984年，全乡拥有耕地8853亩，年产粮食6960吨，棉花26.25吨，油菜籽220.4吨；并植有柑橘1133亩，年产150吨，茶园376亩，年产4.95吨。至1995年，粮食产量有所增加，棉花、茶叶等产量下降。柑橘种植面积增至2545亩，其中采摘面积1723亩，年产柑橘2000吨，主要品种为椪柑及蜜柑。此外尚有梨、桃、枇杷、柿子等果品，同时还有煤、铁、铝、石灰石等矿产资源和林木资源。1997年，全乡有工商企业752家，个体私营企业702家，全年工农业总产值超亿元，人均收入达2000元，分别比1985年翻了4番半和2番半。2015年实现工业总产值

10.01亿元,农民人均可支配收入1.47万元。

石室街历来是区乡行政机构所在地,清雍正年间即有街市,故称石室街,亦称石室市。民国时是衢县主要商市之一。1949年后,石室街发展迅速,街道拓宽,市面繁荣,交通通讯方便,村民普遍住上新楼房。随着烂柯山旅游事业的发展,进一步促进了该乡经济的繁荣。

第四节　柯　山　特　产

柯山茶　亦名柯山点,为茶中精品,宋时已闻名。宋礼部侍郎曾幾《迪侄屡饷新茶》诗有"欲作柯山点,当今阿造分"之句,并自注:"柯山点俗所谓衢点也。"

松烟墨　为古时柯山名产。以松烟制成。宋晁季一《墨经》载:"古用松烟、石墨二种。石墨自晋魏以后无闻,松烟之制尚矣。……衢州柯山、池州九华山及宣歙诸山皆产松之所。"元陆友《墨史》记载,宋、元时衢州善制墨者有叶茂实、詹从之、诸葛武仲、周达先、樊宗宪、黄元功等。柯山胡处士所制之墨尤为著名。宋张炜《柯山制墨胡处士隶字》诗称其所制之墨是"质模温润凝龙酥,麝气酷烈清透肤。浣濯研沼尘渣无,磨动淳漆生金壶"。明沈继孙《墨法集要原序》称:"余初制墨时,诸方并试之,用药愈多而墨愈下。其后受教于三衢之墨师,乃并去药,惟胶烟细和熟杵之,墨成色黑而光,真所谓如小儿目睛也。"可见衢州柯山松烟墨,自宋至明在国内影响之大。

石室酒　亦名风流泉,是石室所产名酒。宋陆游《偶得石室酒独饮醉卧觉而有作》诗称:"初寒思小饮,名酒忽堕前。索罂手自倾,色若秋涧泉。"宋周紫芝《风流泉铭并叙》:"石室酒出三衢,名倾浙右。辛未之秋,余得其法于衢人,后两月赴官江西,以授富水厨使酿之,既成,取以酌客,无不喜者,以为深醇雅健,自是一种风流。永兴宰郭君元寿欲余命名,为此邦故事。余笑曰:'当用坐客语,名以风流泉。'已而为之铭曰:德恶刚暴,酒欲媚斌,伊何人斯,酿此秌黍。

观其清醇而近道,温厚而不武,则含浊醪之妙,而嗣元酒之古也。至于风流酝藉,盖张曲江之为,人而若饮醇酎,则与周公瑾而语也。小人蕴凶,喜饮酷烈,太白在手,吻渴耳热,谓此君子,非我俦列。嗟嗟我友,妙韵胜绝,不崄以巇,不隙其末,誓当忘言,以对玉雪。"

郑永禧《烂柯山志》称:"以上三种品物制造法并出于宋,今失其传。"

金九橘 柯山所产柑橘的一种。宋陆游《柯山道上作》诗有"午酌金丸橘"句。清陈鹏年《丁丑九月柯山即事》诗有"木奴晴弹金丸弹"句。郑永禧《烂柯山志》称:"金丸或是其一种佳名,犹之黄香橘之类也。"陈扶摇《花镜》载:金橘"夏开小白花,秋冬实熟则金黄色,大如指头,或如弹丸","其味酸甜而芳香可口","生江浙川广间"。对照之,金丸橘属金橘,有的地方称金弹。今衢地仍有产。清周鸿《烂柯山赋》有"香飘橘柚之林"句,说明柯山盛产橘柚。

方竹 郑永禧《烂柯山志》载,柯山石桥寺旧有方竹。《群芳谱》称:"方竹体如削成,劲挺,堪为杖。"清陈圣泽咏方竹诗称"几时经砥砺,四面饱风霜"。郑清彦《题柯山寺方竹》诗:"果是神仙此地居,由来世道任清虚。有时日影侵棋局,方罫纵横得自如。"

玉粒秔 又名神仙稻。相传柯山寺前有田,名玉田,产玉粒秔。宋陆游《柯山道上作》诗有"晨炊玉粒秔"句。清康熙《西安县志》载:"秔有红白二种,又有晚米神仙稻,旱地可种。"

灵芝 相传柯山产芝,有青紫两色。宋赵湘《烂柯山》诗有"未得酬身计,闲来学采芝"句。清郑永禧称:"余于庚辰冬初至柯山,彼时寺宇未复,荒凉颓败,吊古欷歔。既而于瓦砾丛中古木根头得五色灵芝一本,光彩灿然,⋯⋯"并作《柯山见五色灵芝》诗一首。

山兰 郑永禧《烂柯山志》称:"山兰产于南山者多,近柯山四处皆有之。"清康熙《西安县志》载,山兰一干一花正月雪中开;春夏之交有九节兰,皆山中采取。

瑶草 又称翠云草，柯山岩下有产。据《群芳谱》载，瑶草"性喜阳，苍翠可爱。细叶素茎，重重碎戛，俨若翠钿。"日迟亭旧联有"两洞翠云瑶草秀"之句。明徐日儁《咏翠云草》诗称："日光齐映翠云裘。"

碧桃树 旧时，柯山岩北有一株碧桃树，终岁不落叶。元杨明《洞天春游》诗有"樵斧烂柯人换世，碧桃花影未曾移"之句；日迟亭旧联也有"一枰红雨碧桃花"之句。据传此碧桃树传自宋代，至清末才枯去。

玉井莲 莲花的一种，花纯白色，旧时柯山池塘内养有此莲。宋道士白玉蟾曾游烂柯山，有《烂柯山》诗，称"吟余池上聊倚枕，风月潇潇吹白莲"。陆游《偶得石室酒独饮醉卧觉而有作》有"秋风归去来，虚老玉井莲"之句。

朱土 清郑永禧《烂柯山志》称："朱土与银朱、丹砂、赭土等相类，疑即俗称土朱者是也。"宋洪迈《容斋随笔》载："大中祥符间，玉清昭应之建，丁渭为修宫使，所用有衢州之朱土。"明徐日久《葵园杂著》称："柯山朱土，传为仙人之丹砂。"

竹鼬 一名竹䶆，俗称竹豚。石室人徐日久《食竹鼬》诗序云："柯山近处人家多种竹，有获竹鼬者食之，味极甘美，惜不可多得。"诗中有"何须问蒸鸭，此味亦可想"句。苏东坡的《竹鼬》诗称："野人献竹鼬，腰腹大如盆。"《食物本草》称："鼬食竹根，居土穴中，大如兔，人都食之，其味如鸭。"

第五节　名　山　比　邻

衢州市区

衢州是座具有悠久历史和文化的名城，又是浙西地区的政治、经济、文化中心。烂柯山与市区相距仅12公里，有公路可直通山脚。

衢州古城早在东汉初平三年(192)即为新安县治所在地，迄今已有1800余年的历史。晋武帝太康元年(280)，以弘农有新安，故改新安为信安县。此后,志史书籍均称衢州为信安。南北朝陈永定三年(559)又置信安郡。至唐武德四年(621)于信安置衢州,并于古城建州治。嗣后,历代州、道、府治均设于此。中华人民共和国成立后,设衢州专员公署及衢州市(县级市)。1950年5月衢州市撤销,归属衢县。1955年衢州专署撤销,归属金华专署。1979年恢复衢州市建置。1985年5月经国务院批准,建立地级衢州市,辖江山市、衢县、龙游、常山、开化、柯城区一市四县一区。2001年12月10日,撤销衢县,设立衢江区。在悠久的历史中,衢州出现了众多的历史人物,并留下了众多的文物古迹。其中城东南宗孔氏家庙,始建于南宋时期,明代迁建,是孔子南宗裔孙的第二故乡,史学家称谓"东南阙里"。其他尚有古城墙、城门、护城河、府山郡治遗迹、钟楼、赵抃祠、李遂祠、周宣灵王庙、天后宫、天宁寺、神农殿、弥陀寺、宁绍会馆、宋井、陈弘墓、忠壮祠等文物古迹。1994年衢州被列为国家级历史文化名城,并定为对外开放城市。

衢州地处浙西,与闽、赣、皖三省相邻,自古以来为水陆兼备的交通要道,素有"四省通衢""五路总头"之称。自铁路、公路开通以后,境内水路、公路、铁路纵横交错,交通十分方便。如今,浙赣铁路复线贯穿全境,杭长高铁建成通车,动车和普通快车可直达全国大多数省、市、自治区的各大城市。公路有过境国道2条,省道4条,以及县、乡级公路2000余条,杭金衢和黄衢南高速公路建成通车。水路由衢江可抵达兰溪、建德、桐庐、杭州等地。1992年衢州民航开通,每周有飞往北京、杭州、广州、厦门、青岛、温州等地的定期航班,从而形成了通往全国各地的立体交通网络。

乌溪江

古称东溪,为衢江支流,发源于福建省浦城县境内的大福罗峰,及浙江省龙泉县香井等地。主流长161.5公里,衢州境内流程为63公里。烂柯山即坐落在江东,渡过此江,即入仙境。古时江上设有渡口,称游仙渡,清诗人朱岜有《游仙渡诗》:"任人来问津,隔溪辨云树。一水判仙凡,怅望武陵渡。"

乌溪江江水清澈,两岸奇峰怪石峻峭多姿,自然风景优美。沿江除烂柯仙景外,尚有大小景点30余处,主要的景点有:

水门尖 又名紫微山、茨迷峰,位于烂柯山南15公里,衢江区黄坛口乡境内。海拔1451.8米,为衢江区境内最高峰。其山高出云表,冠绝群山,相传白娘子与法海和尚斗法,水漫金山,浙江境内高山也被淹没,唯有此山尚露一翠峰,故以水门尖名之。《东阳记》称茨迷峰为:"峰峦际天,邈绝众岭;千崖万壑,状若同侣。"

巨龙顶 位于黄坛口、举村两乡交界处,距烂柯山约15公里,海拔1450米,是衢江区第二高峰。其山方圆几十里,峰峦起伏,绵亘似龙,故名。

洞岩 位于烂柯山南约15公里。民国《衢县志》载:"山半时有云雾喷出,可占晴雨,旱年农人多往祷之。岩间有洞,深莫能测。又有龙井泉水,奔注如白练然。"

响谷山 位于柯城区花园街道的响春底村东北,与烂柯山隔江相望,仅隔里许。《明一统志》载:该山"崖壁峭立,水环其趾。崖之半有石穴,风嘘之则鸣,故名响谷山"。《石门张氏宗谱》称,此山在唐、宋、元、明时为衢州旅游热点,仕宦巨商常娱乐其间。溶洞所在山体呈西南—东北走向,海拔191.9米。1991年,金华地质队曾对溶洞进行实地勘探,证实此穴洞深长,洞内有地下河,可行小舟,具开发价值。

老虎头顶 位于烂柯山南,石室乡下石埠村东北1公里,海拔195.6米。因山岩形似老虎头,故名。

抱儿峰 位于烂柯山南,响谷去4公里。据民国《衢县志》载:"临溪石壁矗立,中有一石峰,高十余仞,面向响谷,如女人开怀哺乳状,名抱儿石。石色纯白,苔藓不生,形酷似之,背后又若寿星。故近村小孩多以石父石母呼之云。"

湘思岛 位于烂柯山南,是黄坛口水库中的一个小岛。此处原为湘思村,相传三国时,吴征虏将军郑平在镇守衢州峥嵘镇时,举家从湖南省湘潭迁居此村,村名因思乡而取,故名"湘思"。在修筑黄坛口水库时,村大半被水所淹没,未淹没部分成为一个小岛。岛上林木葱茏,风景秀丽,现已开发为旅游景点。

水利工程

乌溪江水利资源丰富。南宋时,即利用江水筑堰溉田。新中国成立后,乌溪江水利资源更进一步得到开发和利用。大型灌溉工程和水电站先后兴建,使乌溪江真正成为一条造福于衢州人民的幸福江。该江的主要水利设施有:

石室堰　以烂柯山石室而得名。原址在黄荆滩上,始建于宋乾道二年(1166),民国《衢县志》载:"宋南渡时创为此堰,县丞张应麟实董其事。"据旧志载,可灌田20万亩,清康熙《衢州府志》称,"石室堰为西安水利第一"。张应麟又名张应麒。《两浙防护录》载:"宋张应麒作西安丞,筑石室堰垂成,山水暴涨,应麒衣冠乘马入水死。"民间因其以身殉职,在堰北建祠以为纪念。淳熙二年(1175)追赠少卿,故该祠又称"少卿祠"。明初,刘基为张祠书楹联"千家禾黍千家福,一日溪流一日恩"。清嘉庆九年(1804)堰址移至响春底村。1958年,黄坛口水库与水电站建成,人民政府将石室、黄陵、杨赖三堰合为一堰,引水电站尾水入堰渠,使水源更为充沛。

乌溪江引水工程　简称乌引工程。渠首枢纽工程位于烂柯山南3公里,是全国大型灌区之一,也是浙江省"八五"重点水利建设工程。乌引工程(衢州段)自1989年8月开工建设,1994年8月4日实现全线通水,并送水到金华。工程于1996年底全面完成。总干渠全长79.75公里,其中衢州市境内52.02公里,设计引水流量38立方米/秒,完成总投资18985.76万元。工程建成运行近20年来,累计引水达19.8亿立方,其中向金华供水7200万立方。主要担负渠道沿线44.46万亩农田的灌溉用水,30万城乡居民生产生活用水及4个经济开发区的工业用水。

荆溪村中国围棋谷

荆溪村是石室乡的一个行政村,位于烂柯山南麓,与烂柯山景区紧相挨。

是衢(州)处(州)温(州)和衢(州)遂(昌)龙(泉)庆(元)至福建两条古驿道上的明珠。2012年9月27日,浙江省"十大文化谷"和文化产业发展122工程首批二十家重点文化产业园区之一的中国围棋谷在荆溪村正式开园。为期一个多月的柯城区中国围棋谷文化节也在同日拉开帷幕。荆溪村依山而建,民居如棋子,整个村庄恰如一盘棋。2014年荆溪村以旅游立村,村中打造的花海成了衢州的一道风景,面积达1万平方米的八卦花田吸引来众多游客,荆溪村面貌焕然一新。

第二章　石室仙踪

第一节　传说由来

　　两晋时期，战乱频仍，社会动荡。晋武帝司马炎于泰始元年（265）取代三国魏政权以后，于太康元年（280）灭吴，从而统一天下。但这种统一局面仅维持短短10年时间，至晋惠帝司马衷永平元年（291），即发生为争夺皇位而叛乱的"八王之乱"，战乱一直延续16年之久。其时，晋都洛阳周围13岁以上男子均被逼当兵或服徭役，米价竟达石米万钱。人民颠沛流离，纷纷南逃，几乎十不存一。接着又发生五胡十六国之乱，促使西晋王朝的覆灭。南逃之西晋贵族于建业（今南京）拥司马懿之曾孙司马睿为帝，建立东晋王朝，保有江南半壁江山。其时，道家之说已在江南普遍传播，人们在乱离之后，向往世外桃源。崇尚清谈，好神仙之说，希望能像神仙一样归隐山中，很快度过乱世，过上一个祥和安定的生活。于是与这种追求和愿望吻合的神仙传说便产生出来了。

　　衢州石室山风景幽丽，山岩造型奇特，古木参天，终日云烟缥缈，有如人间仙境，像是神仙居住的地方。这就很容易产生与神仙相关的传说，"王质遇仙，观弈烂柯"的传说也许就是在这样特定的时代、特定的环境中产生出来的。

　　这个故事的梗概是这样的：

　　相传在晋代时，信安（今衢城）有一位靠采樵为生的樵夫，他姓王名质，俗传其字为子仙，故通称为王子仙，亦称王子。家住城内太白井旁；又有传说，其家住离石室山三里余的一个叫王岩的地方。家有老母和一个名贵的幼弟,全靠王质采樵为生。其时,石室山林木茂盛,距其家又近,王质经常到石室山砍柴。每次砍好柴后,总要坐在石梁上歇息,看一看周围的翠柏苍松,领略一番幽美的风景,然后担着柴去市上出售。一天,王质也像往常一样上山砍柴。当他挑起柴担下山经过石梁时,突然发现石梁下山洞旁有两位少年正坐在石桌的两旁对弈。王质也是一位围棋的爱好者,平时在空闲时也喜欢与人对弈一番,见此情景正投其所好,急忙放好柴担,拿着砍柴斧,走向石桌旁,以柴斧当凳,坐在旁边看了起来。看到这两位少年所下的棋著均为出人意料的高著,喜得他心花怒放,就更加聚精会神地观看这黑白之间的会战。两位下棋人见王质如此认真地观棋,就随手递给他一颗形如枣核的东西吃,王质边看边吃,吃后便不觉饥渴。当一局终了,王质尚沉迷在几著百思不得其解的妙著中,正待开言请教。这时,两位弈棋者提醒说:"你来已久,可以回去了。"王质抬头一看,此时已是日薄西山,暮色霭霭。想起家中老母、幼弟。急忙起身拿柴斧,但回身一看,发现斧头已是锈迹斑斑,层层剥蚀,斧柄亦已烂尽。再回头时,那两位弈棋的少年也倏忽不见。无奈,王质连忙去收拾柴担,却连柴担也不见了。只好急匆匆地空着双手下山回家。此时四周已是雾霭茫茫,连往常走过多次的道路也不知在何方。只好随着云雾,摸索着走下山来,沿着溪回到了城内。但何处是自己的家已无法辨认了。经四处打听,只有几位白发老人回忆起曾听祖辈传言,有一个名叫王质的上山采樵,一去不返,其弟王贵为寻找哥哥,也是一直没有回家。但是这件事情离现在已经有好几代了。于是王质又重返入山,后即不知所终。据传说,王质入山后,在与乌巨山相连的一座山上找到他的弟弟,与其弟均得道成仙而去。故此山后即称为王贵山,其观棋烂掉斧柄的山从此就叫烂柯山。

这个美丽而又神奇的传说至北魏时已流传四方,民间还为此传说创作了歌谣称:"王子去求仙,丹成入九天。山中方一日,世上已千年。"

第二节　烂 柯 志 闻

一、史籍志书记载

晋虞喜《志林》载："信安山有石室，王质入其室，见二童子对弈，看之。局未终，视其所执伐薪柯已烂朽，遽归，乡里已非。"虞喜卒于东晋建元、永和间（343—356）。

北魏郦道元《水经注》载："《东阳记》云：信安县有悬室坂，晋中朝时，有民王质伐木至石室中，见童子四人弹琴而歌，质因留，倚柯听之。童子以一物如枣核与质，质含之便不复饥。俄顷，童子曰：'其归'，承声而去，斧柯漼然烂尽。既归，质去家已数十年，亲情凋落，无复向时比矣。"

唐杜佑《通典·州郡典》："衢州信安县石桥山，晋王质烂柯处。"

宋乐史《太平寰宇记》载："石室山一名石桥山，一名空石山，晋中朝，野有王质者常入山伐木至石室，见有童子数四弹琴而歌，质因放斧柯而听之。童子以一物与质，状如枣核，含之不复饥，遂得少停。俄顷，童子语曰：'汝来已久，何不速去。质应声而起，柯已烂尽。"李昉等辑《太平御览》引《郡国志》记载与上同。

宋王存主编，曾肇、李德昌等重修《元丰九域志·衢州信安郡军事》载："西安一十七乡南北二银场有石室山、信安溪"；"烂柯山，《图经》云：即晋代樵人王质见石桥下二童子对弈，就而看之。二童子指示质：斧柯烂焉。即此是。"

《明一统志·衢州府山川》载："烂柯山在府城南二十里，一名石室，下有石桥。道书谓此山为青霞第八洞天、烂柯福地。晋樵者王质入山伐木，见二童子对弈，质置斧于坐而观。童子与质一物如枣核，食之不饥。局终，童子指示之曰：'汝斧柯烂矣！'质归，乡间已及百岁，无复时人矣。"

明嘉靖《衢州府志》载："烂柯山在县南二十里，一名石室，下有石桥。道书谓此山为青霞第八洞天、烂柯福地。晋樵者王质入山伐木，见二童子对弈，质置斧于坐而视。童子与质一物如枣核，食之不饥。局终，童子指示之曰：'汝斧柯烂矣！'质归已及百岁，无复同时人。"

明瞿溥《烂柯山志》载："柯山旧名青霞第八洞天，烂柯福地，又名景华洞天，在县南二十里。高千余尺，周围十五里，其址二百步，穿空弥亘，下得平处可数十步，固名石桥，又名石室。今石室在桥之右五里。按《太平御览》云：'一名空石山。'唐刺史陆庶记云：'巨石横空，矫如惊龙，崒屼划圻，际于穹崇。'韦光辅记云：'晋樵者王质入此山，忽见桥下二童子弈，就观之，以所持斧置坐。二童子以一物与质，食之甚甘，顿忘饥渴。棋毕，童子谓曰：汝来已久，不可更住。又指示之云：汝斧柯烂矣。质乃随云出山，迷失归路，沿溪累日至旧居，见乡闾半为邱垄。质与弟贵复入此山不知所终。或谓其弟兄咸得道云。下有梁大同七年所建宝岩寺。宋景德二年，赐额石桥。'"

《大清一统志·衢州府山川》载："烂柯山在西安县南二十里，一名石室山。杜佑《通典》谓之石桥山，以山有石桥也。道书谓之青霞第八洞天。"

清蔡方炳《增订广舆记》载："衢州府山川：烂柯山，府城南，一名石室，道书谓青霞第八洞天。晋樵者王质入山，见二童子弈，专置斧而观，童子与质一物如枣核，食之不饥。局终。示质曰：'汝斧柯烂矣！'质归家已百岁。"

清《古今图书集成》方舆汇编山川典第一百二十九卷烂柯山部刊烂柯山图，并载："《浙江通志·山川》考：烂柯山在衢州府城南二十里，一名石室，道书谓为青霞第八洞天、烂柯福地。晋樵者王质入山，见二童子对弈，观之。局方终而柯已烂，即于此地。又旧志云，烂柯石室一名'景华洞天'。""按《衢州府志·舆地志》：烂柯山在西安县南二十里，晋樵者王质观弈烂柯于此。又《东阳记》谓王质入山见四童子弹琴而歌，质倚斧柯听之，而斧柯濯然烂尽矣。""《西安县志·山川志》按：王质烂柯事诸书所载悉同旧志，唯郦善长《水经注》小有异同。旧云：有二童子弈而观；郦云：有四童子弹琴歌而听。旧云，归时已及百岁；郦云,已数十年。从未有析而正之者。第二说皆云是西晋太康年间事,亦未知质是太康年归耶? 抑自太康年入山耶? 魏太武都代北,善长被遇,得侍帷幄。计其时,战争无虚日。善长又足迹未至江南,恐不能无传述之讹也。从来神仙不肯使人见,而未尝不欲使人知。故质之见二童子,值二童子欲见之也,意亦以樵夫胸中本不知有神仙,故作游戏以示之耳。”

民国《重修浙江通志稿》载:“烂柯山,一名石室山(《水经注》引《东阳记》:烂柯山原名悬室坂。《烂柯山志》谓:亦名空石山、石桥山),在衢县南二十里。相传,晋王质伐木至石室下,见童子数人棋而歌(按:《水经注》作童子四人弹琴而歌;晋虞喜《志林》作二童子对弈;《遣愁集》〈著者待考〉作见两老人对坐围棋,与《县志》略有不同),质因观之。童子以一物与质如枣核,质含之不觉饥。俄顷,童子谓曰,何不去? 质起,视斧柯尽烂。既归,无复时人。(按:王质遇仙之说,北魏时已广为流传,本属谰言。且各地以烂柯名山者:在山西为武乡县;在广东为肇庆府;在福建为延平府;在四川为夔州;在陕西为洛州;皆托名王质遇仙事。而浙东会稽柯山,亦以烂柯名。衢之烂柯山并不高深,去城市又近,遇仙之事固属无稽。然唐孟郊《烂柯山》诗:‘仙界一日内,人间千载穷……’可知遇仙烂柯之事,唐时已盛传也。)山遂以烂柯名。出衢县(小)南门,至山麓宝岩寺故址,即可望见山上石梁,清通灵秀,云烟缥缈。循级而登,约里许,抵石梁下,中空如桥,孔高二十余丈,宽三十余丈,南北深三五丈,绝似山际凿成之石桥。石桥下南洞口岩石右旁,有八角亭曰‘日迟亭’。洞壁上刻明郡守杨子臣、李遂所书‘烂柯仙洞’及‘天生石梁’等摩崖石刻。此外,小字题名记载之石刻颇多,都已剥落,不易辨认。后临深谷,山腰裂一隙,才径寸,长十余丈,上通天光,曰‘一线天’;山顶有塔,今圮,遗址犹存。”

民国《衢县志》载:“烂柯山,任昉《述异记》信安郡石室山(《水经注》作悬室坂)。晋时王质伐木至,见童子数人棋而歌(《水经注》:童子四人弹琴而歌),质因听之,童子以一物与质,如枣核,质含之不觉饥。俄顷童子谓曰:'何不去?'质起视,斧柯尽烂。既归,无复时人。"

1994年11月出版的《衢州市志》记载烂柯山如下:

"烂柯山又名石室山、石桥山,在衢城东南13公里的石室乡石室村东。西临乌溪江,海拔164米,东西长2公里,南北宽1.9公里,群山盘回,景色幽邃。远眺烂柯主峰,如一座巨大石桥,鬼斧神工蔚为奇观。石梁下主洞高20米,东西宽100米。南北深20米。晋虞喜《志林》曰:'信安山有石室。'杜光庭《洞天福地记》称之为'青霞第八洞天'。洞上有一缝隙,长30米,南宽北窄,中间仅容一人匍匐进入,从洞隙中可见一隙青天,故名一线天。"

烂柯山原有八景,即石梁、青霞洞、一线天、金井玉田、仙人棋、日迟亭、柯山塔、宝岩寺。山南麓有明代四川巡抚徐可求墓。在青霞洞壁上有许多古代名人的摩崖题记和碑刻。

烂柯山历来为全国著名游览胜地。南朝谢灵运,唐代孟郊、刘禹锡,宋代陆游、朱熹,明代徐渭,现代郁达夫等名人曾来此遨游,并留下许多咏烂柯山诗文。唐孟郊《烂柯山石桥》诗后四句曰:"樵客返归路,斧柯烂从风。唯余石桥在,犹自凌丹虹。"烂柯一典已盛传棋界,成为围棋的别称。烂柯风景已收入《中国名胜词典》《简明不列颠百科全书》。

二、其他书籍的记载

南朝梁代任昉《述异记》:"信安郡石室山。晋时王质伐木至,见童子数人棋而歌,质因听之。童子以一物与质,如枣核,质含之不觉饥。俄顷童子谓曰:'何不去?'质起视,斧柯烂尽,既归,无复时人。"

《隋书·经籍志》载篇名为《洞仙传》中称:"王质者,东阳人也,入山伐木,遇见石室中有数童子围棋歌笑,质聊置斧柯观之。童子以一物如枣核与质,令含咽其汁,便不觉饥渴。童子云:'汝来已久,可还。'质取斧,柯烂已尽,质便归家计已数百年。"(按:隋代,信安县属东阳郡,故称王质为东阳人)。

唐德宗贞元三年(787)撰《衢州刺史韦公镌外祖信安郡王诗之记》称:"信安郡南三十里,有峻山幽谷,含异蓄灵。两崖崒屼,中隧呀黑,巨石横亘,作为洪梁。……其内也,颓洞嵌豁,穹隆圈联,若鹏垂翼,隔阂日月;其外也,嵚崟揭孽,鳌据鲸偃。……昔晋代有樵人王质,于石桥下逢二仙弈棋,偶阅终局,柯烂而返,已时移百年。……"

唐杜光庭(850—933)在《洞天福地记》中载"烂柯山在衢州西安县,为七十二福地之一",名之为"烂柯福地"。

宋张君房在大中祥符间(1008—1016)所撰《云笈七签·洞天福地》中"七十二福地"载:"第三十烂柯山,在衢州信安县,王质先生隐处。"

宋欧阳忞《舆地广记》载:"信安有石室山,晋民王质伐木至石室山,见童子四人弹琴而歌,质倚斧柯听之。俄顷而去,斧柯烂尽。既归,已数十年,亲戚凋落,无复向时矣。"

宋朱胜非《绀珠集》载:"烂柯:信安山有石室,王质入其室,见童子对棋,看之。局未终,视其所执伐薪斧柯已烂朽。遽归,乡里已非。"

宋祝穆在庆元间(1195—1200)撰《方舆胜览》载:"烂柯山,一名石室,又名石桥山,在西安,乃青霞第八洞天。晋樵者王质入此山,忽见桥下二童子对弈,以所持斧置坐而观。童子指示之曰:'汝斧柯烂矣!'质归,见乡闾已及百岁云。"在其"四六"中有"围棋别墅,寻吾朝斧柯之仙"句。

宋朱翌《猗觉寮杂记》载:"烂柯多用棋事,听琴亦然。《水经》:晋民王质伐木入信安县悬室坂,见童子四人鼓琴,质倚柯听之。既去,烂柯,去家已数十年。"

胡翰于元至正二十四年(1364)(时衢州已属明所管辖)撰《胡仲子集·青霞洞天游记》载:"道家所谓青霞洞天者,世名烂柯山,即晋王质观弈棋处,在今信安之兴贤里。"

明留文溟《烂柯山记》载:"烂柯山者衢之胜地也,……群山盘回,一径深入,丹崖翠壁,辉映林麓。屹巨石而偃蹇,驾危桥以横空。俯而视之,则清泉流湍，旁出岩窦，天造地设，诚有可观者。而药炉丹灶陈列其中，石磴楸枰遗迹犹在。……"

明萧良有于万历间（1573—1620）撰《龙文鞭影》载："晋王质，衢州人，入山伐木至石室，见二童子围棋，质置斧观之。童子以物如枣核与质，含之得不饥。比还，斧柯已烂。至家已数百年，亲旧无复存者。后复入山得道，人往往见之，因名其山曰'烂柯山'。"

明徐应秋《玉芝堂谈荟》载："吾信安，春秋姑蔑地。郡城南十五里有烂柯山，一名石室。道书青霞第八洞天。晋樵者王质入山，观二童奕，质置斧而观。童子与质一物如枣核，食之不饥。局终，而柯烂矣。孟郊所谓'双棋未变局，万物皆为空；樵客返归路，斧柯烂从风'者也。按《水经注》：'晋民王质伐木入信安宝坂山，见童子四人鼓琴，倚柯听之。既去，柯烂。回家已数千年。'不言观弈，而言听琴，岂所传之异耶？"

《古今图书集成·烂柯山部》载："按《三才图会》烂柯山图考：烂柯山在府城南二十里，一名石室，下有石桥，道书谓此山为青霞第八洞天，烂柯福地，晋樵者王质观弈烂柯即于此。""按《潜确类书·区宇部》，烂柯山在衢州府城南，一名石室，道书谓青霞第八洞天，云是晋樵者王质观弈烂柯处。"按《三才图会》系明嘉靖万历间王圻与其子王思义辑。《潜确类书》无考。

《遣愁集》载："晋王质樵柴至信安石室山，见二老对坐围棋，王质旁立观之，乃与一物状若枣核，含之遂不饥渴，看局未终，回视斧柯已烂。急趋归家中，已历二代，故人父老无复有存焉者。迄今有烂柯山在。"

清戴名世（1653—1713）撰《南山集·游烂柯山记》载："缘石磴而上，盘旋纡曲，忽睹一穹然豁然者，弯环起伏，宛如梁状，即道中所望见之石穴，而王质遇仙之处，道家所称'青霞洞天'也。"

1921年6月出版的《中国人名大辞典》载："王质，衢州人。入山伐木至石室中，见有二童子围棋，质置斧观之。童子以物如枣核与质食之，便不觉饥渴。

童子曰：'汝来已久，可还。'质取斧柯烂已尽。亟回家，已数百年，亲旧无复存者。复入山得道，人往往见之，因名其山曰烂柯山。"

此外，明廖用宾《尚友录》，清刘兆元《涤襟楼稿》、余钰《龙见堂稿》、王观文《宜园小品》、周鸿《芥园文集》、顾元熙《兰因馆稿》等文集中，均收有烂柯山王质之事的文著。

现代所编纂的《辞源》《辞海》《宗教辞典》《名胜辞典》《地名大辞典》及《中国历史文化名城大辞典》等书籍中，亦均收录有烂柯山及王质遇仙烂柯的记载。

第三节　山 名 更 迭

烂柯山原名石室山，因其山有石室而得名。晋虞喜《志林》称："信安，山有石室。"南朝任昉《述异记》载："信安郡石室山，晋时王质伐木至。"谢灵运《康乐集》有题为"石室山"的诗一首。据此，两晋、南北朝时，均称"石室山"，故应为此山之原名。

又名"悬室坂"。此名见于北魏郦道元《水经注》所引《东阳记》称："信安县有悬室坂，晋中朝时，有民王质伐木至石室中。"

也名石桥山、空石山。唐杜佑《通典·州郡典》中有"衢州信安县石桥山，晋王质烂柯处"之记载。宋乐史《太平寰宇记·衢州》也称："西安石室山，一名石桥山，一名空石山。"宋祝穆《方舆胜览》称："烂柯山，一名石室，又名石桥山，在西安。"清郑永禧《烂柯山志》按语，烂柯山所以称石桥山，是因"山形如桥而以为名"。

石室山被称为烂柯山当始于唐代。唐宗室信安郡王李祎于开元二十四年（736）再任衢州刺史，曾按"王质遇仙，观弈烂柯"的传说，在石室山洞中"根其灵纵，将示摭实，乃断木为局，雕木为仙对弈，森然若峙真侣"，以形象的木雕像，再现王质至石室中遇仙对弈，坐而观之的传说情节，使"烂柯"更广为传播。嗣后，大历间（766—779）初任吉州刺史的诗人刘迥，在游览石室山时，即景吟诗，就直接以烂柯山之名称此山。《全唐诗》五函六册中载有刘迥、李幼卿、李深、羊滔、谢剧、薛戎等六人题为《游烂柯山》四首石刻诗；贞元九年（793）进士、诗人刘禹锡在《衢州徐员外使君遗以纻绤兼竹书箱因成一篇用答佳贶》诗中有"烂柯山下旧仙郎，列宿来添婺女光"之句；罗隐《重过三衢哭孙员外》诗中有"烂柯山下忍重别，双桧楼前日欲残"句。唐衢州刺史陆庶在元和元年（806）三月十八日的《游石桥记》碑刻中，也有"烂柯仙躅，图牒详矣"之句。自此而后，烂柯山即取代石室山名。

至宋代，很多诗人又在诗文中将烂柯山简称为柯山。最早见于毛维瞻《须江诗谱》中"题柯山"诗。之后，又见于陆游《剑南诗稿》所载《赠柯山老人》诗；刘克庄《后村集·徐偃王庙》诗有"得似柯山尚有祠"句；曾畿《茶山集》《喜闻天兵已临衢寇》有"不道柯山最近天"诗句；杨万里《诚斋集》《过安仁市得风挂帆》诗有"西望柯山正蔚蓝"句；金履祥"明朝更上柯山道"诗句等。据清郑永禧《烂柯山志·历代金石考》中称，在烂柯山发现的宋刻庸斋残碑中也有"径畈徐公与庸斋赵公汝腾同游柯山"之刻石。这说明，在宋代"柯山"这一简称已成烂柯山之代名，也为后人所习称，并引申称衢州古城为柯城；称通向烂柯山之城门为柯山门等。

道教为宣扬道家教义，对烂柯山又别有命名。唐代著名道士杜光庭《洞天福地记》中称："烂柯山在衢州西安县，为七十二福地之一"，名之为"烂柯福地"；据《方舆胜览》和《浙江通志》记载，道书称烂柯山为"青霞第八洞天"；宋真宗时张君房校正秘卷道书，撮其精要，编成《云笈七签》，内称烂柯山为"七十二福地第三十"。明衢州知府瞿溥《烂柯山志》云："烂柯山旧名青霞第八洞天，烂柯福地，又名景华洞天。"清《古今图书集成·烂柯山部》汇考称："王质烂柯一事，或谓听琴而然，或为观弈而然，总之近于荒诞，但其山在今浙江衢州府城南二十里，道书谓为青霞洞天，烂柯福地，自当是宇内胜区也。"

第三章　胜景盘点

第一节　景 点 古 迹

　　烂柯山丹崖翠壁，林木蓊郁，自然景观之胜，素享盛名。自烂柯典故盛传之后，更是名闻天下。后人附会其说，创建了诸多的人文景观，使其更增魅力，成为扬名四海的游览胜地。唐时，文人学士在览胜之余，吟诗作赋，称"最高顶""石桥""仙人棋""石室二禅师"为烂柯山四仙迹；至明代，又以"最高顶""一线天""石桥寺""日迟亭"为柯山四景。后人总其景观，称最高顶、天生石梁、洞天一线、霞洞空青、玉枰仙隐、日迟亭、石桥寺、仙集观为柯山八景。古今文人学士在游览柯山后，无不为其幽美的风景所倾倒，颂扬诗赋之多冠于群名山。近代文学家郁达夫在其所作《烂柯纪梦》中，对柯山风景给予高度评价。他说："……入山三里，在青葱环绕着的极深奥的区中，更来了这巨人撑足直立似的一个大洞；立在山下，远远望去，就可以从这巨人的胯下，看出后面的一湾碧绿碧绿的青天，云烟缥缈，山意悠闲，清通灵秀，只觉得是身到了别一个天地；一个城市住久的俗人，忽入此境，哪能够叫他不目瞪口呆，暗暗里要想到成仙成佛的事情上去呢？"

　　1987年，衢州市规划处与上海同济大学规划系风景园林教研室为烂柯山风景区编制总体规划。根据规划，自1989年始，衢州市园林管理处、市文管会对烂柯山日迟亭等景点进行了恢复和修缮，同时增建一些新的景观。1992年，衢州市人民政府将烂柯山列为重点旅游开发项目。1996年，在全市开展"反对封建迷信，清理非法建造的寺观教堂，以及治理'青山白化'"工作中，又将烂柯山风景区内严重影响观瞻的284穴坟墓，进行了清理和搬迁，从而使烂柯山景色更加美丽迷人。兹将各古迹、景点记述如下：

最高顶（柯山塔）　位于主峰石梁之上。清嘉庆《西安县志》载："山顶建塔，登之可望郡城。名最高顶。"塔名柯山塔，又称雁塔，为七级砖塔，建于何代无考。唐景云间（710—711），信安郡王李祎《登石桥寻王质观棋所》诗有"雁塔云间识"之句，说明塔在此前已建。明嘉靖《衢州府志》载，宋开宝七年（974）刺史董询有《石桥塔记》，惜文久佚。南宋庆元间（1195—1200）进士汪忱《游烂柯山》诗云"塔坏尚余鸿雁意"，知塔在此时已损坏。明曾重建。明赞皇人太常卿胡来朝在《烂柯山纪游》一文中称："扪藤萝而上，有塔丈余，刻国朝登科姓氏，岂仿古雁塔之义乎？以置之空山茂草间，殊不可解。"万历三十五年（1607）巡按金忠士《游柯山诗》有"孤塔摇风铃韵落"之句。清郑永禧《烂柯山志》载：柯山塔"询之土人，云塔不甚高大，在岩脊少偏右侧近，光绪初年始圮。今存基址，尚可二丈许。然断砖零甓，无字可寻，考古者未免索然也"。

明兵宪吴安国《最高顶》诗："直攀绝磴倚高空，万叠芙蓉在掌中。恍听鸾笙来上界，只疑鹤驭引罡风。苍茫自与人寰隔，呼吸真看帝座通。搔首忽惊云雾冷，欲从何处问鸿濛。"

天生石梁　又称石桥、仙桥、石梁飞虹，位于主峰山巅。其状如桥，横空飞架于山峰之上。远看如巨龙飞渡，又如大鹏垂翼，气势磅礴，雄伟壮观。石梁东西横亘，南北中空，是世界上丹霞地貌中最大天生石梁，实为一大奇观。明徐应雷《石梁》诗称："片石嵯峨入望雄，到来仙窟自玲珑。烟霞色拥千峰霭，星斗光分一线通。灵鹊斜飞青汉外，彩虹高跨白云中。天台咫尺堪寻药，更有何人携手同。"

　　洞天一线　又名一线天,位于石梁上,在层岩重叠中,裂有一缝隙,可窥见山外天日。自青霞洞东侧岩崖小径攀扶而上,匍匐西行10余米即至一线天。此岩间缝隙东西长30米,南北宽15米,最高处有1.5米,最低仅0.2米。循缝隙自南向北匍匐以进,可至山北。山北有一平台,高悬于危崖峭壁之上。从平台眺望,则别有一番景色。清龚士范《一线天》诗:"霹雳震空山,云昏日色变。骈然崖腹裂,逗出光一线。天小望不全,那容拘管见。"

　　霞洞空青　又名青霞洞,也称石室,即道书所称青霞第八洞天,位于石梁之下,相传即王质遇仙观弈之处。石室在烂柯山主峰半山中,前为日迟亭,后临深谷。经实地丈量,该洞东西长31米,南北平均宽22米,洞顶成弧形,最高10米,面积约682平方米。洞内宽敞明亮,地势平坦。据唐严绶《柯山石桥诗刻记》称,在唐景云间(710—711)和开元间(714—741)信安郡王李祎曾两度任衢州刺史,先题诗刻石于石桥之东壁,后又"根其灵踪,将示摭实,乃断木为局,雕木为仙对弈",置于洞内,后人改以石雕像留置洞中,后像失去。明徐日观《青霞洞》诗:"怪岭盘纡列户庭,云牙石乳共清冷。仙源不必穷三岛,神力悬知劈五丁。洞锁青霞封玉检,苔滋翠壁护丹经。山中自是多珍异,莳药芝田半术苓。"

　　1942年国民党八十六军教导营驻柯山时,曾将此石室作为培训军官之课堂。

　　1990年秋,衢州市园林管理处对青霞洞进行了修复。原置于洞口的青石柱,正面刻有"青霞第八洞天"字样,背面刻有阴阳太极图。在60年代后期被毁。1990年6月由市园林管理处按原样修复,正面为"青霞第八洞天",徐谷庆书,背面为"重修日迟亭记",徐文荣撰,程本大书。碑高2.77米,宽0.42米,厚0.30米;碑基长、宽各0.80米,高0.28米。为保障游客安全,洞北侧新建了青石防护栏杆,全长27米,上刻有暗"八仙图";洞内地面上铺筑有用324块长阔各为90厘米的青石板拼装成的大围棋盘,堪称世界之最。盘中棋子以毛竹编织,每颗围棋子直径达70厘米。棋盘为衢州市城乡建设委员会副主任、市围棋协会主席徐文荣设计。在洞的一侧,还添置了青石桌凳。

玉枰仙隐 又称"仙人棋",亦名"仙枰",在青霞洞内。清郑永禧《烂柯山志》载:"石棋盘在烂柯洞内,一名'仙枰',亦曰'玉枰仙隐',按唐时以木为之。"又称:此即"仙人棋"之缘起也。明徐维起《仙人棋》诗:"仙去樵归岁几更,惟余石上见楸枰。不知甲子人间逝,只见烟霞局面生。响谷幽岩棋子落,风传虚谷斧柯丁。橘中浪说皤然叟,坐隐终输此地名。"

仙集观 一作集仙观,位于宝岩寺东。清康熙《西安县志》载:"里民因双白鹤集此而建,中有对弈二仙,及王质与弟贵像。"始建于何时无考。《明一统志》云:"相传宋真宗赏赐玉斧剑"列于观中。清乾隆二十九年(1764)所编《大清一统志》载:"集仙观在西安县南烂柯山下。"郑永禧《烂柯山志》称,此观久已废颓。清张涟《集仙观》诗:"蜡屐拖云入翠微,碧莎瑶草路依稀。晴岚泼黛黏吟袖,香雨飘红点客衣。古壁尘昏诗半蚀,丹炉烟冷篆还霏。坛前月色凉如水,幔卷晴空看鹤飞。"

日迟亭 位于青霞洞西侧,明万历四十六年(1618)衢州知府瞿溥所建,据其所撰之记中有"八窗洞启"之句推之,原亭应为八角亭。亭名取自元杨明《洞天春游》诗句:"洞天春远日行迟"之诗意。据瞿溥《新建柯山日迟亭记》中称,其在游烂柯山时,因见石桥寺倾圮寥落,风雨莫蔽,乃捐俸修建。并以修寺余款建亭三楹,翼然于岩上。亭建成后,瞿溥及徐可求(明西安人,时任吏部文选司郎中)均作记刻石(碑刻全文见本志第七章艺文集锦)。清康熙《西安县志》称日迟亭为"延览林峦丘壑最胜"。后亭圮。清康熙三十六年(1697)西安知县陈鹏年捐资重建,易亭名为"柯山亭"。后亭又圮仅存石柱,石柱上有一楹联:"两洞翠云瑶草秀,一枰红雨碧桃飞。"道光二十二年(1842)衢州知府汤俊复捐资重建,仍以日迟亭名之。同治初,又遭兵燹拆毁,仅存石柱三条,上有楹联云:"灵境迥开天一线,飞梁高耸石千寻。"旁有小字二行,称"道光壬寅菊秋"、"知衢州府事汤俊重建并题"；另又有联一句云："休言甲子山中速"，旁无款识。郑永禧《烂柯山志》载："日迟亭故址旁有瓦砾埋土中，细捡视之，瓴甋犹多，内有鸳鸯筒瓦及圆瓦当数十百枚，土质细洁，面约三寸宽，上制蓉菊等花纹，类似仿汉宫瓦当式者，惜不用长生未央诸字耳，是当时亭上遗物也。"1921年道尹沈致坚（湖北黄冈人）又倡捐重建，郑永禧为记。此次建亭掘得残碑不少，惟郑鹏年柯山亭碑已磨去。后复圮。明徐可求《日迟亭》诗："角巾野服喜偕行，倦倚新亭语笑清。一盏香寒春后雪，两行歌吹柳边莺。午风习习林无暑，暮雨霏霏花有情。尽日追随忘去路，孤舟一任水边横。"郑永禧《和胡大猷上巳日宴日迟亭》诗："一亭四度历沧桑，话到樵柯故事长，恰笑白云无意识，在山还是往来忙。"

1989年10月，衢州市园林管理处重建日迟亭。亭高6.6米，间宽5.1米，为仿古青石八角亭，亭顶饰石雕仙鹤一只，亭内置有青石桌凳。亭柱楹联云："岩绕葱茜约而奇，危梁通仙险化夷"；"鹏鸟垂翼雾现幡，洞天春远日行迟"。由衢州市副市长徐邦毅撰文并书。

石桥寺　位于柯山南麓，以山有石桥而得名。建于梁大同七年（541）。唐时，名僧皎然游烂柯山，曾寄宿于石桥寺。宋景德二年（1005），真宗赵恒赐额曰"宝严教寺"，所谓宝严者，即七宝庄严之意。后人又以宝岩称之，或以其地有岩，而改之也未可知。寺内殿堂宏伟，佛像庄严，竟日梵贝声不绝，香火极旺。后寺圮。明弘治十年（1497）住持僧本深奏请修复。万历十二年（1584）主持觉喜为整顿寺产，立《常住僧产碑》，碑记为明广东承宣布政使司左布政、江山人徐需撰文。万历三十五年（1607）衢州知府瞿溥又捐俸重修。清乾隆五十三年（1788）寺僧戒贞再修，徐天元为记（文已佚）。咸丰间（1851—1861）毁于兵燹。光绪十一年（1885）僧广信募化修复。是时，每逢七月，该寺香市云集，朝山进香之人不绝于道。后因失修，至1949年前夕，寺庙房屋已破损不堪。1964年人民政府拨款修缮。大殿于1972年被石室水泥厂以有倒塌危险为由请求拆除。1992年，衢州市佛教协会重建宝岩寺，至1995年已先后建起地藏殿、三圣殿及僧房等建筑，面积共420平方米，并修筑围墙300余米。建地藏殿时，杭州灵隐寺捐资2.5万元。

据旧志记载，旧时寺内有唐刘迥等6人《游烂柯山》诗碑两块，唐钟一口，明前铜钵一只，后均失去。寺内尚有一口古井，井台上刻有"冷泉古井"四字，相传明太祖朱元璋曾在此饮马。此井泉水清冽，常年不涸。

明徐维辑《宝岩寺》诗："烟云漠漠带归鸦，寺近清溪道士家。俗客不来春欲歇，岩端开遍碧桃花。松巢竹阁隐烟扉，几点疏钟出翠微。岩顶丹光红不散，夜凉斜炤一僧归。"

石室二禅师 石室二禅师之说最早见于唐刘迥等六人的《游烂柯山》诗刻，后人因附会其说，而塑土为像。清康熙《西安县志》载：青霞"洞中旧有王质及二禅师像"。但不知二禅师为何代人，亦不传其名，后二像失，清嘉庆《西安县志》已无记载。

明应枭《吊石室二禅师》诗："是仙还是佛，疑假复疑真。历劫沧桑变，岿然见此人。"

牛岩 又称梅岩、仙岩，为烂柯山之外岩。明徐日晟《烂柯山》诗有"洞古凄迷丹篆，关虚仿佛青牛"之句，意指游人多于此取道进山，故称牛岩。据传，古时此处漫山遍植梅树，故又称梅岩。岩含三洞，均甚广阔，冬暖夏凉。清郑永禧《烂柯山志》称："洞内有丹灶遗址，又古冢二，皆石椁。相传昔有二道人修炼于此，因委蜕焉瘗之。"

明应枭《牛岩》诗："老子骑牛去不还，空余荒灶在人间。樵夫不识灵丹熟，误入青霞第一山。"

1993年4月，衢州市闸桥水电站集资40余万元，会同石室三村开发牛岩景区，先后开发岩洞4座。主洞南北宽15米，深10米，高5—8米，洞口有"灵龟听经"岩，内有太上老君的汉白玉雕像以及八洞神仙塑像；南洞南北宽4米，深

11.7米,高2米,内塑姜太公垂钓像;北一洞南北宽9米,深15米,高5米,内塑张天师等神像;北二洞南北宽4.5米,深14米,高2米,内塑周文王研八卦像;诸像均形态逼真。在岩洞前筑有"仙乐台",台高10米,占地800平方米,上镌刻有八卦图案,面积达56平方米,堪称一绝。"仙乐台"三字为刘天汉所书。洞北建有梅岩精舍。

游仙渡　即石室渡,又称岩底渡,是昔时烂柯山古道上的一处官渡,为郡城至柯山必经渡口。后渡口下移,距柯山约2公里。1958年,溪东埠大桥建成,此渡遂废。

清郑国栋《游仙渡》诗:"青霞洞口问游仙,野渡舟横细草边。四五尺深浮雪涨,两三人去伴云眠。沙邨晴泛水中月,春岸晓归天上船。何待乘槎通碧溪,香泮花影锁风烟。"

清余本然《游仙渡》诗:"篮舆出廓门,言遵石室路。清溪涤烦襟,清风引徐步。隔岸红桃开,恍惚忆前度。槎疑银汉来,人如武陵渡。渡口问樵夫,神仙或一遇。"

战龙松　明谢肇淛《五杂俎》云:"三衢烂柯山中有数松,盘挐蹙缩,形势殊诡,余尝过之,叹其生于荒僻,无能赏者。又十数步,石碣表于道周,大书曰'战龙松',朱晦庵笔也。"晦庵为宋朱熹。清嘉庆《西安县志》载:"烂柯山石桥寺门前有虬松数株,皆千余年物,名战龙松。"清郑永禧《烂柯山志》称:战龙松"国初时已经残败,至乾隆后亦唯名存而已"。碑乾隆间犹存,后亦失去。

明林云风《战龙松》诗:"老树含秋沸欲号,翻疑神物战初交。鳞飘风磴千层雪,鬣鼓天门几丈涛。远势环桥森剑戟,清阴夹道拥旌旄。何须甲解空山静,始见亭亭偃盖高。"

清叶日蓁《寻战龙松》诗:"苍崖两虬龙,对峙日鏖战。爪牙张风雨,鳞甲奋雷电。一朝向遥空,飞去不复见。我来寻其踪,芒鞋空踏遍。闲云自悠然,山头蒙片片。"

五枝樟 相传此樟树一本五枝，形如五指，故又名五指樟。据称，在柯山石梁东侧，也有称在宝岩寺门前。明唐汝询《仙人棋》诗："空余五枝木，千载长青葱。"表明是明前古木，清咸丰间被毁。清王荣绶《五枝樟》诗："名山具仙灵，兹木亦奇变。交枝自联合，接叶互葱茜。会应见彭侯，眼食凌霄叹。"

我来补亭 在战龙松侧，清康熙三十五至四十二年（1696—1703），西安县知县陈鹏年捐资建。据清康熙《西安县志》载："陈公鹏年又于战龙松侧别构一亭，有记。邑司铎王君钦揩经营相度。既成，栋牖空明，阶圮韶秀，极清旷之致。太守张公（指衢州知府张浚）颜其额曰：'我来补'云。"郑永禧《烂柯山志》称：此亭"嘉庆志不载，或不久颓废。余至柯山时，濒访诘之，然已无知人矣。"

按古人诗咏中尚有金井、玉田等古景点，但此均为诗人托词，后人附会之说。

柯山门 为烂柯山正山门，坐北朝南，1993年4月由烂柯山风景管理处建。山门为牌坊式4柱3开间，高6.6米，宽8米，花岗石砌筑。门梁匾额"烂柯山"三字为著名书法家姜东舒所书。石柱楹联："数千年弈理根追石室，几十处仙踪源溯飞梁"；"入洞天邀太君痛饮，来福地延大雄畅游。"徐文荣撰文，徐谷庆、毛嘉仁书写。

悬室山门 位于古游仙渡口东岸，坐南朝北。1994年由市闹桥水电站兴建，式样规格与柯山门同。门梁上刻有"悬室山"三字。石柱楹联："登山临水，任子牙进，子陵退，诸子焉及樵子"；"出将入相，为管仲臣，管青马，多管莫如少管。"徐鼎、徐文荣合撰文，徐鼎书写。

樵隐岩 位于宝岩寺对面山麓，1994年7月，由烂柯山风景管理处兴建。岩洞面积约80平方米，高约2米，内有二仙童对弈雕像。岩前立一碑。诗姜宁馨撰，程少凡书。

悦仙亭 位于赤松岭上，古时有亭无名。1992年，由衢州市园林管理处建,亭为青石四角亭,间距长宽各3.5米,亭内置有青石凳,供过往行人休息。柱上楹联云:"至此言劫尽,往彼论功圆";"跨鹤归天上,乘鹿下凡间。"徐文荣撰文,徐鼎书。

梅亭 位于梅岩对面的狮子山上。建于1993年,由共青团衢州市委员会筹资所建。该亭为仿古麻石八角亭,间距长宽各4米,造型古朴典雅。亭顶正中饰有一青石葫芦,四周屋脊雕有八条腾空而起的蛟龙,以龙头作为亭檐的翘角;8根亭柱均饰有青龙盘柱的浮雕,栩栩如生;亭内顶上饰有"二仙对弈""双龙戏珠"及花鸟等浮雕。亭额刻有"梅亭"二字,为书法家马杭青所书;旁立一碑,碑文为:"青渠梅亭相映,烂柯乌引齐辉。"为市政协主席吴海松题书。

莲池 位于柯山垅。相传古时有玉井莲,开纯白色花。宋白玉蟾《烂柯山》诗有"吟余池上聊倚枕,风月潇潇吹白莲"句。莲池于1994年2月由烂柯山风景管理处重筑。莲池面积约3000平方米,植有6个品种的荷莲。

水上游乐场 位于柯山垅。1994年9月,由烂柯山风景管理处修建,水面约3000平方米,正常蓄水2.5万立方米。水面有游船多艘,供游客使用。

第二节 名 祠 古 墓

徐忠壮公祠 即徐徽言祠,建于南宋,位于烂柯山下。据清嘉庆《西安县志》引康熙《衢州府志》载:"徽言裔孙叔昭,监察御史,庆元间徙居柯山石室,例给祠生奉祀。"祠内享堂悬有宋朱熹书"忠贯日月"匾额,并立有宋范浚撰《徐忠壮公传》碑,明方应祥《谒徐忠壮公祠》诗碑。原祠早圮。

重镌宋范浚《徐忠壮公传》碑文:

徐徽言,字彦猷,衢之西安人。少为诸生,泛涉书传,负气豪举,有奇志大略,喜谈功名事。宣和末,知石州,寻权守晋宁军。时,金人大入,围攻太原,支兵障岚石及濒河要隘处,绝我馈援。察访使张灏,以徽言尝统河西军讨夏贼,为知名将,因奉使率兵犄角,牵制太原之围。徽言提选卒三千,径进一战,大克,遂通岚石以北。朝廷奇其功,遂命知晋宁,兼岚石路安抚使。敌再入攻国都,陕西制置使范致虚,纠合西诸侯兵赴难,檄徽言镇守河西。会诏分遣大臣,割两河地予敌以纾患;同知枢密院聂昌出河东,为敌劫胁,割河西三州予夏人。晋宁民大恐曰:"失麟府丰,我将不得独全,奈何?"徽言晓告父老:"弟无恐,此行人失使旨耳。三州自河西地藉令割弃,事出诏意犹当中复,且建不可,况无一尺书耶。"寻闻朝命,以麟府丰及晋宁俱隶陕西,徽言遂引兵复三州,并取岚、石等郡邑。已而,两京继覆,河东、河北名城剧镇往往陷没。徽言能固兵饬备,谷甲蒐众,田并塞地,储具饶衍。士告无衣,则潜兵夜绝河,斫栅袭敌,数得帛以资襦裤。荷戈骑牛乘羊浑脱乱流渡,掩敌不傲。敌日虞见袭,震悸不已,乃增兵备克胡寨,吴堡津用渠帅为九州都统,结垒晋宁以相持。徽言出奇兵挑使战,擒之以归。敌众大惧,相谓曰:"必是人也为我患者。"于是以晋宁为忧。建炎二年冬,敌自蒲、津、济入夏阳、澄城,趋延安、绥德,延安帅委守去绥德迎降,敌行无累,遂薄晋宁。先是徽言移府州,约折可求出师夹攻敌,毋坐自困待祸至。可求以敌质其子,故与之通。敌挟可求招徽言城下。徽言视可求为外舍亲,乃登城以大义谯数之。可求仰曰:"君于我胡太无情?"徽言摄弓厉言曰:"尔于国家不有情,我尚于尔何情!宁惟我无情,此矢尤无情。"一发中之。可求走,因出兵纵击,大败敌,遂斩娄宿亭堇之子。当是时,河东环境为盗区,独晋宁屹然孤埸横当。张敌势相百不亢,而徽言坚壁持久,抚靡扶伤,距御外攻。遣没人泅河,哨王民逃伏山谷者几万众,浮筏西渡与敌鏖河上大小数十战,战辄俘杀过当。晋宁地胜号天下险,徽言广外城,东压河下堑不测,雉堞雄固,备械甚设,命诸将画隅分守,敌至则自致死力于其处;以劲兵往来为游援。敌进攻数偾,负不得志,图之益急,为堙缭绕城筑隍阵。晋宁俗不井饮,寄汲于河。敌驱降人载莢石堙塞股流,城中水乏绝,资廪亦浸罄,铠仗亡弊,人人惴忧,知殒无日。徽言能得众心,奋桴腹残遗之余,哀折槊断刃,矢死固守。既久无援,自度不支,取嚼机篦格若凡守具悉火之,曰:"无以遗敌。"遣人挟液蜜书,儳道走东南,告其兄昌言曰:"徽言辜国恩死矣,兄其勉事圣君。"一夕,内应者系帛书飞筈上,阴约娄宿,启外桴纳敌兵。徽言拥帐下士,决命战门中几百,遇所格杀其众,左右死伤亦略尽,退婴牙城以守。敌攻不已,众蚁登,徽言坐堂上,慷慨语将士:"我天子守土臣,义不见蔑贼手!"因拔佩刀自拟。左右号救持之,急不及到,敌兵猥至,得挟徽言去,然尚畏其威,不敢暴,娄宿得徽言所亲,俾说徽言盍具冠骹见敌帅。徽言叱曰:"朝章觌君父礼以入穹庐可乎?汝素厚我,且华人士类而污左衽官,不即愧死!顾以荣欲诒我,且为敌摇吻作说客耶?不亟去,吾力犹能搏杀汝。"娄宿就见徽言,语曰:"二帝北去,汝其为谁守此?"徽言曰:"吾为建炎天子守。"娄宿曰:"我兵南矣,中原事未可知,何自苦为。"徽言怒答曰:"吾恨不尸汝辈归见天子,将以死报太祖、太宗地下,庸知其他!"娄宿又且旁行伪制撼诱徽言,曰"能小屈,当使尔世帅延安,举关陕地并付之。"徽言益怒,骂曰:"吾受国厚恩,死正吾所,此膝讵为尔屈耶?尔当亲刃我,不可使余人见加。"娄宿举戟向之,觊其惧伏。徽言意象自若,披衽迎刃无小变,敌众知不可屈,遂射杀之。粘罕闻徽言死,怒娄宿曰"尔粗狠,何专杀义人以逞尔私",治其罪。娄宿亦自悔恨不已。

城围凡五月,徽言以建炎三年二月二十三日死。本道使者与宣抚使相次以闻,朝廷嗟悼,赠晋州观察使。明年,昌言具晋州死事本末,上之天子。加恩赐谥忠壮,再赠彰化军节度使。河西人思徽言不忘,家绘其像,又庙祀之。兰溪范浚曰:"徽言死封疆,于祭法宜祀;其所以易名者,以劝忠也。惟我国家受天命,臣万方,圣圣继承,仁涵泽濡海内,淡然熙乂怡逸垂二百载,华颠不目金革,戎政垢玩,将骄弱不武,士卒堕冗、耄瞆备数、伍符、戈甲盐蠹,城障弛,一旦外侮开衅扬埃,猃夏鼓行长驱,所向降陷大都小邑,督帅偏裨捐城跳身,望旗奔遁;或除馆具炊,以待寇至,苟幸脱死,不畏不愧,不可指数。有如忘身殉国,仗节不挠,盖千万仅得一二可者焉。至若忠规义慨,魁垒奇杰,殆未有如徽言比者。方徽言力保晋宁,盖患敌鸥峙寰甸,日夜腐心疾首,欲捣其胁腋而溃亡之。及势蹙力穷，犹自励作气，蹶断视敌。虽见执，耿介不少衰。彼非不知一屈首，且得大利可偷活，而劲节挺概之，死不变其所存，岂偶然哉？予闻徽言与刘光世束发雅故，光世为鄜延总管，被命援太原，次吴堡辄顿不进。徽言移书趣稽因取方命罪，光世犹前却。徽言即露章劾其逗挠封副予之，光世惶遽引道。又河东人不忍敌侵虐，甚愁惋吟哨，企而望官军觊得合击敌。徽言使人潜结汾晋间土豪，有能鸠兵收故地即表功，随所复郡邑世袭守长，使还，得首领十百人，众十万余。方条其事以闻，俟报可，即欲身率精甲捣太原，径取雁门，留兵戍守，部署所结土豪并力图敌。且曰："定全晋则形胜为我有，中原当指期平，一时机会不可失。"奏上，会诏徽言听鄜延王庶节制，议即格阻，兵不复出。嗟乎！守晋宁而急太原，又将取全晋，以恢复中夏，此其意岂特欲引岁月，死孤垒以为名哉！而卒赍志以殁，义士所为悼惜哉也。初光禄卿范寅敷陷敌中，后身拔，由河东以归，上书行在，述敌曲折。且言敌人称南朝善战能坚守，惟晋宁徐徽言、陕州李彦先二人。道中见汾晋人被驱至晋宁攻城，折北创伤归者接踵也。又盛称徽言数喋血窘敌，缚九州都统娄宿孛堇子。敌方益甲峙粟，期必拔晋宁，晋宁势孤阽不可支。朝廷乃遣使抚河西诸郡，因诏徽言率所部诣行所。使者间关行，累月始达鄜延，而晋宁城陷，徽言殁久矣。呜呼惜哉！

明方应祥《谒徐忠壮公祠》诗碑："夜落星芒风怒号，晋宁城上拥弓刀。浑脱乱济云冲阵，娄宿惊看血溅袍。岚石军民图像古，柯山阀阅对门高。紫阳纲目称良史，特笔先书四字褒。"并在诗后云："《宋史》称：'公忠过于颜真卿、段秀实。'《宋书》公传，范浚叙公特详。丰功奇节，闻者兴起。吾乡先哲心向往之久矣。柯山下石室里公祠在焉，堂悬牓刻'忠贯日月'，朱文公书。万历丁巳春，余得谒祠见之，敬纪以诗，为之低回不能去云。后学方应祥拜题并跋。"

复建徐忠壮陵园位于烂柯山南麓，占地2万平方米，土地由石室三村捐献，投资70万元,于1996年2月10日落成。在落成典礼上,市委副书记叶继革为徐徽言塑像揭幕,市委常委、宣传部长陈荣及市文化局、文物局、共青团市委领导等也出席了典礼。

复建的忠壮陵园融祠、墓、园林、塑像和事迹陈列馆于一体,庄严肃穆,古朴幽雅。陵园分仪门、祠堂、墓道、陵墓四个部分,仪门前后均为水池,仪门门楼为重檐歇山顶结构,前额枋上悬有"忠壮公祠"匾额。经过门楼走过混凝土结构平板曲桥,有一道城墙,墙体以混凝土预制块叠砌而成,城高1.85米,长22.3米,厚1.26米,上筑有雉牒。城墙前立有徐忠壮公全身的塑像,手持兵器,双目远视,有如正在指挥战斗。立像高3.5米,底座高1.47米,长1.74米,宽1.43米。城墙内是园林,北侧为祠堂和陈列馆。祠堂砖木结钩,坐北朝南,红墙青瓦,内为三进二厢二天井,建筑面积256平方米,牌坊式山墙,内进为正殿,塑有徐忠壮公彩色坐像,手持兵书,全神贯注,神情严肃。坐像高2.79米,底座高0.7米,宽2.2米,厚0.7米。两旁置有兵器架,上插刀、矛等古代兵器。厅上方悬有宋朱熹书"忠贯日月"匾额,外进为徐忠壮公生平事迹介绍。祠堂对面山麓为徐忠壮公陵园,陵园神道口耸立着气势雄伟的忠壮陵青石碑坊。该石坊四柱三开间,通高6米,全长7米。正面顶楼中间镌刻有竖写篆体"圣旨"两字,次楼上刻有楷书"忠壮陵"三字,下有楷书"宋知晋宁军太子少保谥忠壮徐徽言陵园"字样。正间两侧石柱所刻对联云:"忠规义慨武穆望尘;壮怀激烈亭侯逊色。"此坊建于1995年8月,由衢州市文物局敬立。通过神道,即为忠壮公墓。墓前立有青石墓碑,高1.71米,阔0.85米,厚0.15米;碑底座高0.32米,长1.23米,宽0.54米。上刻有仿宋体碑文,"宋知晋宁军谥忠壮公徐徽言墓"。在祠西山麓尚建有演武场。

忠壮陵园建设得到了市规划处、市节水办公室、市六联房地产有限公司、衢县城乡房地产有限公司、中房衢州公司、新华幼儿园等单位的资助,并得到石室乡政府的大力支持。

陈公祠　清嘉庆《西安县志》载："在柯山集仙观右。"陈公名鹏年,字沧州,号北溟,湖广湘潭人。康熙辛末(1691)进士,三十五年(1696)知西安县,闻民户多为虚报粮产赔累,鹏年申请丈量而后纠正。又留心水利,葺学修志,善政很多。后升任河道总督。雍正元年(1723)病逝于河防工地,死后谥恪勤。民间为纪念其政绩,立祠以祀。祠已圮,遗址犹在。

毛友墓　位于柯山南一里余,墓道已平,亦无碑碣。故址犹在。毛友为宋端明殿学士,礼部尚书。

毛庭兰墓　位于柯山左麓毛家坞。毛庭兰为宋翰林宣教,宋代名儒。

孔玠墓　明嘉靖府记载:位于烂柯山东五里金溪垅(今荆溪村)。孔玠,端友子,字锡老,袭封衍圣公,终通直郎。

叶贞墓　位于距柯山一里许,俗称柯山垅口地方,循山径为墓道。明永乐二十一年(1423)赐葬,嘉靖元年(1522)诏命重修,吏部尚书杨一清撰《明嘉靖诏修名臣都御史叶公墓志铭》。

明嘉靖诏修名臣都御史叶公墓志铭:

国家之御臣下劝与惩而已矣,然爵赏金玉所以荣其生;谥赠葬祭所以厚其死,而善善又恒亟焉。故士生其间,莫不敏于劝而惕于惩。此我朝列圣相承,共守一道,而得人最盛者也。

故大中丞叶公讳贞,字维正,以世居衢之西安。其先本文武之后,及诸梁尹,叶因姓焉。历汉、唐代都通显,至宋忠简公义问,以江淮视师之功,封新安郡侯,始自寿昌迁衢。其后,九江守端衡、诸王宫讲官荣善冠裳相望,又繁衍之传七叶,而公实生焉。孝友笃于人伦,聪明本其天性,学精羲皇文,兼董贾领。洪武壬午乡荐,登永乐甲申曾棨榜进士,选翰林院庶吉士,与修太祖高皇帝实录及御制为善阴骘诸书。越七寒暑书成,拜监察御史。公感遇明良,悉心献纳,历任九年,其间督学南畿而苏湖之教;复申及巡行诸路,而澄清之辔再揽。凡百皆以风厉行事,不少假借。天下知其直,至以乡哲赵公铁面目之。以通考绩最,升江西副使,俸食同三品,盖异数也。时宁藩播恶于众,民甚苦之。公至绳以法,且具奏其吴楚之变。众未以为然,遂遭诬拘赴京。幸我太宗文皇帝明见万里,慰谕忠赤,升都察院右副都御史。命下未几,而公已厌世矣。呜呼!公之生也四十有四年,朝有直臣,士有明师;君子恃之以为善,小人惮之以遏私;天下方倚以为重,而遽莫之遗。德尊而不终其寿,道达而不究其才。则公之所能者,人而所不能者,庸非天乎?讣闻,天子痛悼,遣有司归其骨而葬柯山之阳崇文里。

兹百有余年,寝穴倾夷,荆榛芜没,如古昔圣贤固亦有然者,而忠臣孝子独虑风教之弛焉。幸遇今上皇帝,龙飞江汉,入缵大统,际中兴之运,收下移之权。凡先朝忠义之士,既尽举用而已;故名臣坟墓则命有司修理,复使民守视焉。此盖周武式庐表墓之盛德也。而又有贤守林君有年辈,遵行惟谨,修其所废,而增其所无。羊虎望柱之属视前有加。予谓:必此典行,而后可彰公之直;而安公之灵。何者迩宋江右之变,乃国家之警大也?然其机则发于太宗之世,公以身扼其吭,无所顾忌,则其奄奄百十年而动者,以有公挠之于前也。使当时用公之言,思患而预防之,则其流祸岂至若是烈耶?兹者,册丰功,荷重赏,而公不及见矣。呜呼!天理在人,万古不泯;公论在世,百年后明。今之举虽非专于公也,而公之大节则益彰焉。岂忠臣之灵,旻天之报,犹有足谌者乎?时嘉靖壬午季冬,工事落成,俚孙任将勒石墓傍而请文于予,予既不能为徐生之书,当无愧中郎之笔。因按状志之。

公生洪武辛酉二月十八日,永乐甲辰四月十有二日卒于官邸。曾祖廷珪、祖应枢俱隐德不仕,父文奎封监察御史,母陈氏封孺人。娶沈氏,受封如姑。侧室汪氏子二:曰正宗,曰贵宗,则岁贡生也。复系以铭曰:夫启皇明,诞生直臣。班马之笔,张范之英。何以旌德,位之宠之。吁嗟公兮,寿弗偕时。岂谓已矣,天锡多祉。后兹百年,而始获埋。既俾圣君,以褒其死。文贤厥嗣,以彰其美。柯山之阳,崇文之乡。后昆先德,曷维其亡。

嘉靖元年,吏部尚书杨一清撰。

徐可求墓 位于青霞洞天山麓。清戴名世《南山集·游烂柯山记》载"寺左数十步有墓,其碣曰:'左都御史忠烈徐公墓道。'"墓前立有华表和石人石马,明叶秉敬为徐可求撰墓志铭。御敕赐"劲节凌霜垂乾坤而不朽";"丹心匪石同日月以长明"楹联,刻于墓碑前石柱上。1964年初毁。

相传,尚有疑冢数处,并传有御葬金头,此说不足信。清时尚存空圹三穴。

徐可求(约1556—1604),为明万历二十年(1592)进士,二十四年官吏部文选司郎中(俗称徐天官),晋太常寺少卿、福建布政使,巡抚四川,三十二年因部属叛乱而被害,赠左都御史,谥忠烈,荫一子世袭指挥金事。

第三节 碑 碣 石 刻

衢州烂柯山自晋代王质遇仙故事盛传之后,名人学士纷至沓来,吟诗作赋,留下甚多脍炙人口的诗文和墨宝。唐景云中(710—711)嗣江王李祎任衢州刺史,曾游此山,因美其清幽,赋五言诗《登石桥寻王质观棋所》,刻于石桥上危楼之东壁。自此而后,历代名人所存留的碑碣及摩崖石刻甚多,但由于年代久远,石岩风化;同时衢州又历遭兵燹,且又被人为破坏,故至今已基本丧失殆尽。据清郑水禧《烂柯山志》载:"柯山碑碣极多,迭经兵燹,摧残存在无几,此其逞野蛮之手段毁而坏之,故无足怪也。曾不意父老传言,竟有坏于文明之手者,是可诧焉。其始也,创造日迟亭文明事也,乃尽弃唐、宋断碑而埋之下为基址,因之,古迹湮没者不少,此其一也;其继也,道光间有一人,不知来自何许,裹粮山中,拓碑月余,不可谓不文明矣。及其将去,乃斫其所拓之碑,或凿破题名,因之姓字磨灭者不少。此亦其一也;其末也,光绪戊戌(1898),达县吴公德潇来宰斯邑,爱青霞风景,令其少子读书石桥寺中,公每月辄一二至。公极文明人也,乃将宋代残碑移异入署,复镵去陈公鹏年柯山亭碑,由是而消亡殆尽。此又其一也。"

今据旧志有关烂柯山碑碣及摩崖石刻之记载,摘录如下:

唐碑

唐贞元石桥诗刻碑(即唐衢州刺史韦光辅镌外祖信安郡王李祎诗及记的碑碣)　韦光辅于唐建中元年(780)任衢州刺史,贞元三年(787)建"石桥诗刻记碑"于青霞洞右。宋陈思《宝刻丛编·衢州》载:"《唐韦公镌信安郡王登石桥诗记》,嗣江王祎撰;记,严绶撰;韦荐书并篆额,贞元三年正月九日刺史韦光辅建。"宋王象之《舆地碑记目·衢州碑记》载:"《石桥诗刻记》:唐廷评严绶撰。"并称"信安王祎石桥诗"等,"碑碣皆漫缺不可读"。据清《西邑碑碣考》载:"唐刺史韦公镌外祖信安郡王诗碑记,此碑额十四字,篆书。前列诗,次文,末小字记,贞元三年丁卯岁正月景(丙)戌朔九日甲午朝散大夫使持节衢州诸军事守衢州刺史赐紫金鱼袋韦光辅建,碑已断为三。"该碑篆额十四字"刺史韦公镌外祖信安郡王诗之记",分六行,刻于碑穿上。据清阮元《研经室集·诗刻记跋》:"诗刻记碑在衢州西安县南三十里,石高四尺,广一尺九寸,正书二十三行,行三十九字,上有一穿唐刻。绝左下蚀一角,亡去五十余字。额上有宋人斗茶题名八行,分列左右。此信安王祎仙迹诗,外孙韦光辅刻之,光辅婿严绶记之也。……行笔绝似虞永兴庙堂碑。惜石已不存,今就赵氏旧藏本录之。"

碑上刻李祎诗,题《登石桥寻王质观棋所》,下刻韦光辅婿严绶所撰《衢州刺史韦公于石桥寺桥下以外祖信安郡王诗刻石记》(全文见本志第七章艺文集锦第一节)。碑穿左右刻之宋人斗茶题名,全文为"祝绅、林英、刘彝、钱颛、梁浃、郑庭坚熙宁辛亥会宿斗茶于是。孟春九日"。题名正书分八行,每行四字,字径一寸五分。宋熙宁辛亥为1071年。碑已无存。

唐元和陆庶游石桥记石刻　陆庶于唐元和元年(806)任衢州刺史,是年三月十八日与亲朋游烂柯山,并撰文镌刻立碑。据《宝刻丛编》载:"《唐游石桥记并诗》:唐刺史陆庶撰,次男综正书,元和元年三月十日刻(《复斋碑录》)。"可见碑文含记及诗,但其他资料仅提及记,而未及诗,且所记碑刻日期相异。

据清朱彝尊《曝书亭集·唐游石桥记跋》称:"《游石桥记》,元和元年三月,衢州刺史陆庶文。庶,吴人,宰相元方之曾孙,象先之从孙,希声之从祖也。先世曰玩,仕至司空侍中,赠太尉。其子姓号太尉支。元方、象先、希声三世相。《新唐书·世系表》:庶历官福建观察使,当日以贵公孙领郡。碑后列亲宾接武男子从行,是亦好事者。亲宾二人:子婿试大理评事元益,前绛州太平县尉崔缵;男子五人:右内率府录事参军综、前弘文馆明经绘、左监门卫、率府兵曹参军绍、前崇陵挽郎缜。按《世系表》书,纵郧令,综河南府户曹参军,绘信州刺史,绍颍川刺史,惟缜无之。崇陵者德宗陵也,缜以大臣子弟充挽郎,唐制然矣。"《西邑碑碣考》称:"《游石桥记》唐刺史陆庶撰,次男综正书。前书游石桥记四字,次文,末书亲宾孙男。前后共十五行,题一行,文九行,款额五行。此碑亦断为三。"(《游石桥记》全文见本志第七章"艺文集锦"第一节)

该碑高约四尺,广约二尺四寸,字正书,每字方径寸,建于烂柯山石桥下。碑已无存。

清翟灏《寻柯山碑得唐贞元元和二碑》诗:磊落青瑶镌,熊熊光洞壑。日月久翻移,风雨半剥削。帝孙昔好事,登楼剩斐作。绍迹陆使君,字勒元和脚。岿然立飐飐,矫矫鸡群鹤。千年鬼神护,一辈裙屐约。幽寻见苔丛,珍重两手摸。尤物有昭晦,俗眼无媺恶。岂惟酸枣碑,图经载缺略。匹纸勤自钞,双珠快已获。余题千佛名,完好更纷若。重来携毡椎,次第俾响拓。

翟灏,仁和人,字晴江,乾隆进士,金华教谕。

陈圣洛《读柯山石刻得唐贞元元和二碑并录其文以归》诗:残局不可覆,片石犹堪语。卓哉嗜古人,目光燎如炬。搜索穷苍厓,俯仰劳偶旅。锲款认前朝,摩娑得少女。贞元尚有人,平淮一机杼。剜藓读未足,鸿篇入毫楮。得与古人游,山灵应嘉予。

陈圣洛,清衢州西安人,字二川,清乾隆诸生。与弟圣泽、宗弟同负诗名。著有《桐炭集》《候虫集》。

石桥寺唐人诗碑　唐人刘迥、李幼卿、李深、谢剧、羊滔、薛戎等所作之诗,人各四首,共刊成二碑,留于石桥寺中。据《宝刻丛编》载:"唐游石桥序并诗:序谢良弼撰,诗刘迥、李幼卿、李深、谢剧、羊滔撰。元和七年十二月十二日。"文中所言之序,可能久已失传,故未见其他书籍记载;另此文中所记诗人仅五人,而缺薛戎。许陈思(宋理宗时人)辑《宝刻丛编》时未见薛戎诗。清朱彝尊《跋石桥寺六唐人诗》称:"……二碑留石桥寺,嘉靖中尚存,都御史江山赵镗修府志具录之,中间阙文仅六字耳……二碑不知何年失去,其后官三衢者改修府志,乃尽删唐人之诗,深可恨也。"清顾炎武《金石文字说》中,其"君子门人"潘耒撰之《补遗》载:"石桥寺诗,贞元三年正月,今在衢州。衢州府城南三十里有烂柯山,相传为王质遇仙之所,有洞明豁,旁峙一碑,乃唐衢州刺史嗣江王祎所题五言古诗。元和元年,衢州刺史陆庶记云:刺史韦公以外祖信安郡王诗刻石。朱彝尊云:考《新唐书·表》太宗第三子吴王恪,恪第三子琨,琨子祎。《旧唐书·传》载祎少继江王嚣,后封为嗣江王,改封信安郡王,景云、开元中两为衢州刺史。诗当作于景云间,而刻于贞元也。诗中有'薄烟幕远村,遥峰没归翼'二语。杨用修以为仙人遗句,殆未见此碑故耳。又有二碑刻唐人刘迥、李幼卿、李深、谢剧、羊滔、薛戎诗各一首,今亡。"

石桥寺唐人诗石刻全文(旧引《信安志》原本)予录。

刘迥游烂柯山四首:

最高顶　白云引策杖,苔径谁往还。渐见松树偃,时闻鸟声闲。豁然喧氛尽,独对万重山。

石桥　石桥驾绝壑,苍翠横鸟道。凭槛云脚下,颓阳日犹早。霓裳倘一遇,千岁长不老。

仙人棋　灵境偶一寻，洞天碧云上。烂柯有遗迹，羽客何由访。日暮怅欲还，晴烟满千嶂。

石室二禅师　绳床宴客久，石窟绝行迹。能在人代中，远将人代隔。白云风飐飞，非欲待归客。

李幼卿游烂柯山四首：

最高顶　拂雾理孤策，薄霄眺层岑。迥升烟雾外，豁见天地心。物象不可及，迟回空咏吟。

石桥　巨石何崔巍，横桥驾山顶。傍通日月过，仰望虹霓迥。圣者开津梁，谁能度兹岭。

仙人棋　二仙自围棋，偶与樵夫会。仙家异人世，俄顷千年外。笙鹤何时还，仪形尚相对。

石室二禅师　石室过云外，二僧俨禅寂。不语对空山，无心向来客。作礼未及终，忘循旧形迹。

李深游烂柯山四首：

最高顶　寻源路不迷，绝顶与云齐。坐引群峰小，平看万木低。双林春色上，正有子规啼。

石桥　嵌空横洞天，磅礴倚崔巇。宛如虹势出，可赏不可转。真兴得津梁，抽簪永游衍。

仙人棋　羽客无姓名，仙棋但闻见。行看负薪客，坐使桑田变。怀古正怡然，前山早莺啭。

石室二禅师　稽首期发蒙，吾师岂无说。安禅即方丈，演法皆寂灭。鸣磬雨花香，斋堂饭松屑。

羊滔游烂柯山四首：

最高顶　步登春岩里，更上最远山。聊见宇宙阔，遂令身世闲，清辉赏不尽,高驾何时还。

石桥　石梁耸千尺,高盻出林杪。亘壑蹴丹虹,排云弄清影。路期访道客,游衍空井井。

仙人棋　采薪穷冥搜,深路转清暎。安知洞天里,偶坐得棋圣。至今追灵迹,可用陶静性。

石室二禅师　沙门何处人,携手俱灭迹。深入不动境,乃知真圆寂。有时归罗浮,白日见飞锡。

薛戎游烂柯山四首:

最高顶　登岩已寂寥,绝顶更苕峣。想像如天近,窥临与世遥。悠然畅心目,万虑一时消。

石桥　圣游本无迹,留此示津梁。架险知何适,遗名但不忘。只今成佛字,化度果难量。

仙人棋　二仙行自适,日月徒迁徙。不语寄手谈,无心引樵子。蒙分一丸药,相偶穷年祀。

石室二禅师　仙山习禅处,了知通李释。昔作异时人,今成相对寂。便是不二门,自生瞻仰意。

谢剧游烂柯山四首:

最高顶　独凌清景出,下视众山中。云日遥相对,川原无不通。自致高标末,何心待驭风。

石桥　宛演横半规,穿崇翠微上。云扃掩苔石,千古无人赏。宁知后贤心,登此共来往。

仙人棋　仙弈示樵夫,能言忘归路。因有斧柯烂,子孙发已素。孰云遗迹久,举手如旦暮。

石室二禅师　仙僧会真要,应物常渊默。惟将无住理,转与信人说。月影清江中,可观不可得。

刘迥,字阳卿,唐大历初任吉州刺史,终谏议大夫给事中;李幼卿,字长夫,陇西人,大历中,以右庶子领滁州。滁州有"庶子泉",是因李幼卿而得名;李深,字士达,曾任兵部郎中,贞元十八年(802)任衢州刺史;羊滔,泰山人,大历中宏词及第;薛戎,字元大,元和七年(812)以刑部郎迁河南令,历任衢州、湖州、常州刺史,终浙东观察使;谢剧身世不详。《全唐诗》刘迥诗下注称:"此诗见《信安志》烂柯山石刻,并见者李幼卿、李深、谢剧、羊滔、薛戎五人,或一时同咏,或先后继唱。"民国《衢县志》按:"杨志府官表,李深贞元十八年任,见薛戎《石桥碑记》;又薛戎,河南宝鼎人,元和七年任,其间相距十一年。而陆庶记于元和元年,即在此相距之中,斯六人之诗明非同时所作。云薛戎《石桥碑记》,明非陆庶《游石桥记》,惜今不传。""杨志"即清康熙《衢州府志》,杨廷望纂。

宋碑

柯山题名碑 该碑正背两面均镌刻题名。正面镌刻时间为宋熙宁五年(1072)。全文为:"知衢州比部郎中张监唐臣新、淮南转运判官金部员外郎蒋之奇颖叔、通判虞部员外郎高定公武、判官孙元长仲勉、西安令邱逵子由同游烂柯山,遂登绝顶。时大宋熙宁壬子岁正月十一日题"。所刻之字为行书,每字直径寸余。

背面镌刻于宋元符二年(1099),全文为:"朝散大夫提点刑狱公事游嗣立茂先,岁巡浙东诸郡县,早离江山,薄暮抵宝岩,遂游石桥,观烂柯岩,登绝顶,回宿是寺。翌旦,由灵山之遂昌,将穷温、处、台、越,遍及四境,不唯得以究民瘼,又因以揽溪山之胜,亦缘幸矣。元符二年九月二十日题之于碑阴,男抃侍行。"所刻之字均为正书,颇细小。据民国《衢县志》按:"杭州定山慈严院摩崖题名:'建安游茂先,行按浙东,晚宿慈严。元符二年八月二十六日,男柞侍行。'定山在钱塘江干,为东浙登程之始,与此正同出一时。但'抃'、'柞'形似,不知有误否。"清郑水禧《烂柯山志》称:上二则宋人题名刊刻于一石碑,碑"石厚约四五寸,分两面,纵横约二尺方。正面行书,字径寸余;阴面正书,字颇细小,漫漶过半,不能卒读。光绪戊戌,吴大令德潇移舁入署后,遂不知去向"。

宋朱熹"战龙松"碑　清嘉庆《西安县志·古迹》载:"柯山岩侧相传有朱晦庵书'战龙松'三字碑,乾隆间犹存断碣,今失去。"宋宣和年间(1119—1125),郡人毛开聘朱熹(号晦庵)讲学于柯山梅岩精舍。

宋刻庸斋残碑　据民国《衢县志·碑碣志二》载:"此碑残缺已甚,掇拾断片录而存之。"此碑右存大字二行,首行十一字"赵(古从字)庸斋烂柯有怀史君而酒";次行存七字:"许(即讯字)遘至便遂小诗"。每字八寸左右不等,绝似山谷笔法豪放。在行次下有明正德跋语,小字分四行,文为:"径畈徐公与庸斋赵公汝腾同游柯山,而郡守游公钧送酒至,即东篱白衣之意。公赋诗刻石,而钧重贤之意具见,真可人哉。钧尝为公买田筑舍,请公讲学其所,以重之者如斯而已乎。正德丙子秋□□谨跋。"据查阅清冷时中《烂柯山志》所载徐霖七言绝句诗后,附有明正德丙子秋棠陵方豪之跋,与上跋完全相同,可证残碑中被磨去二字应为"方豪"。方豪,字棠陵,开化人。郑永禧《烂柯山志·历代金石考》谓,因此碑有明人所刻之跋,而有人怀疑是明碑。根据字体,跋显系后来所刻,并非原碑所有,故非明碑。

在另一段残碑中残存有"可人载酒问"及"徐霖"等字,与前碑字笔法相同,系徐霖之诗的石刻。全诗为:"尚书胜迹留千载,太守离思去十八,难得地主真可人,载酒问字石须伐。"

另在日迟亭附近还发现二段残碑,仅存"倒叹如斯麟趾惟公管晏羞直""谅清忠胡不为谁信平生稿疏"二段,无款识,字体与前一律,不知谁作。以"麟趾"字度之,似为赵汝腾。

又一断碑仅存中段一截,上下皆缺,存有"剧泉沠(古流字)""埜子直""应辰二""崇炼皆""为"十二字,笔法同前碑。后复有四行小字,即"公字景说淳祐省""尝与庸斋赵汝腾游""千古之想当与二仙""生晚不得执公杖"，字与前正德跋语同，意亦相似，当出一人之手笔。公即徐霖，景说其字，淳祐省元。此外尚有一截断碑，残留之字为"敬赉径畈"一段，"南光游钧"一段，似是郡守游钧当时和作，惜未见其全。现碑已全部失去。

元碑

杨明诗碑　此碑亦已断裂残缺。民国《衢县志·碑碣志》载：此碑"正书四行，行七字，合成绝句一首，已断为三截，今存其二"。全诗为："洞天春远日行迟，几点星残仙子棋。樵斧烂柯人换世，碧桃花影未曾移。"并有跋识，但也已残缺，仅留"讳明字文举，号潜醉，文章高古，诗为嵩门"及"柯山而先生之诗遂刻山中，以俟赏音"。下刻款题为"二年冬十月十有八日门生碣石王主敬谨"，现碑已无存。考王主敬，元至正二至五年（1342—1345）任衢州路总管。民国《衢县志·碑碣志》称："主敬于杨称门生，或生同时，而年差长者。杨亦当为元人。而瞿公日迟亭碑乃谓唐人；杨志列在宋人；姚志并改瞿碑'唐人春远日行迟'之咏为昔人。均无一言及元人，不知何也。""姚志"即清嘉庆《西安县志》，姚宝烺纂。"冷志"载杨明为河东人。

明碑

明成化诗刻碑　民国《衢县志》称："该碑在旧府署樵楼壁间，前为诗共四首，后为诗序，题已阙。"诗文如下：

名山不与众山同，此日登临眼界空。晓色皎分瑶草露，天香清散桂花风。明时讵谓无佳士，雅望争夸有巨公。四美二难难再得，何妨终日醉颜红。（注：清冷时中《烂柯山志》载：此诗作者吴锡，开化人，员外。）

重九访柯山，驱驰一径艰。晴云看冉冉，流水渡潺潺。树色苍茫里，钟声杳霭间。长生真有术，令我驻衰颜。

白云深处访仙踪，此日欣陪□□□。□□□□□□□，思亲佳节□□□。斧柯已烂樵夫渺，棋局犹存石室空。野衲不胜惊喜甚，笙箫齐奏梵王宫。洛阳卫。

　　衢郡柯山久擅名，重阳登眺有□清。晴峰接汉乔松古，秋水盈畴晚稻成。野客樵归空有迹，真仙弈罢已无情。西风走马斜阳里，满耳讴歌颂太平。

　　下为序。查清冷时中《烂柯山志》，序系阎铎所作，题为《柯山揽胜诗序》。但冷志所录之序文与碑刻中的文字有多处不同，今按碑刻全文抄录，不同之处，按冷志原文加注：

　　郡城南廿里许有山，苔茇葱茜。上有洞曰青霞，盖晋王质（此处冷志有"观棋"两字）烂柯处也。成化七年季秋，余偕别驾祝君（冷志为郡丞魏君）、通守卫君、𨚕（冷志为郡节）沈君刻日定方出郊看（冷志为省）敛，适重九南行，便道（冷志此下有"经此"两字），窃效故事，一往登焉。骋目四顾，禾黍盈郊（冷志为野），既惊且赏（冷志为"既秀且实"），私相喜曰："不谓之有秋可乎？"爰下车入寺饮焉（冷志"爰憩萧寺饮焉"）。顷（冷志多一"之"字），致仕秋官员外郎吴君亦邂逅，即席赋诗，更唱迭和，不一而足（此句冷志无）。既题寺壁，而吴君序之详矣。会方改作樵楼基半，仍存录一诗（"而吴君……诗"，冷志为"各录其一"），命勒诸石，以纪有秋（冷志为"以垂有永"）。噫！兹游（冷志为"行"）也，（冷志增："民务既饬，胜事斯举，载觞载咏，以赓明盛。夫"）岂徒（此字冷志无）流连光景者哉！后之君子尚鉴于斯。

　　（上蚀佚）一日知衢州府事前奉（蚀佚）大夫顺天府尹浙江布政使司左参政阎铎文振识。

　　民国《衢县志》载：上述诗碑"横方尺许，共三十一行，行十七字，楷书纤秀。惜前后多剥蚀，四诗似非出自一人，款仅洛阳卫三字可见。考"赵志·官守"，成化中宦衢者有卫澜，官通判，贵州平坝人。《清献集·阎序》作阑洛阳，或本藉也。祝姓别驾无所见。沈姓者有推官沈英，五河人，未知是否。末行衢守姓名隐约似阎铎文振，阎乃成化时名宦，文振其字，陕西兴平人。叶秉敬"府志"称"其刚大之气，通达之才，政事严明，尤长于诗，良不诬也。致仕秋官吴君不知为谁,今无考(据'冷志'应为吴锡,见前注),序亦不传。"文中所称"赵志",即为明嘉靖《衢州府志》,赵镗主编;"叶秉敬府志"为明天启《衢州府志》,叶秉敬主编。碑已失去。

明嘉靖胡宗宪宴烂柯山刻石碑 碑原立于青霞洞中。民国《衢县志·碑碣志》载:此碑"存者横广三尺余,纵约尺余。每行三四字不等,字约四五寸,行草书,首缺九字,约分两行"。明嘉靖四十一年(1562),胡宗宪任总督浙直福江军务少保兼太子太保兵部尚书,时倭寇侵犯浙江、福建等地,胡统率三军进剿,驻节衢州。剿寇得胜后,胡宗宪在烂柯山设宴庆贺,并与幕宾徐文长、沈明臣等即席赋诗刻石。

徐渭和沈明臣陪宴烂柯山即席赋凯歌刻石碑,字亦横列,正书每行十五字。民国初年,存有残碑,后均散失。其徐渭诗残碑由余良佐拾得,并于1993年献出。上刻徐渭"奉侍少保令公驻师三衢,闻闽中寇悉平,因献凯歌四首",字体纤秀。计存105字,原刻绝句四首,残碑前两首完整,后两首残缺。现残碑存放在市博物馆,碑青石质,高77.7厘米,宽779厘米,厚7厘米,行楷,字径3.5厘米,无底座。

两碑诗刻如下:

一、**胡宗宪题诗**

十里云山一径通,天门高敞五云中。披云把酒兴不尽,直上峰头踏玉虹。
嘉靖壬戌孟冬总督浙直福江军务少保兼太子太保、兵部尚书新安胡宗宪题。

二、**徐渭(字文长,山阴人)题诗**

奉侍少保令公驻师三衢,闻闽中寇悉平,因献凯歌四首:

万山松柏绕旌旗,太保南征暂驻师。接得羽书知贼破,烂柯山上正围棋。
偏裨结束佩刀弓,道上逢迎秣首红。夜雪不劳元帅入,先擒贼将出洞中。
群凶万队一时平,沧海无波瘴岭靖。帐下共推擒虎将,江南只数义乌兵。
帷中谈笑静风尘,只用先锋一两人。万里封侯金印大,千场博戏采球新。

三、沈明臣(字嘉则,鄞人)题诗

(前两首仅存8字)

衔枚夜渡五千兵,密令军符号令明。狭巷短兵相接处,杀人如草不闻声。

轻裘缓带一跻攀,靖海平蛮指顾间。手自题诗临石壁,烂柯山作燕然山。

明万历宝岩寺碑 该碑建于明万历十二年(1584)正月,碑记题"烂柯山宝岩寺常住僧产碑记",由广东承宣布政司左布政、江山人徐霈撰文,山东济南紫荆关兵备副使(西安人)余国宾书丹,北京吏部考功清吏司员外(西安人)徐一橏篆额。碑高八尺,字均正书。正碑额篆书"常住僧产碑记",分二行,每行三字。碑背面额上刻有"常住衣钵"四字,皆正书,下刻《宝岩寺僧产记》碑文。碑已无存。然碑文于郑永禧《烂柯山志》、民国《衢县志》有载。

明万历诗碑 碑上刻"丙午除日同吴大参游柯山,因题曰:'碧汉长虹',赋得排律三十韵。"下为全诗,末刻"万历三十五年岁在丁未元日之吉,新安金忠士书"的款识。民国《衢县志·碑碣志二》载:"碑横广四尺余,直径一尺二寸,草书,有二怀笔意,今尚完好。所可疑者,题诗三十韵,而诗仅二十八句耳。碑尾有章二:上为'忠士'两字,下为'清朝御史'四字。查忠士,字元卿。宿松人。万历壬辰进士,以御史巡按浙江。"碑已无存。

金忠士游柯山诗刻石(全文):

丙午除日同吴大参游柯山,因题曰"碧汉长虹",赋得排律三十韵:

战龙松径理游鞯,除夕来寻八洞天。屈曲回环山磴尽,玲珑一线石桥巅。忽开灵窍非人力,才到摩崖(冷志为"岩")薄世缘。堪摘星精盈尺近,恍跻月窟半规圆。当时野鹤青霞去,但有(冷志为"见")长虹碧汉悬。孤塔摇风铃韵落,四峰拱刹树光连。似标神岛鱼图外,未让(冷志作"获")危梁雁荡前。顾盼已清尘吏想,追陪况复长官贤。同门同榜知心契,明日明年乐事偏。(上两句冷志无)椒盘献处窥金井,竹爆声中探玉田。丹灶数堆经宿雨,楸枰乱点入寒烟。驻颜(冷志作"声")枣核方殊秘,移影桃花句尚传。问俗公余欣朴(冷志为"扑")茂,搜奇此地直联(冷志作"息樊")牵。共(冷志作"与")君赓唱升平世,过子(冷志作"同效")嵩呼寿十千。

万历三十五年岁在丁未元日之吉新安金忠士书。

明万历日迟亭碑(一) 此碑"高八尺,无篆额",字均正书,共十六行,题一行,为"日迟亭记"四字,下为文,分十二行,每行四十字,年月一行,后为行款,分二行:一行为"明吏部文选清吏司郎中治人徐可求顿首拜撰";另一行为"邑后学徐日炅书石"。建于明万历四十六年(1618)。全文见第七章"艺文集锦"第一节。碑存衢州市博物馆。

明万历日退亭碑(二) 此碑"高九尺,有篆额",碑文题为《新建柯山日迟亭记》,由衢州知府瞿溥所撰。上篆额八字,分四行,下题一行,文十二行,每行四十四字;年月一行,为"万历戊午岁仲秋上浣之吉",行款二行,为"赐进士第知衢州府事西蜀达人瞿溥撰",另一行为"治门下士徐日炅书并篆"。据民国《衢县志·碑碣志》称:"瞿溥名不知何时为人凿去,徐亦无名,笔法与前碑同,则亦日炅书也。"全文见第七章"艺文集锦"第一节。万历戊午为1618年。碑已失去。

米万钟诗碑 民国《衢县志·碑碣志》称:该诗碑在发现时仅剩半截。并称:"碑字横列,草书,每行八九字不等,后半失去,无年月款识。首有(玉章),文采风流夔章。"所刻诗文如下:

游姑蔑烂柯山访青霞洞天:

日边太末远相悬,游策追攀亦宿缘。一线有天无径入,三人何处尚名沿。局中看破俄千古,机外情忘已半仙。棋畔题诗尽冠盖,问(冷志作"闲")心若个似樵专。

三访柯山兹始偕,洞天犹自怅游怀。涧(冷志作"洞")迷石窦无容策,月(冷志作"天")溢云根未许阶。古局似妨今眼见,青霞应与俗踪乖。顾余亦是耽棋者,何事王樵不可侪。

仙山非洞亦非台,复道谁为大小开。混沌凿穿容地辟,虚空划(冷志作

"割")破引天来。可能柯腐山乃字,何处霞青境漫猜。拟向棋边订先著(冷志作"着"),石枰云古半莓苔。

观仙弈有感:

仙棋何意野樵寻,敲断青霞坐隐(下缺)

据清冷时中《烂柯山志》,《游姑蔑烂柯山访青霞洞天》的三首诗系明米万钟所作。米万钟,明关中人,入籍宛平,字仲诏,号友石,万历二十三年(1595)进士,历官浙江右参政、江西按察使,为宦官魏忠贤党倪文焕所劾,削籍,后起用为太仆少卿,善书画,书法闻名天下,有南董(其昌)北米之称,著有《澄澹堂文集》《诗集》《篆隶订伪》等著作行世。此碑早已失去。

清碑

清顺治诗碑　民国《衢县志·碑碣志》载:"此碑仅存半截。"并录有烂柯山诗的小序,诗已缺。并称:"右碑横列行草书,字约寸许,每行十六七字不等,后半截已断去,遂无款识。以其序中称瞿公(瞿溥)乡人考之,瞿公蜀产,当是内江冷时中所作,内江亦蜀地。……碑首有'雪台授简,霞洞看棋'八字,长方篆章。"经查阅清冷时中《烂柯山志》中所载,冷时中新作之《柯山纪游诗序》,与诗碑所录小序完全相同(见第七章"艺文集锦"第一节),可证此序确为冷时中所作。同时也可证明,该碑为清顺治四年(1647)四月时任衢州知府冷时中所立。碑已失去。

清题名碑　康熙学使周清原题名碑,高约五尺,正书分五行,每行十七个字,字径约二寸半。前三行记游,文为"余再按三衢,试事既竣,偕协镇孔君迈古、郡守董君士超、郡丞王君敏公、别驾刘君邃修、西安令鹿君有上、学博周君铭五游此";下一行为衔名:"两浙督学使者左赞善晋陵周清原题,时";末一行年月为"康熙庚午清明前一日"。庚午为清康熙二十九年(1690),周清原字蓉湖,江南武进人,康熙二十七年(1688)任督学。碑已失去。

清康熙诗碑　民国《衢县志·碑碣志》载:"碑高仅五六寸,小楷,二十二行,行十七格,末格字今已蚀去(现碑已无存),周诗原唱未见,不知别刊一碑否。"碑上刻有"奉和学宪周老大人游烂柯山纪事",共刻诗四首,作者为衢州知府董士超、三衢王士敏、通判刘泽嗣、西安令鹿祐。下为诗碑所刻之诗:

奉和学宪周老大人游烂柯山纪事

玉堂峻望玉山清,太史由来有令名。不侈马帏陈女乐,偶携谢屐探(作仄音)莺声。登高能赋人谁敌,负耒横经士尽耕。此日从游追胜会,惠风和畅雨初晴。

守三衢董士超

轩轩华盖秀双松,婉婉灵旗驾八龙。良夜好将明月抱,天风如挟海涛从。倦凭嘉荫思眠石,醉步春阴许杖笻。一自烂柯闲会合,青霞常自护仙封。

三衢王士敏

秀出奇峰翠雾浓,霞蒸古洞聚仙踪。苍松声怒风云壮,弈道春绵日月重。夹岸晴天横一线,隔溪遍野忭千农。欹亭醉倚多欢赏,领取樵夫曲未终。

通判洞阳刘泽嗣

人居桃坞清平世,酒熟花村笑语中,一自樵苏还旧郭,至今山岛坐春风。侧身日月千年局,绝径云霞一线通。闻道神仙能济世,频吹残律属群公。

西安令颍川鹿祐

陈鹏年修柯山亭碑 建于清康熙三十七年(1698)春。民国《衢县志·碑碣志》称,此碑字全磨去,仅有隐隐痕迹。碑高八尺,刻有篆额"邑侯陈公重修柯山亭记"十个字,分为五行。下共分十八行,首行为题,次三行为款识,下为碑记全文(见第七章"艺文集锦"第一节),分十三行,末一行为年月,后列绅民姓名颇多,但因字迹细小,已不可辨。现已失去。

清道光重建日迟亭碑 民国《衢县志·碑碣志》称:"此碑为'日迟亭边半段碑',并抄录半截碑所留的151字,共分14行,末书'承办书王显钊'。又称碑石厚六七寸,尚有新色,中腰横裂,仅存尺余至二尺,遂无款识年月。味其辞意,当是道光二十二年(1842)衢守汤俊重建日迟亭碑。"现碑已失。

民国碑碣

战龙松遗迹碑　碑高1.32米，宽45厘米，厚10厘米。碑正面刊刻"战龙松遗迹"五字，每字21厘米见方，行书。左小字2行："宋朱熹书'战龙松'三字碑，清乾隆间断碑犹存，今已遗失"；另一行刻："民国33年名胜管理委员会补刊胡嘉友书。"

五指樟遗迹碑　碑高1.3米，宽45厘米，厚10厘米。中刻"五指樟遗迹"五字，每字17厘米见方，篆体。左小字2行："五指樟，志载一本五枝如五指，已残毁。因建碑树根旁"；另一行为："以留古迹。湘沩丁振之书。衢县名胜管理委员会立"。

以上两碑1996年发现，现竖立在宝岩寺前，无底座。

当代碑碣

书明日迟亭楹联碑　在青霞洞。碑高1.40米，宽67厘米，厚6.5厘米；底座高51厘米，宽1.11米，厚48厘米。正文分2行，每行7字，每字14厘米见方，行书。中国书法家协会副主席刘艺书。1993年4月立。

书唐项斯《游烂柯山》诗碑　在青霞洞。碑高1.64米，宽80厘米，厚60厘米；底座高50厘米，宽1.07米，厚48厘米。诗文分4行，每行10字，每字14厘米见方，草书。中国书法家协会副主席李铎书。1993年4月立。

书清道光重修日迟亭楹联碑　文为："灵境迥开天一线，飞梁高跨石千寻"，在青霞洞。碑高1.33米，宽60厘米，厚6厘米；底座高50厘米，宽91厘米，厚52厘米。2行，每行7字，每字12厘米见方，草书。中国书法家协会副主席佟韦书。1993年4月立。

陈祖德题词碑　文为"衢州烂柯，围棋仙地"。立在放生池边。碑高1.58米，宽65厘米，厚5厘米；底座高15厘米，宽97厘米，厚28厘米。2行，每行4字，每字18厘米见方，行书。陈祖德，中国棋院院长。1993年4月立。

张源题词碑　文为"得山水清气，极天地大观"，立在放生池边。碑高

1.46米，宽66厘米，厚5厘米；座底高14厘米，宽80厘米，厚22厘米。2行，每行5字，每字20厘米见方，行书。张源，中国书法家协会党组书记。1993年4月立。

梅岩碑 在梅岩洞口，高1.36米，宽80厘米，厚3厘米；底座高38厘米，宽96厘米，厚34厘米。上书"梅岩"2字，每字直径40厘米，横34厘米，行书。下款为衢州市闹桥电站立。"癸酉冬日北京振东"并有其本人篆印。1993年4月立。

重修梅岩记碑 在梅岩路旁。碑高1.37米，宽80厘米，厚6厘米；底座高35厘米，宽1.49米，厚50厘米。碑文："梅岩又称牛岩。岩下天开三洞。右有丹灶，相传为太上老君李耳传道炼丹处。明朝应臬《牛岩》诗云：'老子骑牛去不还，空余荒灶在人间，樵夫不识灵丹熟，误入青霞第一山。'岩外原遍植梅花，故名。宋代大儒朱熹、监察御史徐囊、状元徐霖等相继讲学于此。旁筑讲学用房，匾曰：'梅岩精舍'。洞前有占地800平方米之仙乐台，台高3丈，极其雄伟，上刻巨形八卦，堪称一绝。洞中有太上老君汉白玉坐像、八仙、张天师、姜太公等诸神像，形态逼真，主洞左侧入口处伏一石龟专注闻道。梅岩冬暖夏凉，游憩脱俗超凡，实为仙界灵境，亦是游客休闲探胜之好去处。1994年由衢州闹桥电站筹资、烂柯山风景区管理处重修。"此文为王幸福、程本大合撰。下款为"甲戌秋月严陵散人程少凡书"。碑文竖列，分14行，正文每行28字，每字3厘米，行书。

禅字碑 在赤松岭脚，碑最高处2.17米，宽66厘米，厚6厘米；底座高13厘米，宽95厘米，厚59厘米。正面书"禅"字，字高1.14米，宽54厘米，草书。上方刻小字"仙奕之地"4字，行书。下款为"衢化公司敬献，严陵山人程少凡敬书"；背面为唐谢剧《烂柯山·仙人棋》诗，直书4行，每行9字，每字10厘米见方，草书。下款题"癸酉春程少凡书"。

奇境碑 文为"入山道道通奇境，进洞人人似神仙"，为衢州市副市长姜宁馨所撰,在放生池边。碑高1.55米,宽55厘米,厚5.5厘米;底座高11.5厘米,宽74厘米,厚25厘米。文分2行,行7字,每字18厘米见方,草书。下款为"癸酉春衢化程少凡书"。

樵隐岩诗碑 诗云:"樵子遇仙不升天,归真返朴隐山岩,黄鹤飞去千年事,烂柯仙地留此间。"在樵隐岩前。碑高1.32米,宽70厘米,厚5厘米;底座高20厘米,宽94厘米,厚29厘米。诗文分4行,每行7字,每字9厘米见方,隶书。下款为"癸酉夏月可木山人撰程少凡书"。

书唐孟郊《烂柯山石桥诗》碑 在宝岩寺前,碑高1.58米,宽80厘米,厚6厘米;底座高52厘米,宽1.36米,厚57厘米。诗分4行,每行12字,每字11厘米见方,草书。下款为"癸酉年春毛嘉仁书"。

仙乐台碑 嵌于仙乐台正面,长1.2米,宽0.4米,刘天汉书。

捐款碑 共7块,每块高1.6米,宽0.82米,厚4厘米。底座长0.96米,宽0.32米,高0.23米,建于1996年9月,其中一块刻"香港孔教学院院长汤恩佳先生捐贰万港币";其余6块镌刻捐资修建烂柯山的人员名单。

摩崖石刻

旧志及前人游记中记载,烂柯山石梁及青霞洞壁上原有甚多的前人摩崖石刻。如明太常卿胡来朝《烂柯山纪游》中即有"壁载唐宋以来诗赋"之记载;清郑永禧《烂柯山志》也称:石梁四周石间率有摩崖石刻,或诗、或题名,皆明前旧刻。随着年代的推移,由于岩石的风化剥蚀,至今摩崖石刻已所剩无几。今就旧志所载,摘录如下:

唐李祎五言诗摩崖刻石 严绶《柯山石桥诗刻记》载:唐开元中,信安郡王李祎再任衢州刺史时,曾题诗在烂柯山石桥上危楼之东壁。因距今年代久远,岩石风化,已无迹可寻。其全诗据清冷时中《烂柯山志》抄录如下:

"别有经行所,迥跨重峦侧。粤因求瘼余,倐想寻真域。放情恣披拂,杖策聊自适。□□□□□,□□□□(色)。虹幡雾中见,雁塔云间识。薄烟迷(幂)

远郊,遥峰没归翼。仙桥危石架,幽洞乘古迹。□□□□□,□□□易测。二教无先后,一相平而直。冀兹捐俗心,永怀依妙力。"(注:括弧内字为民国《衢县志》所记载。)

宋乾道摩崖题名一 据民国《衢县志·碑碣志》:"在洞内西壁。正书八行,行六字,字径三寸。旁有小字一行,似是'曹风翔上石',稍晦。"全文为"乾道辛卯仲春望日,吴兴施元之劝耕来观,吴兴卢咸庆、四明郑若谷亦以职事来会。徙倚久之,摄西安县事婺源罗颀同集。"

施元之,宋孝宗乾道六年(1170)知衢州左宣教郎,后升任浙西提刑。

宋乾道摩崖题名二 民国《衢县志·碑碣志》载:这一石刻在前题名侧,八分书,分九行,每行五字,字径约二寸。很多处已剥蚀,不能辨识,据其原录如下:

乾道□□□春上□□□三季成口云王君推长郡□□□永嘉□□□丹阳洪子□□□施德□□□瑞州□来□。

据考证,宋乾道间,在衢州任官的前有王悦、王稽中;后有王察、王公衮。此王君不知谁者。

明李遂题词石刻 刻于青霞洞岩东边石壁上,词为"天生石梁"四字横列,每字字径1.60米×1.35米,笔锋苍劲,字迹清晰。

李遂,字邦良,号克斋,明丰城人,嘉靖五年(1526)进士,十七至十九年任衢州知府。十九年仲春书刻上题词。

明杨子臣题词石刻 刻于青霞岩西壁上,词为"烂柯仙洞"四字,横列,每字约1.20米见方,字迹清晰。

杨子臣,字惟敬,四川南充人,明嘉靖二十三至二十五年任衢州知府。二十五年季春书刻上题词。

此外还曾有"天造地设""碧汉长空"等摩崖石刻。

第四章　地灵人杰

　　衢州市柯城区石室乡气候宜人，物产丰富，且有风景秀丽的烂柯山，因此，历代以来吸引了诸多名人来此择地而居。在他们所繁衍的子孙后代中，也是人才辈出，真可谓地灵人杰。全乡共有195姓，其中迁此居住最早的有毛姓、徐姓，其他尚有吴姓、江姓、汪姓等，共有人口13248人。

第一节　毛 氏 世 家

　　毛姓是中华民族的一大世家，其祖先源于神农炎帝，以后数传至周。周武王十一年(约公元前11世纪)冬，率师伐纣，建立西周王朝，分封宗戚与功臣为屏藩，先后共分封71国。其中分封周玫第八子(或谓第十子)郑于毛国。后周亡，至秦代，废封建，立郡县，毛国之地入于荥阳郡，其子孙因以住地为姓，称郑为毛郑。

　　据衢州市社会科学联合会副主席郑艮安考证：

　　至晋，江北毛氏已繁衍50余代。东晋初，毛氏主系随司马皇族南迁。荥阳阳武人毛宝，因平临淮内史苏峻反叛有功，被封为州陵县开国侯，食邑一千六百户。之后，毛宝任征虏将军，监扬州之江西诸军事，授豫州刺史，守邾城。后赵太祖石虎遣其子石鉴率军围邾城，毛宝在突围中溺江死节，葬于秣陵。故毛氏家乘皆尊毛宝为江南毛氏一世祖。

　　三衢毛氏源于毛宝长子毛穆之。毛穆之，初袭父爵，为安西将军庾翼参军,后因功迁督宁州诸军事、扬威将军。东晋穆帝升平初年,因封桓温南郡,徙毛穆之为建安侯,食邑信安。但毛穆之戎马一生,很少居建安、信安,后病逝巴东。其生有六子,毛珍、毛璩、毛球、毛璠、毛瑾、毛瑗。以二子毛璩最知名。

毛璩,字叔连,初为晋代谢安参军,以功迁建威将军,益州刺史,进征西将军。后在四川遇难,归乡安葬,墓在今柯城区双港街道五湖村毛家田铺。故东晋安帝下诏,追封其为归乡公。其弟及子孙即以衢州为家,世称三衢毛氏,以毛璩为三衢毛氏一世祖,毛璩生有四子:宏之、韶之、敏之、歆之。其中宏之、敏之迁于衢州烂柯山生息,故俗称为柯山毛氏。嗣后,世代繁衍,辈有名人,兴旺发达。柯山毛氏第二十九世毛庭阑,墓葬柯山石室毛家坞毛氏祖茔地。有碑尚存。

五代十国时,三衢毛氏的第十二世孙,亦即柯山毛宏之的第十一世孙毛让在南唐任职,官至工部尚书。生二子:毛休、毛任。长子毛休与父同仕南唐,官至银青光禄大夫、国子祭酒兼殿中侍御史。北宋初,出守江西吉州。建隆三年(962)父毛让已告老还乡,为便于奉侍,由毛休将父母迎养于吉州任上,其弟毛任也随同前往。不久即入籍吉水龙城。故毛让在江西吉水被奉为吉水毛氏一世祖。

元代末年,各地义军纷纷起兵抗元。家居吉水仙茶乡的毛让后裔毛太华为避乱,西迁至云南澜沧卫(今云南澜沧拉祜族自治县)居住,并娶当地少数民族女子王氏为妻,生男育女。明洪武十三年(1380),毛太华携长子清一、四子清四回到内地,在湖南谋取官职,住湘乡县北门外绯紫桥。十余年后,清一、清四迁住湘潭三十九都,后称七都七甲之韶山,开种铁陂等处,编为民籍。铁陂即今韶山市韶山乡铁皮村。后清一继续沿山溪溯流而上,至韶山冲定居,清四仍居铁陂。毛太华被奉为韶山毛氏一世祖。

毛太华在韶山繁衍17代后,于清道光二十六年(1846)四月二十七日,降生毛泽东祖父毛恩普。毛恩普娶刘氏生一子二女,子贻昌,即毛泽东之父。毛贻昌,字顺先,号良弼,生于清同治九年(1870)九月二十一日,娶文氏,生子五,长、次早殇,三泽东、四泽铭(泽民)、五泽覃。生女二,早殇。

《韶山毛氏宗谱》卷首、第一页"凡例"记载:"一、渊源。遵照老谱,派接西江。自宋工部尚书让公世居三衢。生子休公,官至银青光禄大夫、国子祭酒兼殿中侍御史,出守吉州,迎尚书让公就养,占籍吉之吉水龙城家也。至二十一世伯温公,官太子太保,兵部尚书。"其中三衢即衢州。

据此,载于中共中央文献研究室、中央档案馆主办的1997年第3期《党史文献》中的郑艮安研究论文《毛泽东祖籍在浙江衢州》之结论是:韶山毛氏——吉水毛氏——三衢毛氏(柯山毛氏)是一脉相承的。毛泽东的故乡在湖南韶山,其祖先世居三衢,因此,自晋代以后,毛泽东的祖籍在浙江衢州烂柯山。

第二节　徐　氏　世　家

徐姓为全国大姓之一,是衢州地区第一大姓。源于黄帝九代孙伯益,其第二子若木,因佐禹治水有功,而封于徐,称徐国侯,因地赐姓为徐氏。至周代,周昭王拜徐终绥为列国侯,辞不受,徙家隐于泗州平原县二十里徐国理山中避世。娶天水姜氏,生子名诞,字子儒,即徐偃王。自黄帝至偃王四十二代。

周穆王时,因东夷作乱,率九夷以伐周,西至河上。穆王畏其逼,命偃王率兵抚讨之,有功,穆王分国半治。在治国中,徐偃王以仁义为本,故四方诸侯有争议时,不去周而至徐,并纷纷讴歌偃王。周穆王闻此情况,甚惧,即与楚国联络,计划伐徐。徐偃三闻之,因不忍百姓遭受战争苦难,即逊位,从彭城逃避至越城之隅,弃玉几砚于会稽之水,居于薄里山下,茅、杨、蔡、卫四令公(诸侯)侍从,百姓从之而来的达万人。后偃王薨,民间号其山为徐山,即今龙游灵山。徐氏中以彭城徐偃王之后裔最为繁盛。

唐建中(780—783)初,徐偃王之后裔徐资从彭城徙居丹阳官堂城,官至中书,号为南州徐氏。因在徐资之前都散居处四方,无法考其序次。自徐资过江以后,始有所稽,故后世即以徐资为南州徐氏始祖。徐资,汴人。

徐练,徐资六世孙,五代十国时任职于吴越国,官于衢州,举家徙居于西安清平乡锦衣里。为不忘丹阳官堂,故号为官堂徐氏。仍以徐资为始祖,而以徐练为西安徐氏始祖。其子徐潘、孙徐珣、玄孙廷捷均在北宋时任有官职。仅两宋时,南州徐氏家族极盛:八代进士、三世忠烈、衣朱紫者众。

徐泌,徐廷捷之子,字道深,宋雍熙二年(985)登梁灏榜进士,官至起居舍人知制诰。明嘉靖《衢州府志》有传。赵抃为其外孙。

徐庸,徐泌长子,字用之,官朝散大夫转太常寺少卿,太子中书舍人,直集贤院。著有《周易意蕴意学》二部。明弘治《衢州府志》有传。泌孙徐迈,宋庆历六年(1046)进士,官屯田郎中,直史馆通议大夫。

徐量,徐迈三子,字子平,武举登第,宋元丰中始仕巡检,累功昭州团练使,赠少保,昭庆军节度使,吴兴郡国公。生四子:慎言、潜言、昌言、徽言。

徐徽言,字彦猷,宋代抗金名将。元符三年(1100)进士,大观二年(1108),诏见崇德殿,赐武举绝伦及第。在抗金战争中屡胜金兵,因功,累升至武经郎,知晋宁军兼岚石路沿边安抚使。后于坚守晋宁孤城时,在粮断水绝,外无援兵的情况下,不幸为金兵所俘,临难不屈而被害,其子恭孙也同死节。宋高宗赵构为表其忠烈,乃赠晋州观察使,谥忠壮,再赠彰化军节度。并以堂弟择言之子琮继立徐徽言;以侄徐嘉六子大顺继嗣徽言之子恭孙。

徐嘉,徽言兄潜言之子,字吉卿。宋宣和六年(1124)进士,令德安宣谕使,以人才荐,召对称旨,即改秩监都茶场。赵鼎荐哲文儒,宜在清贵,除教授王邸,为侍御史,擢贰部郎,兼权吏部,赠少保。居平江府,卒葬太湖东山。朝廷因徽言之子恭孙与父同殁于王事,怜其无后,命徐嘉之第六子大顺出继恭孙为后,回故乡承继忠壮公。大顺,字致均,奉化县知县。

徐囊,徐大顺第三子,徐徽言裔孙,字叔昭。宋淳祐元年(1241)登第,授绍州教官,改书库国子博士,擢监察御史,后告老还乡,居烂柯山。

徐囊因西安县城中故居被火焚毁,于宋庆元五年(1199)迁住柯山石室衣锦里。在乡时,立义学育士,后学都赖其造就。并于景定元年(1260)率众士重兴柯山书院于岩右,同时重修族谱。有五子:卿士,字之相,居处遂昌高平;卿齐,继兄子耕为嗣,生寿国居欧塘,复字元礼,四川巴县主簿,居石室;行出继刘氏;衢(既衢)出继灵山徐。后世以徐囊为石室世祖。其后代繁衍甚盛,分石室为五支,即楼上支、柳塘支、下园支、隔墙支、大屋支,子孙散处各地。民国《衢县志》载:靖安乡十一都"柳塘、大屋、新屋、申明亭四村及石室均徐忠壮后人所居"。一直至今仍族众繁衍,人才辈出。

第三节　人 物 选 记

毛友　字达可,旧名友龙。《容斋续笔》称:"宋政和(1111—1118)中禁中外不许以龙为名字,于是友龙改名友。"相传世居柯山,少年进太学,与同乡人冯熙载、卢襄号为"三俊"。大观元年(1107)举进士,宣和三年(1121)任衢州知州,改知杭州,后任翰林学士,官至端明殿学士礼部尚书。晚年曾讲学于柯山梅岩书院。著有《烂柯集》等书行世。

毛开　字平仲,毛友之子。南宋学者韩淲《涧泉日记》载:"毛开,字平仲,柯山人,尚书友龙之子也。负气不群,诗文清快。"曾任宛陵、东阳二州通判。自宛陵罢官后,即回乡隐居,于烂柯山筑梅岩精舍读书,并自号为"樵隐居士"。与陆游及礼部尚书尤袤相友善。尤袤,字延之,曾任衢州通判。撰《遂初堂书目》,请毛开为之作序;毛开所著《樵隐集》亦请尤袤为之作序。并著有《樵隐词》1卷。他的《题吊子陵钓台》云:"先生高隐事如何,岂为功名不足多。知道故人能办事,一等赢得钓涛波。"古来题钓台者固多,而此首更具特色。韩淲《涧泉日记》谓:"乾道以来及淳熙文词赵彦端、毛开。"朱熹有《题毛平仲墓铭后》诗:"毛公神仙骨,误落世网中。髭齼出奇语,耆然惊乃翁。弱龄翰墨场,不言己收功。亭亭绝世姿,皎皎冰雪容。顾步一长啸,笙鹤翔秋空。调高听者稀,老去竟不逢。一朝谢尘浊,泠然跨刚风。回头叫安期,举手邀韩终。千秋有遗想,一往无留踪。平生故人心,洒涕铭幽宫。斯人不可见,斯文鬼神通。"又韩滤《毛平仲挽词》二首:"奥学穷千古,奇文擅两都。功名一杯酒,身世五车书。未奏扬雄赋,长怀仲举舆。溪塘岩下水,岂羡石为渠。""早岁闻嘉誉,论交鬓已丝。长言虽面隔,千里但心期。故垒生刍奠,尘编幼妇辞。倚天长剑在,欲挂漫兴悲。"

徐载叔 南宋时人。据清嘉庆《西安县志》载:"桥南书院在柯山,载叔家住于此,近柯山石桥之南,故以桥南名之。"载叔与陆游相善,据陆游《桥南书院记》称:"吾友西安徐载叔,豪隽人也。博学、善属文,所从皆知名士。方其少壮时,视功名富贵犹券内物,一第直浣我尔。然出游三十年,蹭蹬不偶异时,知已零落且尽。家赀本不薄,载叔常粪壤视之。权衡仰俯,算筹衡纵一切不能知,唯日夜从事于尘编蠹简中,至食不足不问也。中年卜居城中,号桥南书院,地僻而境胜,屋庳而人杰。清流美竹,秀木芳草,可玩而乐者,不一而足。载叔高卧其中,裾不曳,刺不书,客之来者,日益众,行者交迹,雍者结辙,诃殿者笼坊陌,虽公侯达官之门不能过也。名不可妄得,客不可强致,载叔盖有以得此于人矣。乃者数移书于予,请记所谓桥南书院者。嗟乎!汉梁伯鸾入吴,赁春于皋伯通庑下,至今,吴有皋桥,盖以伯鸾所寓得名。载叔之贤不减伯鸾,而桥南乃其居,则后世不埋没决矣,尚何待记。然载叔之请不可终拒也,乃为之书。嘉定元年夏六月庚寅,山阴陆某务观记。"

郑道 字待问,自号碧川居士。情眈幽静,隐居山林。时右通直郎权知信安魏炳文举贤良方正,以郑道应荐。檄使下其室,避而不见,并留帖几上,称:"不是疏狂不爱官,风池鳌禁分缘悭。昨宵也拟出山计,猿为钟情鹤改颜。"与毛开、范进筑精舍于梅岩,深究易理。与卢襄、冯熙戴、赵令衿等诗人墨客相与唱和,遗稿名《碧川灈缨录》。明弘治《衢州府志》:"宋宣和间,西安毛友子开、郑可简子待问,隐居不仕,筑室柯山,匾曰'梅岩精舍'。郡人卢襄、冯熙戴、赵令衿时过从焉。"

郑昉 衢州柯山人,宋孝宗淳熙十一年(1184)举进士。清朱彝尊《曝书亭集》云:"五代王定保《唐摭言》,是编一十五卷,获之京师慈仁寺,集乃足本也。卷尾有柯山郑昉跋。"

孔元龙 孔子五十世孙。原籍山东曲阜。据《曲阜县志》载:元龙初名升,字伯凯,少尚志笃学,游于真西山之门,授迪功郎孔庭族长,后任余干县簿,寻归。教授部使者(柯山碑记:郡守谢弈中延请)延为柯山精舍山长,以宣教郎致仕。以后即居于此。著有《柯山论语讲义》《鲁樵集》等书。

孔应得 字德夫,孔子五十一世孙,为孔元龙之子。登第应选授余杭簿,后补入太学,宋淳祐元年(1241)赐进士出身,历官至资政殿学士金枢密院事。元初,任衢州安抚使。终于家。宋韦居安《梅磵诗话》载:"退学孔应得德夫……辛丑临雍赐第,主吉之太和簿秩满,归寓里柯山。槐域王国用《送行》一联云'携取鹤归清献里,载将书入仲尼家',用事甚切。"

毛翊 南宋时人,字元白。厉鹗《宋诗纪事》载:"毛翊,字元白,三衢人,有《吾竹小稿》。李弅和父序云:'柯山毛元白,诗人之秀者也。惜其少文,自晦不求闻于时。吟稿一帙,清深雅正,迹前事而写芳襟,有沈千运独挺一世之作。"

徐囊 字叔昭,宋淳祐元年(1241)举进士,官至监察御史。于庆元间(1195—1200)徙居烂柯山石室村,是徐徽言四世裔孙。

徐霖(1214—1261) 字景说。十三岁即研精六经。于宋淳祐四年(1244)礼部会试时举第一名(省元),授沅州教授,未赴任留京。时宰相史嵩之专权,徐霖上疏历数其奸,言辞激厉,见者吐舌。不久,史嵩之因父亡离任。后图复职,但由于其在执政时专权误国,遭到太学生和群臣反对而未得逞。时宋理宗赵昀感徐霖忠心爱国,擢升为秘书省正字。后迁校书郎。因所言不为朝廷采纳而辞职,上再三挽留而不肯,回乡读书奉亲。时郡守游钧于柯山书院筑屋买田,请徐霖讲学,远近之士先后从读的达3000余人。宋淳祐十二年(1252),授秘书省著作郎,累辞不许。又任国史编修官、实录院检讨,后又授崇政殿说书,兼权左司。由于其知无不言而遭谗毁。因请外调。改任抚州知府,在任时勤政爱民,深受士民爱戴。不久又遭谗言去职,离去时,士民遮道,无法行走,至天黑才从径道出。景定二年(1261)任汀州知州,翌年因病死于任所,时年48岁。徐霖生前奉亲至孝,待人至诚,处事公平,不畏权势,人称其为"忠肝义胆,强暴不能夺其志"。曾著有《太极图说》1卷,《徐霖遗稿》50卷等著作行世。其故居在径畈(今柯城区华墅乡内),故学者皆称其为"径畈先生"。亦墓葬于径畈。衢州市博物馆藏有《徐霖墓志》。

胡处士 阙名。清嘉庆《西安县志》引宋晁季一《墨经》称:"古用松烟墨,衢州烂柯山多产松之所,处士亦当时善制墨者。惜亡其名。"宋张炜(字子明,钱塘人)《芝田小草·柯山制墨胡处士隶字》诗:"有客落魄游京都,形服差类山泽癯。袖携一纸故友书,来求古隶铭墨模。方临池沼且自娱,触拨雅兴生江湖。坐叩墨法果不诬,出示数饼泥金濡。质模温润凝龙酥,麝气酷烈清透肤。浣濯研沼尘滓无,磨动淳漆生金壶。吴笺半幅翻雪肌,碧云掩冉生兔须。豪家有钱贮金珠,谁肯淡好如我徒。自怜我为贫所拘,倾囊易尽全无余。临行束担付獠奴,就索诗句荣归途。天下具眼不可污,芳名岂借人言沽。"

杨添 字文益。别号拙省。元末因世乱隐居不仕,筑柯山书屋著书赋诗,与物无争,乡里称为长者。明洪武二十四年(1391)因其才俊,经西安知县侯傅裕推荐,任道州巡司。在任时查得军兵揭奚卖放囚犯,诬陷平民之罪行,具本面奏朝廷,揭奚等均被判处充军之罪。因其洞察民情,受到朝廷嘉奖,擢任迪功郎等职。永乐五年(1407)任河南祥符县令,为政清明廉正,薄赋缓刑,士民称颂。该县有土豪李四汉依附权贵,挟势害民。杨添查实其劣迹,上报朝廷,将李四汉及其同党悉发充军,从而使四境肃然。时县内有一平民在被盗劫时曾杀死一盗,群盗为灭迹,将盗尸移置他处。明日,被劫者将被盗情况投诉于县衙,杨添查获盗尸后,将尸置于仁和门外诱人认埋,有一人认得该盗为王氏子,于是即拘王妻询之,果尽得群盗姓名,从而将群盗一网打尽。因其政绩斐然,四境之民作歌颂之,曰:"家事奈无何,官司差又多;若非杨父母,不免填黄河。"又云:"锄强梗,辨冤抑,民以安,众足食。"时有贵戚不法,杨添对其屡加裁抑,因而被其诬陷,贬职至巴县,不久即逝世。后其子杨仪出任邓州知州,道经祥符,该县父老因感杨添之恩,均夹道迎送其子,有如杨添亲临。

徐日久 （1571—1628） 字子卿,号鲁人,家居烂柯山石室村。明万历三十八年(1610)举进士,曾任上海县令,后擢驾部郎,参大司马军。因上疏劾边将马世龙失律丧师,而被削官归里。后复起,居官巡视闽海,抚郑芝龙,斩李之奇、沈钟斌,使海乱悉平,迁山东按察使。患病归里,卒于家,赠光禄卿。著有《学谱骘言》《五边典则》《论文别集》等著作。日久弟徐日曦(灵),号硕庵,明天启二年(1622)进士。日久、日曦先后治松江郡司理,均有政绩。明董其昌撰之《棠棣碑》在松江府为徐氏兄弟立。碑文清嘉庆《西安县志》、民国《衢县志》载之。

吴发云 字岂潜,清乾隆时人,家住石室村,自号"石室山樵",是清衢州著名书画家。善山水画,并精书法,深得襄阳一派书法精髓,又饶有米万钟的书法神采。余绍宋《读画随笔》云:"发云,西安人,画名在衢颇著,外间鲜知之者。用笔劲拔,盖学马远、夏珪一派。虽未尽脱纵横之习,而功力甚深,足当能品。乾隆时画风俱尚南宋,发云独北宋,致力亦可谓矫矫之士矣。"

张德容 字松坪,一字少薇,石室乡人。清咸丰二年(1852)中举人,翌年举进士,任军机处章京,翰林院钦点庶吉士,分发兵部任郎中。后出任湖北安陆、荆州和湖南岳州知府。在任10年,重教爱民,颇得民心。他酷好金石,公余之暇,注意收集六朝以上及周秦文字,编成《金石聚》16卷、《海东金石苑》2卷。并钩勒唐宋及南诏、大理诸碑,各为1集,惜未成书。晚年,以母老乞养居家,归乡时行李如初,极为清廉。著有《衢州备志》《笺注唐赋》4卷、《评选明文》2卷。

第五章　围棋文化

第一节　烂柯棋谱

衢州围棋源远流长，有关烂柯弈棋传说，早在东晋永和年间虞喜撰的《志林》一书就有记载，距今已1660余年。我国现存最早的一部棋书《忘忧清乐集》，距今也有800多年，该书收有衢州烂柯实战谱《烂柯图》和棋势图《烂柯势》。《烂柯图》谱首注明："昔王质入衢州烂柯山采樵，遇神仙弈棋，乃记而传于世。白先，黑胜一路，各一百四十五着，黑杀白二十二子，白杀黑九子，黑有十八路，白有十七路。"《忘忧清乐集》一书，为南宋御书院棋待诏李逸民编写，书名取自宋徽宗一首诗的首句"忘忧清乐在枰棋"。全书分四个部分：一、文字部分；二、全局棋谱；三、边角定式变化；四、古代棋谱图法和棋势图（相当于死活研究）。书中保存有张拟的棋经十三篇、赵佶（即宋徽宗）的御制诗、刘仲甫的棋诀、张靖的论棋诀要杂说等，都是围棋史上极珍贵的资料。该棋书被中外围棋名家推荐为权威性著作。陈毅元帅生前非常关注古谱的整理出版工作。在他的关心下，曾影印过少量的《忘忧清乐集》。中国棋院在和日本围棋界的朋友交往中，将此书作为礼品馈赠，日本的行家们都视为珍品。

元代，严德甫、晏天章合编的《玄玄棋经》，是一部集中国古代围棋棋谱之大成的经典之作。在这部棋书中收集有《采樵势图》，其名也源于王质入山采樵观棋烂柯之传说。此外记述有关烂柯棋事的棋书还有：《石室秘传》10

卷(明万历年间刻本);明《石室启秘》4卷;明许毂辑《石室仙机》5卷;明宁献、王权撰《烂柯经》1卷;明王圻撰《三才图说》;清厉荃在《事物异名录玩戏·围棋》"文房图赞续"中,将围棋中的白子雅称为"烂柯仙客"。日本滕井正义,在其所著《东瀛围棋趣谈》一书中,也记述了王质遇仙下棋,看得着迷而柯烂的传说;日本围棋高手林元美,自号"烂柯堂主",并著有《烂柯堂棋话》,书中详细介绍了"观弈烂柯"的故事。日本《大百科全书》和《日本围棋简史》,将"烂柯""斧柄"作为围棋的代名词,有些围棋书籍和杂记,也取名"烂柯"。在日本围棋界至今崇尚"烂柯精神"。他们认为,一名棋手如能像王质那样,虽岁月流逝,斧柯烂尽而又不能自知,进入到忘我的境界,棋艺才能"更上一层楼"。一些围棋高手,至今喜欢在折扇上题书"烂柯"馈赠弈友,书房中挂起"烂柯"匾额,用以自勉。

　　附《烂柯图》和《烂柯势》

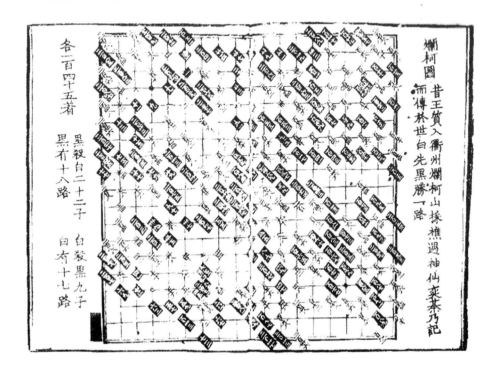

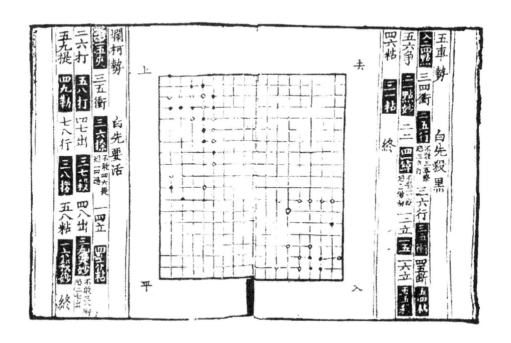

第二节 围 棋 高 手

衢州围棋界棋艺,在历史上有一定影响,尤其是南宋时围棋高手祝不疑,是衢州围棋界的一个杰出代表人物。据宋何薳《春渚纪闻》卷二题为《祝不疑弈胜刘仲甫》载:"近世士大夫棋无出三衢祝不疑之右者。绍圣初,不疑以计偕赴礼部试,至都,为里人拉至寺庭观国手棋集,刘仲甫在焉。众请不疑与仲甫就局,祝请受子。仲甫曰:'士大夫非高品不复能至此,对手且当争先。'不得已受先,逮至终局,而不疑败三路。不疑曰:'此可受子矣。'仲甫曰:'观吾官人之棋,若初分布,仲甫不能加也,但未尽着耳。若如前局,虽五子可饶,况先手乎?'不疑俯笑,因与分先。始下三十余子,仲甫拱手曰:'敢请官人姓氏与乡里否?'众以信州李子明长官为对。刘仲甫曰:'仲甫贱艺备乏翰林,虽不出国门,而天下名棋无不知其名氏者,人年来独闻衢州祝不疑先辈名品高着,人传今秋被州荐来试南省,若审其人,则仲甫今日适有客集,不获终局,当俟朝夕亲诣行馆尽艺只应也。'众以实对,仲甫再三叹服,曰:'名下无虚士也。'后虽数相访,竟不复以棋为言,盖知不敌,恐贻国手之羞也。"

明徐应秋《玉芝堂谈荟》"弈棋"云:"宋兴棋,品高者为江右刘仲甫。积薪之时有李憨角仲甫,时有王憨子角,然李憨见轻而王憨见忌。最后三衢祝不疑高仲甫一道。"

第三节　围棋赛事

在旧中国,由于社会动荡不安,经济凋敝,民不聊生,棋事活动日渐衰落。新中国成立后,社会安定,经济发展,人民安居乐业,棋事活动也日益繁荣。60年代,衢县(隶属金华地区)曾多次派出代表参加金华地区围棋赛,并取得好成绩。1963年参加金华地区首届围棋赛,原衢县人民小学(现为柯城区尼山小学)周映辉得第一名。1965年参加金华地区围棋赛,王荣英(人民小学)获女子组第二名。1974年元旦,参加金华地区成人围棋赛,方敏(人民小学)获得女子组第一名。同年4月,参加金华地区儿童组围棋选拔赛,谢卫东(人民小学)获第一名。1976年参加金华地区围棋选拔赛,欧志莹(人民小学)获儿童组第一名。1977年参加金华地区围棋赛,衢县代表队获成人组团体第一名。

1985年5月,衢州建立省辖市以后,围棋活动更加活跃。从1990年以来,市体育运动委员会会同有关单位每年都举办幼儿、少年、成人三个层次的比赛。先后举办了青少年"绿化杯"围棋赛;成人"烂柯杯""双飞杯"围棋赛和段位赛;少儿"节水杯"围棋赛。"节水杯"少儿围棋赛,得到市节水办公室支持。1995年6月29日,市节水办公室与市体育运动委员会签订书面协议,由市节水办公室一次性提供3万元资金,在银行开设"节水杯"少儿围棋比赛发展基金账户,其利息用作"节水杯"少儿围棋赛,时间10年。此外,衢州市还多次协办国家级和省级围棋赛。兹将各级赛事择要记述如下:

国家级围棋赛

全国围棋锦标赛　1993年4月30日至5月16日在衢州市举行。参赛单位有北京、天津、河北、山西、内蒙古、辽宁、吉林、黑龙江、上海、江苏、浙江、安徽、福建、江西、山东、河南、湖北、湖南、广东、广西、四川、云南、陕西、甘肃、贵州、解放军、火车头、邮电、煤矿体协、各计划单列城市,共50个代表队,男女棋手280余人。九段棋手曹大元、钱宇平、俞斌、江鸣等均来衢州参赛。棋圣聂卫平偕夫人王静专程从北京来衢州观战和指导。锦标赛开幕式于30日晚在市体育馆举行。由衢州市副市长姜宁馨主持,市委书记兼市长郭学焕致开幕词。中华全国体育总会副秘书长吾如仪,中国棋院围棋部主任华以刚,浙江省体委副主任胡玉书专程来衢参加开幕式,并讲了话。国家体委主任伍绍祖为本次围棋赛题词:"烂柯棋局传千载,衢州建设展新颜";中国棋院院长陈祖德题词:"衢州烂柯,围棋仙地";浙江省副省长徐志纯题词:"国兴棋盛";原浙江省政协主席商景才题词:"棋铺烂柯锦绣地,商开衢州兴旺天";棋圣聂卫平题词:"衢州烂柯山"。

中国围棋特种邮票和信封首发仪式于4月30日晚在衢州市邮电局举行。邮电部副部长刘平源、省邮电管理局局长金德章、副局长屠用和参加了首发仪式。5月2日衢州市人民政府和中央电视台、浙江电视台在衢州剧院联合举办了围棋仙地烂柯山文艺晚会,并在中央电视台和浙江电视台转播。

"天神杯"第六届中国围棋棋王赛　初赛、半决赛及决赛前三盘比赛,在北京中国棋院进行。决赛后二盘比赛于1995年6月9日至11日,在衢州东方大酒店举行。市政府举行隆重的欢迎仪式。市委常委、宣传部长程平平代表市委、市政府致欢迎词;(人民小学)获儿童组第一名。1977年中国棋院副院长王祯致答词;天神面粉有限公司总经理姜祖舜讲话。会后进行大型文艺演出。来衢州参加决赛的为棋王马晓春,挑战者张文东,刘小光九段大盘讲棋。马晓春以3比2战胜张文东,蝉联棋王。市委、市政府领导向他们表示热烈祝贺，并出席了闭幕式和颁奖仪式。市委副书记、市长张达洋代表市人民政府授予马晓春、张文东、刘小光三人衢州市荣誉市民称号，并颁发荣誉市民证书。会后，棋王马晓春将天神棋王奖杯转赠给衢州市围棋协会，当时存放在衢州市体委。

"江铃杯"全国围棋甲级联赛 2002年10月，联赛浙江主场移师衢州，由浙江新湖队主场迎战云南印象酒业队。这次比赛不仅让衢州棋迷再次目睹马晓春、俞斌、陈祖德等国内高手的风采，还能见到心仪已久的世界顶尖围棋高手李昌镐、刘昌赫等棋手。更让衢州棋迷欣慰的是，还能当面聆听世界围棋第一人李昌镐详解烂柯古谱《烂柯图》，有幸还能接受国手指导，从盘上讨招。

全国围棋团体锦标赛 2003年4月1日在上海开战。来自51支代表队的200多名棋手在为期9天的时间里进行男子乙级、女子甲级、女子乙级三个组别的较量。浙江省共有浙江新湖衢州烂柯山、新湖俱乐部和杭州棋院等三支代表队登场亮相。本次围棋赛最大的亮点是被众媒体称作美少女队的"烂柯山队"，这些女棋手是经过"全世界挑选"，并且是破天荒地参加男子联赛。以"烂柯山"冠名参加上海举行的全国围棋赛在衢州市尚属首次。

"衢州·烂柯杯"中国围棋冠军赛 "衢州·烂柯杯"中国围棋冠军赛是2006年由国家体育总局棋牌运动管理中心、浙江省体育局和衢州市人民政府联合创办并主办的国内等级最高、水平最高、奖金最高的职业围棋赛事，每两年举行一届，这是中国围棋第一次以围棋仙地烂柯山命名的重要赛事。衢州市委、市政府希望能以"衢州·烂柯杯"围棋赛为重要载体和平台，创新衢州围棋文化展示平台，提高围棋的普及率和整体水平，努力把衢州建设成中国围棋文化的重要展示区，促进围棋事业的发展。同时，通过以赛会友、以棋会友，让更多围棋界人士了解衢州，共同挖掘和弘扬"棋子文化"，扩大"围棋仙地"的影响。

　　首届"衢州·烂柯杯"中国围棋冠军赛于2006年9月18日至22日在衢州隆重举行。奖金总额为39万元人民币,其中冠军为15万元。陈祖德、聂卫平、马晓春、俞斌、常昊、罗洗河、古力和周鹤洋等八位九段受邀参加,其中五人是世界围棋冠军得主,这种"超豪华阵容"在中国围棋大赛史上尚属首例。最终,俞斌战胜古力获得冠军和15万人民币奖金。

　　第二届"衢州·烂柯杯"中国围棋冠军赛于2008年6月8日在北京隆重举行。本届比赛列入中国围棋协会和中国棋院正式比赛项目,比赛成绩计入棋手等级分。奖金总额达百万人民币,其中冠军奖金高达50万元人民币,亚军15万元人民币,超过倡棋杯成为水平最高、等级最高、奖金最高的国内职业围棋比赛。本赛参赛棋手32名,分别为上届冠亚军俞斌、古力2人,特邀棋手聂卫平、马晓春2人,等级分排名前20位的20人,预赛出线的8人。比赛分为三个阶段,5月1—5日在中国棋院网上举行网络预选赛,6月8—11日在北京举行本赛前两轮,11月9—13日在衢州举行决赛阶段比赛,比赛采取单淘汰制。最终,古力九段战胜常昊九段获得冠军和50万元人民币奖金。而王昊洋四段也充分显示了其黑马之黑,杀入四强。

　　第三届"衢州·烂柯杯"中国围棋冠军赛于2010年6月14日在中国棋院隆重举行。奖金总额高达百万人民币,冠军奖金50万元人民币,亚军15万元人民币。本赛参赛棋手32名,分别为上届冠亚军古力、常昊,特邀棋手聂卫平,等级分排名前21位的棋手,网络预选赛晋级的8位棋手,采取单淘汰制。比赛分为三个阶段,第一阶段是5月29日至6月4日在中国棋院网上举行网络预选赛,杨鼎新、李康等8位棋手一路过关斩将,从177位报名棋手中脱颖而出,跻身本赛,俞斌、邵炜刚则遭淘汰。第二阶段是6月14—17日在北京举行本赛前两轮,聂卫平、孔杰、常昊等知名棋手被淘汰,从网络预选赛杀进来的杨鼎新初显黑马本色,接连战胜王垚和陈耀烨杀入八强。第三阶段是9月26—30日在衢州举行决赛阶段比赛,等级分排名第四的谢赫七段战胜排名第十一的江维杰,获得冠军和50万元人民币奖金,年仅11岁的小将杨鼎新初段杀入四强。

2012年,鉴于前三届比赛所带来的巨大影响力,三家主办单位签订新一轮的合作协议,将赛事延伸到2016年第六届。第四届比赛第一阶段是2012年5月21—24日,在新浪围棋职业网选厅比赛,共选出彭立尧等8位棋手;第二阶段是7月2日至6日,在北京康源瑞廷举行本赛,决出前8名;第三阶段是8月24日至28日,在衢州国际大酒店举行决赛阶段比赛。本赛参赛棋手32名,分别为上届冠亚军谢赫、江维杰2人,特邀棋手聂卫平、俞斌2人,等级分排名前20位的20人,预赛出线的8人。孟泰龄夺冠。

2014年,第五届比赛分为三个阶段:第一阶段网选3月28日至4月3日在新浪网上进行,孔杰九段、李翔宇二段、刘兆哲二段、王昊洋六段、辜梓豪三段、童梦成四段、周贺玺五段、杨楷文三段8位棋手进入本赛;第二阶段本赛前两轮6月18日和20日在北京举行,范廷钰九段、芈昱廷九段、杨楷文三段、邱峻八段、古力九段、时越九段、周贺玺五段、檀啸七段杀入八强;第三阶段决赛阶段比赛9月8日至13日移师衢州进行,范廷钰夺冠。

第六届"衢州·烂柯杯"中国围棋冠军赛于2016年5月18日在衢州开幕。来衢州参加比赛的32位棋手囊括了中国围棋老中青三代顶尖高手,有以聂卫平为代表的50后棋手,以俞斌为代表的60后棋手,以常昊为代表的70后棋手,以古力为代表的80后棋手,以柯浩为代表的90后棋手。5月20日决出八强,他们是:彭立尧五段、王檄五段,芈昱廷九段、李钦诚初段、柯洁九段、陈耀烨九段、柁嘉熹九段、古力九段。这八位中国顶尖棋手于10月12日至15日再聚衢州,参加八强赛、半决赛和决赛。芈昱廷获冠军,捧走"烂柯杯"奖杯并获50万元人民币奖金,柯洁获亚军,获奖金15万元。

省级围棋赛

浙江省围棋段位赛　于1992年11月25日至30日,在衢州市南湖饭店举行。参赛单位有浙江省少年队、台州队、丽水队、金华队、宁波队、衢州队，男女选手26人。衢州队参赛选手有舒辉、许恩琦、贾龙飞、朱君琪4人。其中舒辉获得业余五段，是26位选手中段位最高的。

中国银行浙江省分行系统第三届围棋赛 于1996年6月13日至17日，在衢州市橘海宾馆举行。参赛队有：省分行、杭州、宁波、温州、嘉兴、绍兴、台州、舟山、丽水、衢州等支行11支代表队，参赛选手34人。比赛结果，绍兴队获团体第一名，宁波队郦峥获个人第一名。休赛期间选手们游览了烂柯山。

市级围棋赛

首届"烂柯杯"围棋大奖赛 于1990年10月22日至27日在衢州市举行。参赛单位有：衢县队、常山队、衢化公司队、龙游队、柯城队、开化队、江山队、市直属队，参赛选手24人。经过5天拼搏，开化队获团体第一名，开化队吕晓峰获个人第一名。1992年4月，衢州市第三届"绿化杯"围棋赛中，鹿鸣小学吴磊获青少年组女子个人第一名。

首届"节水杯"少年儿童围棋赛 于1994年5月14日至15日，在市围棋启蒙学校（设在柯城区新华幼儿园内）举行。参赛范围为各县（市、区）、巨化集团公司、市直属单位。参赛对象：少儿组为11周岁以下，儿童组为7—8周岁（每届同）。首届参赛为9个队，86人。通过竞赛，柯城区鹿鸣小学代表队获团体总分第一名，张波（鹿鸣小学）获少年男组第一名，张群英（龙游）获少年女组第一名，张一良（新华幼儿园）获儿童甲组第一名，董行（衢化）获儿童乙组第一名。

1995年6月10日至11日，1996年5月18日至19日，1997年5月18日至19日，又分别举行了第二、三、四届"节水杯"少儿围棋赛。

首届"双飞杯"围棋棋王赛 于1995年6月12至14日，在衢州浙西宾馆举行。参赛单位有市属各县（市、区）、巨化集团公司、市直属各单位共22个队，55人。衢州市铜山源水库管理局徐叔寅获市首届棋王。

围棋业余段位赛　于1995年12月16日,在省围棋传统项目学校(设在衢师一附小)举行。参赛棋手50人,通过比赛,产生业余初段至四段棋手共25人。其中业余四段棋手为:卢少华、汪跃鹏、张建春、王忠盛4人。

第四节　棋　手　摇　篮

衢州烂柯山是围棋仙地,培养围棋新手有得天独厚的优越条件。新中国成立后,在烂柯精神熏陶下,热心的围棋爱好者,为继承和发扬围棋传统项目,满腔热情培养新一代围棋爱好者。60年代初衢县人民小学(现为柯城区尼山小学)开设了围棋课,由徐钦德老师任教。在他的热心指导下,培养出一批业余围棋手,并代表衢县多次参加金华地区围棋赛,获得过较好名次;1981年衢州化工厂创建了业余体校,设有棋类训练项目;1986年,柯城区鹿鸣小学在欧国祥校长热心倡导下,开展围棋教学活动,成立围棋队,还先后举办围棋训练班12期,培训业余围棋爱好者500余人,并积极参加市举办的各次围棋赛,《中国教育报》《体坛报》《浙江日报》《浙江教育报》《衢州日报》《衢州教育报》先后都作过报道。

1985年建立省辖市以后,市委、市政府为推动和发展围棋传统项目做了大量工作。1992年成立了衢州市围棋启蒙学校(设在柯城区新华幼儿园)。1994年3月15日,市人民政府姜宁馨副市长主持召开围棋启蒙学校协调会议,就关于在全市幼儿园、小学开设围棋课,培养围棋人才等问题进行了研究,并达成三点统一意见:一、市、县(市、区)教委、体委要逐步创造条件,在全市城镇幼儿园、小学开设围棋课,普及围棋知识。市里抓好设在新华幼儿园的围棋启蒙学校,园校连贯,办出特色。由市体委报请省体委批准后,在衢师一附小成立"省围棋传统项目学校",要求通过全市上下共同努力,花10至15年时间培养出一批围棋尖子,真正使"围棋仙地"烂柯山所在地的衢州声名远播海内外;第二,举办全市少年儿童围棋比赛,促进人才培养。从当年开始,每年5月份,市体委、教委联合举办全市少年儿童围棋赛。1994年儿童组比赛前6名,可以直接升入衢师一附小就读;第三,因地制宜培养一支较高水平的围棋师资队伍。通过10至15年的努力,培养出一批围棋高手。

围棋学校的建立得到社会各界和学生家长的欢迎。每期参加围棋活动的小朋友有100余人。有的小朋友除参加集体活动外,家长还为子女聘请老师进行辅导。

在市人民政府的重视和各有关方面的关心支持下,围棋活动蓬勃开展,一代围棋新手正在健康成长。1996年,衢州市业余段位围棋手有78人,其中舒辉、宋以诚、许恩琦3人为业余五段。市一级围棋裁判员有欧国祥、纪伟梁、王若3人,市二级裁判员12人。经常参加围棋活动的男女老少近千人。

第六章　名山文缘

第一节　道　教　佛　教

王质遇仙故事源出于道家神仙之说,自此而后,烂柯山即成为仙山福地,佛道二教均以此为灵地。修道之士来此修身养性,炼丹服气,修炼神仙之术;佛教高僧也纷纷来此参谒驻锡。佛寺、道观前后兴建,与名山胜景交相辉映,相得益彰,使烂柯山更增色彩。综观道教与佛教在烂柯山的传入和发展,道教早盛,佛教长兴。

道教

道教初为道家,黄帝《内经·素问篇》注云:"道者,修养之道也。"传至老子、庄子,相继以虚无之说。老子以道生于无,且尚质朴,反对儒家之礼乐制度;庄子更进而谒万物平等之说,置生死于度外,以修身养性为归。至汉淮南王刘安,收罗道家、方士于一门,渐杂有炼丹服气等巫术。东汉张道陵始利用道家之玄说,以及方士之巫术迷信,变化修身养性之道,而成神仙吐纳、符水、禁咒之术,创五斗米道,是为道教之源起。

《重修浙江通志稿》记载:魏晋六朝时,道教大盛,浙江信道亦多。其时,有西安人吴猛以道术著称,为有名道士。这说明道教彼时在衢州已盛行。晋时所传石室"王质遇仙,观弈烂柯"的故事与道教在衢州盛行是有密切联系的。

晋道士葛洪继刘向《列仙传》撰的《神仙传》以及其他道书,如《洞仙传》《道学传》《三洞神仙传》等所载的道教传说中均有"王质烂柯"的故事;唐杜光庭《洞天福地·岳渎名山记》称烂柯山为"七十二福地之一,烂柯福地";集宋以前《道藏》主要内容之大成,由宋张君房所撰编的《云笈七签》称,神仙所居的名山胜景有"七十二福地",其中第三十是衢州烂柯山。并称"在衢州信安县,王质先生隐处"。这些道书对衢州烂柯山的记载,说明道教早已将此处作为灵境,道教信仰者纷纷来此修炼参谒。清康熙《西安县志》等载,牛岩洞内有丹灶遗址,及两古冢,皆石椁。相传有二道人修炼于此,后羽化,其骸骨即葬于此椁中。明应枭《牛岩》诗称:"老子骑牛去不还,空余荒灶在人间,樵夫不识灵丹熟,误入青霞第一山。"明金忠士《游柯山》诗"丹灶数堆以宿雨",唐汝询《青霞洞》诗:"丹灶迹已非"等诗句,以及明留文溟《游烂柯山记》云:"屹巨石而偃蹇,驾危桥以横空。俯而视之,则清泉流渐,旁出岩窦,天造地设,诚有可观者。而药炉丹灶陈列其中,石磴楸枰遗迹犹在。"清龚大锐《烂柯山记游》中也有"药炉丹灶罗列精"等记载。

由于烂柯山早有道教活动,有关道教的建筑和景观也先后建起。

仙集观是浙江省境内著名的道观之一。据传是古时里人见有仙鹤集于此处而建的。观内塑有对弈二仙及王质与弟王贵之像。观建于何时无考。唐李翱《李文公集·东南录》载,元和四年(809)正月,他自东都去广州赴任岭南尚书公,经汴梁、扬州、苏州、杭州,二月"辛丑至衢州,以妻疾止行,居开元寺临江亭后。三月丁未朔翱在衢州,甲子女某生。四月丙子朔,翱在衢州与侯高宿石桥,丙戌去衢州"。李翱与侯高于贞元十五年(799)相遇苏州,后成至交。李翱《故处士侯君墓志》称:"侯高,字玄览,上谷人。少为道士,学黄老炼气保形之术,居庐山,号华阳居士。"元和四年,李公逊刺衢州,侯请治信安,任县令。推测侯高所以"请治信安',是因慕名柯山之故。然李翱《东南录》中说侯高陪同他游柯山时,仅说"同宿石桥",而未提及仙集观。显见当时尚无此观。但到北宋时,此观已盛极一时。《明一统志》载,宋真宗赵恒约于咸平二年(999)赏赐"玉斧剑"列于仙集观,此为史书中首记此观。据传南宋宁宗赵扩于庆元间(1195—1200)曾赐烂柯山御笔书画扇一把,藏于仙集观内。宋韦居安《梅诗话》载,咸淳十年(1274)高九万官衢,和同僚游柯山时,在仙集观见到此扇,并作《观宁宗御书画扇》诗。南宋著名道士,诏封紫清真人白玉蟾也曾慕名来游柯山。这说明,宋时道教在烂柯山是最鼎盛之时,且有毛友《老子解》、徐霖《太极图说》等道学代表作问世。元至正二十四年(1364)(是时衢州已为明所管辖),教授胡翰《青霞洞天游记》称:"观曰仙集,栋宇皆已剥隥。"此后未见有重修记载。《大清一统志》记载:"仙集观在西安县南烂柯山。"可见乾隆时观尚存。至咸丰八年(1858)仙集观圮,后未复建。显示道教在烂柯山至清后已渐趋衰落。

1993年开发梅岩时主要寓道教之景点,于岩洞内塑立有太上老君、八仙、张天师等神像,仙乐台上刻有八卦图。

佛教

佛教于西汉明帝时传入中国内地,三国东吴嘉禾年间(232—238)传入衢州。吴征虏将军峥嵘镇守将郑平在吴天纪二年(279)73岁时舍宅建佛寺,即后来的祥符寺,是衢州最早的佛寺。自南朝梁武帝(502—546在位)崇佛,全国佛教大兴。烂柯山的宝岩寺(原名石桥寺,亦名宝严教寺)即建于梁大同七年(541),以后日渐兴旺。唐、宋时高僧主持,名人往返,诗文唱和,盛极一时。唐贞元、元和间(785—820)有石室两禅师驻锡柯山宝岩寺,名诗人刘迥、李幼卿、羊滔、谢劇,衢州刺史李深、薛戎等曾赋诗称颂。中唐著名诗僧皎然曾登烂柯山,宿石桥寺,写有诗。名列《高僧传》的藏廙禅师在唐会昌五年(845)为避唐武宗禁佛毁寺之难,住石桥寺,向僧众讲述禅学。元代有蒲室禅师住柯山,与元至正九年(1349)任衢州路总管马浩相交甚洽,常有诗文唱和。清咸丰、同治间(1851—1874)有印柯禅师居石桥寺,年80多岁,尚能手持15公斤的铁杖往返衢城。晚清诗僧祖江（约1862—1908）常游烂柯山，有《烂柯山怀古》诗传世。民国时期仍香火兴旺，有洪莲、智尘等禅师住持。浙江省、衢州地区、衢县等地的各级官员，都曾到过烂柯山石桥寺参观游览，有的留下石刻，有的留下书画。

1949年后，寺产田亩于土地改革时分给农民，同时也分给寺僧一份，使其自耕自给。1958年烂柯山辟为林场，另建宿舍，寺亦于1972年被毁，改建为水泥厂宿舍。寺僧还俗。1979年落实宗教政策，庙址归还，并恢复佛事活动。

1985年8月23日，衢州佛教界人士和信徒聚于烂柯山宝岩寺，在建德市梅城乌龙山玉泉寺住持文清法师主持下，举行祈祷和平法会，为抗日战争中英勇牺牲的将士及遇难民众超度亡灵，并对广大信徒进行爱国主义教育。在法会前，中共衢州市委统战部、市民族宗教事务局与佛教界有关人士举行座谈会，回顾抗日战争历史，并以史为鉴，就佛教如何发扬爱国、爱教的优良传统，促进民族团结，维护社会稳定进行讨论。

1992年开始，衢州市佛教协会在宝岩寺内复建地藏殿、西方三圣殿、僧房等处。1997年4月，大雄宝殿奠基。

第二节　院　校　诗　社

柯山书院　清康熙《西安县志》：在烂柯山右麓。原名梅岩精舍。宋大观年间（1107—1110），为郡人毛友和郑可简读书处。宣和年间（1119—1125），毛友子开，郑可简子侍问隐居不仕，与卢襄、冯熙载、赵令衿研读经籍，以书舍名梅岩精舍。清朱邙《盈川小草·梅岩精舍诗序》称，朱熹曾讲学于此。淳祐四年（1244），郡守杨彦瞻请于朝立为书院。淳祐九年（1249）郡守游钧买田筑舍，称"柯山精舍"，聘郡人徐霖讲学。"远近学子奔来求教者多达三千。"宋赵汝腾《赞径畈使君柯山仲春讲席之盛》诗："赢粮多士二千余，争向柯山讲席隅。立天地心鸣道铎，天生灵眍识师儒。孔融鲁国奇男子，孟氏邹人大丈夫。我在紫霞洲上笑,惜无羽翼到三衢。"景定三年(1262),孔子五十世孙孔元龙任山长。后书院毁于兵燹。景炎二年(1277)山长徐天俊重建,次年改名为柯山书院。元大德间(1297—1307),陈彦正任山长;后倾圮。元延祐五年(1318)至至治元年(1321),江西乐平人马端临任山长,"其弟子甚众,有所论辩,吐言如涌泉,闻者必有得而返"。在南宋时,柯山书院为全国著名的二十二所书院之一,明时为浙江著名书院。清朱鄂《柯山书院》诗:"人文振三衢,后人得矜式。柯峰仰复高,瀫水清不绝。"

民国《衢县志》云:"据上所述,柯山书院即梅岩精舍所改。……衢教谕俞任礼《跋郡守杨彦瞻〈九经韵补〉》有云:'泳斋先生治衢之暇日,揖任礼于柯山堂。'彦瞻守衢在淳祐之四年,霖始登第,斯时已有柯山堂之名,当即此柯山书院也。霖告归后特借此为讲学地耳。元柳贯《送陈彦正山长奉亲赴柯山》诗:'之官深入烂柯乡,高坐葵园旧讲堂。……太极一图关道妙,为开幽翳出朝光。'末自注云:'徐径畈常讲太极,于是与紫阳殊旨。'则知元代犹传徐氏太极之学。……院废于何年今不可考,以明初胡翰《游石桥记》证之(按即《青霞洞天游记》),问道士故梅岩精舍所在,莫有知者,盖荒圮久矣。徐氏谱谓精舍在石室埠梅花坞,当是梅岩故址不在今烂柯山右。陈志云去城二十五里之说不谬也。"俞任礼于宋淳祐四年任衢州教授。《陈志》系清康熙《西安县志》。又《民国志》引上街《吴氏谱》称:宋嘉定十二年(1219)吴好恭任柯山书院山长,然此时尚无书院,当为梅岩精舍,现载之存录备考。

桥南书院 清嘉庆《西安县志》称:在柯山石室徐载叔家。南宋韩淲有《题桥南书院图卷》诗:"几年来往柯山下,合到桥南书院中。邂逅立谈知地胜,从容抵掌见诗穷。心情信自一廛足,眼力从他万马空。煮茗烧香了吾事,试听滩濑落秋鸿。"

陆游《桥南书院记》称徐载叔"中年卜居城中,号桥南书院"。此院又曰桥南堂。陆游《题桥南堂图》诗云:"平生不识桥南路,闻道清流带烟树。今朝开卷一欣然,恍若身亲到其处。徐郎独立凝如山,招不能来麾不去。旧居万瓦碧浮烟,结茆却就桥南住。雪尽春生水似蓝,想君清啸钓鱼庵。道上红尘高十丈,断无一点到桥南。"对钓鱼庵,民国《衢县志》引姚志钓鱼庵附考,"南宋士大夫别墅多在城东北隅,意此庵在菱塘旧地"。并载"叶鹤仙与张筠庄、徐晴江诸君过之作诗云:'陆公与友定非裕,载叔何人知者无。多少朱门蓬块里,一竿何处认珊瑚。'"又载《寄题徐秀才载叔东庄》诗原注"东庄载叔藏书之所"。由此视桥南书院似徐载叔居所与藏书处之号,并非书院,故民国《衢县志》将其列入"古迹志·宅第园亭"也。

文昌书院 民国《衢县志》:在柯山石室路口。书院不甚古,不知缘始。里人云,乾隆后为徐氏所建。咸丰间遭兵燹后重建,又毁。门前有一楹联:"山水有清音一觞一咏,砚田无恶梦半耕半读。"

青霞诗文社 民国《衢县志》载,在柯山麓。明进士方应祥会诸友讲学处,与徐日久等人组成青霞诗文社,聘应桌为社长。社屋已圮。晚年方应祥与学友徐日新、叶秉敬等编有《青霞社草》《青霞诗文集》。

浙江工业大学浙西分校 位于烂柯山南麓石室村。前身为浙江化工学院,始建于1960年2月,1980年迁往杭州。1985年4月,浙江省人民政府批准建立浙江工学院浙西分校,学校占地面积26.64万平方米,建筑面积3.55万平方米。1993年12月改名浙江工业大学浙西分校。2003年2月,浙西分校与衢州职业技术学院合并,组建衢州学院(筹)。2005年搬迁到衢城衢江西岸。2010年3月与衢职院分开,单独成立衢州学院。

衢州高级中学 创办于2006年,由原巨化中学、航埠中学、花园中学三所学校整合组建而成。位于烂柯山南麓原浙江工业大学浙西分校旧址。2006年,被认定为省二级重点中学,2014年,被认定为省一级普通高中特色示范学校。

第三节　柯　山　著　述

名山志

明万历《烂柯山志》　瞿溥撰

瞿溥，四川达县人，于明万历四十五年（1617）任衢州知府，曾建烂柯山日迟亭。其所撰《烂柯山志》已佚，仅存《烂柯山诗文集序》1篇，及《烂柯山》诗2首，《古今图书集成》收入。

明天启《烂柯山洞志》　徐日昈撰

据清《浙江通志》载："明西安徐日昈纂，有上下两卷。"徐日昈，字阁仲，号硕庵，又号瞻明，西安县人，明天启二年（1622）举进士，初任江南卢州府推官，后于崇祯间任松江府推官，因疾卒于任。徐日昈工诗文，尤善书法。《四库全书》地理类存目五载："《烂柯山志》二卷，两淮马裕家藏本，明徐日昈撰。日昈后改日曦。烂柯山在衢州府城南三十里，因晋樵者王质遇仙观棋于此，因以为名。日昈居与山近，因纂辑晋唐迄明诗赋杂文以成是编。"

清郑永禧《烂柯山志》按语：上述两部《烂柯山志》，在清康熙《衢州府志》中仅载瞿志，而不载徐志；而清康熙《西安县志》中又仅载徐志而不载瞿志。可能这两部《烂柯山志》原为一部，是徐日昈所撰，而经瞿溥鉴定；也可能徐日昈《烂柯山洞志》是根据瞿志加以增益而再出之。《日迟亭碑记》瞿溥撰，徐日昈书。在此碑记中徐日昈自称为门下士。据此，则瞿与徐有师生之分，故认为两志必非同时并出。

清顺治《烂柯山志》　冷时中撰

冷时中，四川内江人，顺治三年（1646）秋任衢州府知府。次年撰《烂柯山志》，分志、记、赋、序、疏、诗等六个部分，收集晋唐至清初的志书、杂文及诗赋纂辑而成。现原本藏天津图书馆，1994年获复印本。

清《续修烂柯山志》　潘世懋撰

潘世懋，字公赏，浙江西安县人，其诗文书法名噪一时。清嘉庆《西安县志》载:《续修烂柯山志》,潘世懋著,无卷数。"清郑永禧《烂柯山志》载:"世懋,字公赏,国初诸生,其书亦未见,仅传有《游柯山》四律,载康熙旧志中。"

按:在清郑永禧《烂柯山志·撰述》中只载潘志,而未载冷志,并称"潘志不知续瞿志也?续徐志也?"据此说明郑永禧未知或未阅过冷志。据冷志所列编纂人员中有:"蜀内江冷时中选辑,西湖吴山涛参订,信安潘世懋、王大成校阅。"如果潘世懋确曾编有《续修烂柯山志》,则应是续冷志。但因至今尚未有其他资料记载有关潘志内容,故只能存疑。

清光绪《烂柯山志》 郑永禧撰

郑永禧,字渭川,号不其山人。西安县人,清光绪二十三年(1897)举乡试第一(解元)。曾在仁和县学堂、衢州中学堂、浙江两级师范学堂任教。民国成立任县参事,后任湖北省恩施县知事。民国11年(1922)曾主纂《衢县志》。其所撰《烂柯山志》分四册,共十六卷,于清光绪三十二年(1906)出版。其绪言称:"……人生今日交通之世界,而咫闻寸见囿于乡里。试问之,某乡、某里所有之山川、人物宜其知之详且采矣,乃局局无所报。何自谓眼底五洲者?"又称:"窃思吾郡往昔之菁华麕聚于烂柯一窟,前明衢守瞿公溥,著有《烂柯山志》一书,门下士邑人徐日昊继成其志;国朝潘世懋又累有增补,迄今片版无存,徒深浩叹。因殚数月之力,于残碑断碣中蒐罗阙失,汇而订之。"

其他撰述

《柯山纪事》 久佚。清嘉庆《西安县志·山川》称,汪致高诗注曾引《柯山纪事》。郑永禧《烂柯山志》称:"此书不详撰者何人。"

《柯山书传》 又名《尚书详解》,宋夏僎撰。是一本专门对《尚书》进行考证、注疏、讲解、诠释的研究著作。明太祖朱元璋曾下诏书,规定:凡有关《尚书》的解释、疏证,一律以南宋夏氏、蔡氏两传为准。其中所称"夏氏"即指夏僎。

夏僎,字元肃,龙游人,宋淳熙五年(1178)举进士,尝讲学柯山,故以《尚书详解》命名为《柯山书传》。

《柯山论语讲义》　宋孔元龙撰。孔元龙于景定三年(1262)任柯山书院山长,故定其书名为《柯山论语讲义》。

《论语鲁樵集》　孔元龙撰。清康熙《衢州府志》载为《论语鲁樵集说》,已佚。

《太极图说》　宋徐霖撰。元柳贯《送陈彦正山长奉亲赴柯山》诗:"太极一图关道妙,为开幽翳出朝光。"并注称:"径畈先生常讲太极于是,与紫阳殊旨。径畈先生即霖也,盖当时固有名。"书已佚。

《中原音韵注释》　徐霖撰,黄虞稷《千顷堂书目》著录,无卷数。书已佚。

《春山文集》　徐霖撰。清康熙《衢州府志》载:"别有《徐霖遗稿》五十卷,见《浙江通志》引明弘治《衢州府志》,而不载文集。疑遗稿五十卷并《太极图说》等书俱在内。今已佚,无可考矣。"

《烂柯集》　宋毛友撰。见《遂初堂书目》。韦居安《梅磵诗话》载:"毛友龙达可未第时,其内子寄以诗云:'剔烛亲封锦字书,拟凭归雁寄天隅。经年未报干秦策,不识如今舌在无?' 达可,三衢人,后去龙止名友。政和间由礼部出守乡郡,有《烂柯集》行世。《尚友录》云毛友世住柯山,故以"烂柯"名其集。

《左传类对赋》　毛友撰。《宋史·艺文志》载,"共六卷"。杭世骏阅徐晋卿《春秋经传类对赋》有云:"类左氏传为对语者,宋人凡三家,其二见之《宋史》。曰:毛友《左传类对赋》;曰:不知作者《鲁史分门类对赋》;今皆不传。友生后晋卿五十余年,两书相似,而卷数较增。今已佚,无从考辨矣。"

《老子解》　毛友撰。见尤袤《遂初堂书目》,疑已佚。

《樵隐集》　宋毛开撰。《宋史·艺文志》载之。毛开为毛友之子。《四库全书》集部载:"《樵隐词》一卷,安徽巡抚采进本,宋毛开撰。开字平仲,信安人,旧刻题曰:'三衢',盖隅从古名也。尝为宛陵、东阳二州倅。所著有《樵隐集》

十五卷,尤袤为之序,今已不传。陈振孙《书录题解》载《樵隐词》一卷,此刻计四十二首。据毛晋跋谓,得自杨梦羽家秘藏抄本。不知即振孙所见否也。开他作不甚著,而小词最工。卷首王木叔题词'有或病其诗文视乐府颇不逮'之语,盖当时已有定论矣。集中《满江红·泼火初收》一阕,尤为清丽芊眠,故杨慎词品特为激赏。其《江城子》一阕,注次叶石林韵后半'争劝紫髯翁'句,实押翁字。而今本石林词,此句乃押宫字,于本词为复用,可订石林词刊本之讹。至于《瑞鹤仙》一调,宋人诸本并同,此本乃题与目录俱伪作'瑞仙鹤';又《燕山亭》前阕:'密窥映亭亭万枝开遍'句止九字,考《曾觌此调》作:'寒垒宣威紫绶几垂金印'共十字,则'窥'字上下必尚脱一字。尾句'愁酒醒绯千片'止六字,《曾觌此调》作'长占取朱颜绿鬓'共七字,则'绯'字上下又必尚脱一字。其余,如《满庭芳》第一首注中'东阳'之伪'东易';第三首注中'西安'之伪'四安';鲁鱼纠纷,则毛本校雠之疏矣。陈正晦《遯斋闲览》载:'开为郡,因陈牒妇人立雨中,作《清平调》一词。'事既媟亵,且开亦未尝为郡,此宋人小说之诬,晋不收其词,特为有识,今附辨于此,亦不复补入云。"

王木叔《题樵隐词》:"《樵隐诗余》一卷,信安毛平仲所作也。平仲为人傲世自高,与时多忤,独与锡山尤遂初厚善,临终以书别之,嘱以志墓。遂初既为墓志铭,又序其集。或病其诗文视乐府颇不逮。其然岂其然乎!乾道柔兆阉茂阳月,永嘉王木叔题。"

毛晋《樵隐词跋》:"平仲,三衢人,仕止州倅,礼部尚书友之子。负才玩世,颇有毛伯成之风,撰《樵隐集》十五卷,尤延之为序,惜乎不传。杨用修云:'毛开小词一卷,惟余家有之。极赏其《泼火初收》一阕,今一不多见。'余近得杨梦羽先生秘藏宋元名家词抄本二十七种,内有《樵隐诗余》一卷,共四十二首,调名二十有三。亟梓而行之,庶不与集俱湮耳。湖南毛晋识。"

《吾竹小稿》 宋毛珝撰。据清厉鹗《宋诗纪事·李弅和父序》:"柯山毛元白,诗人之秀者也。惜其少文自晦,不求闻于时。吟稿一帙,清深雅正,迹前事而写芳襟，有沈千运独挺一世之作。"南宋六十家小集有此本。范崇模《琢堂日记》称："南宋六十家小集，钱塘陈思汇集。尾书刊于临安府棚北大街陈氏书铺，有柯山毛珝《吾竹小稿》一卷。"

清王士禛《居易录》称："柯山毛珝元白《吾竹稿·丹阳馆》一篇最警策。"现将《丹阳馆》诗抄录如下：渡江南来第一驿，几度华堂延雁客。百年运逐晓云空，愁杀鞬官老无职。南徐今日古阳关，不断歌声祖离席。国仇已复事尤多，折损年年春柳碧。

《青霞社学》 明方应祥撰。方应祥，字孟旋，号青峒，西安县人，明万历四十四年（1616）举进士，初授南京兵部职方郎，后任山东布政司参政，兼按察司佥事、山东提督学政等职。为衢大著作家，生平著书甚富。其所撰《青霞社草·序》称："……吾郡环山而治，灵岩名迹副诸掌故不一而足。青霞石梁踞郡南偏仅二十里。辐轩之所往来，不乏纪胜之什。其鸠都士而以青霞社也，则自今日二三君子始也。……"

《葵园杂著》 明徐日久撰。清郑永禧《烂柯山志》载："日久，字子卿，明万历庚戌进士。官上海县，至按察使，赠光禄卿。家住石室，距柯山甚近。"元柳贯《送陈彦正山长奉亲赴柯山》诗内有"高坐葵园旧讲堂"句，并说明葵园是柯山讲学所。

《实录钞》 徐日久撰。清开化人汪庆百《记略》称：读书"探考累朝实录，参伍野史为之。未见"。

《鹗言》 徐日久撰。其在天启三年（1623）冬所书之自序中称"余于世事殆不敢承循阶拾级，决不敢躁进以负吾初志。交游延誉毕世已矣，但因此多暇时，常阅书，随笔简存，略加诠次，虽是能言之所及要见，政举之在其人。昔陶隐居作本草多错举，动物供料虽世间有，病死不曾用，有医老不曾知者。而隐居先以阴骘获谴，不登仙籍，然则余于功名固自知无当，是集也将微先损阴骘乎哉。"《重修浙江通志稿》按称："大抵明末乱兆已萌，故言之如是，亦曲突徙薪之比也。"

《江夏纪事》 徐日久撰。民国《衢县志》称,该书为作者任江夏令时所作。

《五边典则》 徐日久撰。《浙江通志》载,共二十四卷,作者任南京兵部职方司时,大司马高经略山海,奏准调徐日久为参军,此书为当时记事之作,集而成书。

《巡海实录》 徐日久撰。清康熙《衢州府志》载,该书是作者在任福建巡海道时所作。

《徐子学谱》 徐日久撰。民国《衢县志》载,该书今有明刻本一卷,内容为自叙历官行事。起自万历三十八年(1610),迄至四十八年。崇祯五年(1632),三山韩延锡撰《西安公传》称:"日久为退居铭曰:'不讲于今,无慕于古。其仪率易,而若规矩。其中浅直,而畏城府。易喜易惊,屡悔屡咎,学历耻辱而弗能愧,有心胸而未顾。若夫不言趋避,不言命数,不求援推,不求门户。浩浩乎信心以直行,拳拳乎返身而退步。如涉大海,而柁在其中,虽百折千回,而莫予或阻者也。'其所行辄手录之,久而成书,即此是。名之曰'学谱'。"

《方聚》 徐日久撰。一卷。其自序称:"倡阅方书,撮其经验者订定之,列为《方聚》。"

《柯山酬唱集》 又名《石室樵歌》,清魏熙元撰。魏熙元,字玉岩,仁和人,咸丰八年(1858)举人,光绪二十一年(1895)由桐乡升任衢州教授。此书为作者在任时,与司狱雷仁恂、府署幕宾黄金镛唱和,集成一册,名为《柯山酬唱集》。魏熙元又将其本人所作集为一卷,名之为《石室樵歌》。

《烂柯山诗集》 衢州市社会科学联合会组织,崔铭先、郑艮安主编,1993年4月印刷8000册。收集自唐至清代的156名作者、270余首描写烂柯山的诗,并有佚名诗9首,还附有作者简介和诗的注释。

《烂柯山》 张水绿编著,阎寿根、叶廷芳分别序,海南出版社1995年12月出版,16.3万字,八章,分别为:仙山综述、烂柯山与围棋的渊源、胜景探幽、文物古迹、烂柯山与名人、柯山掌故与传说、诗文集萃、柯山风物。

《柯山棋话》　衢州市体育局编,胡国平主编,周金土、毛一彧副主编,巫少飞、毛永敏、毛周春编辑,徐文荣顾问,杭州出版社2005年8月出版,22.8万字,六章,分别为:柯山胜景、围棋仙地、柯山棋缘、名人与围棋、棋侠祝不凝、烂柯棋谱。

《衢州历史文献集成文集专辑［第十三册］》(《烂柯山洞志》《烂柯山志》《烂柯山志》标点本)　衢州市政协《衢州历史文献集成》编纂委员会编,程相主编,祝云土副主编,鄢卫建标点,中华书局2013年12月出版,收入明徐日炅纂《烂柯山洞志》、清冷时中纂《烂柯山志》、清郑永禧纂《烂柯山志》的标点本。

《烂柯山的传说》　黄祖祥主编,毛芦芦执行主编,刘国庆顾问,王建华序,浙江大学出版社2015年11月出版,14.5万字,六章,分别为:"王质遇仙"传说的几种版本,烂柯山一带的神仙传说,烂柯山一带的佛教传说,烂柯山一带的民俗传说,烂柯山一带的地名传说,烂柯山一带的名人故事,全书收入民间传说62篇。

《烂柯山的传说》　浙江省非物质文化遗产代表作丛书(第三批)之一。毛芦芦编著,王建华序言,浙江摄影出版社2015年12月出版。全书分概述、丰富多彩的烂柯山传说、烂柯山传说的保护与传承。其中,"丰富多彩的烂柯山传说"部分,收入王质遇仙传说的几种版本及烂柯山的神仙传说、佛教传说和烂柯山一带的民俗传说、地名传说、名人故事共56篇。

第七章 作品集萃

第一节 记

柯山石桥诗刻记

唐·严绶

嗣江王李祎登石桥寻王质观棋作五言。后，刺史韦公，王之外孙，刻其诗于桥下，故有是记。

信安郡南三十里，有峻山幽谷，含异蓄灵。两崖崒屼，中隧呀黑，巨石横亘，作为洪梁，□□□□□□□□。其内也，颎洞嵌豁，穹隆圈联，若鹏垂翼，隔阂日月；其外也，嵌崟揭孽，螯据鲸偃，如企如□□□□□里异状，观视骇虑。原夫造物者将有意乎其间，不然何诡异之至？是昔晋代有樵人王质，于石桥下逢二仙弈棋，偶阅终局，烂柯而返，已时移百年。斯实神怪恍惚，何可详究。暨有梁开国，崇尚佛教，乃立为梵刹，以旌厥异。自是之后，代为佳境，尘世之士，得游造焉。圣唐开元中，天枝信安郡王再临斯郡。王，太宗皇帝子吴王之次子，自天分胄，维岳祚灵，蕴礼乐于生知，以戡难为己任。十年分阃，塞马不嘶，羽仪南宫，位副端揆。其始至也，以初封江王，发轫于此；其再临也，以勋烈崇异，改封信安，遭奸臣贝锦，出就归藩之义。前于此也，美兹清幽，亲抒藻思，雅什在壁，八音凄怆；后于斯也，根其灵踪，将示摭实，乃断木为局，雕木为仙对弈，森然若峙真侣。可谓开张道枢，发明蒙晦者矣。王之次三子梁国公岘，融液元化，弼谐羲轩，功成身退，复临斯郡。今州牧韦公光辅，即王之外孙，又分符以续嘉绩，绍王继公，甘棠未凋，膏雨相接，卓绝当世。焜煌高门，簪缨举为清论，简策编为典故。公次兄光宪，贞元二春拜运山牧，将欲之郡，迂道以会于信安。交隼旟于虎符之前，连雁行于熊轼之上。寒景初霁，棣华独春，人或有荣鲜若斯之备矣。懿兹灵府斋虑同游，山答鸣驺，云随露冕，遍披曩迹，备阅真趣。想徽容之如在，怆年代之空移。王先题诗在桥上危楼之东壁，风雨所交，鲁鱼将误，恐或隳落，湮沉德馨，公乃勒于贞石，以传不朽。惟英王播芳于昔，惟哲孙继躅于今，辉光蝉联，前后相烛。不发扬于颂述，何彰示于将来！以子婿前大理评事严绶曾恭文进，载笔从赏，乃命为记，以旌盛烈。

（选自清冷时中《烂柯山志》）

严绶，唐贞元初衢州刺史韦光辅之女婿，曾任大理评事。

柯山石桥记
唐·陆庶

烂柯仙躅，图牒详矣。观夫巨石横空，矫如惊龙，崒屼划坼，际于穹崇；南走群峰，北控遐陆，不远人世，宛如蓬瀛。得非权舆之初，俾宅真仙而幽，赞人民脱笼槛于兹地。不然者扰扰尘迹，潇洒灵踪，高步退瞬，相瞬而致，则樵夫之遇二仙，其所以示化欤。何玄造无朕，而壶中之日月可得而窥矣。庶牧于是邦，迨兹五祀，政惟自守，人亦安止。乘春多暇，爰契心期，冥搜信宿，机虑如洗，颓然性复于静，静复于真。天地之万类，吾生之忧乐，将不介于胸中矣。心境相得，不知吾之遇灵境欤，灵境之遇吾欤？元和元年三月十八日。

（选自清冷时中《烂柯山志》）

陆庶，字文庶，吴人，宰相元方之曾孙。《新唐书·世系表》：历官福建观察使；元和间任衢州刺史。

烂 柯 山 记

明·留文溟

　　烂柯山者衢之胜地也,去城南二十里。其山不甚高大,而景极幽邃,往来好事者以为游观之所。按志书:在昔晋时,有樵者入山,见二童子弈。因以所持斧柯坐而观之。童子以一物如枣遗之,食而不饥。局未终,童子指示樵者曰:"汝斧柯已烂。"视之果然。乃下山归,而家人已易世矣。嗟夫! 神仙事有无渺茫,而山川胜概自古有之。今即其地,则群山盘回,一径深入,丹崖翠壁,辉映林麓。屹巨石而偃蹇,驾危桥以横空。俯而视之,则清泉流淅,旁出岩窦,天造地设,诚有可观者。而药炉丹灶陈列其中,石磴楸枰遗迹犹在。曾不知安期、偓佺、王乔、赤松辈,果曾盘桓于此否乎? 何其历历在人耳目,为可征也。岁月迁改,仙凡迥隔;碧桃已谢,瑶草不生。招黄鹤以无凭,问青鸟而音断。徒令人俯仰遗迹,想象叹赏而已。且夫天地之间,名山胜境无处有之,其终南、太华、匡庐、武夷诚天下之奇胜;而桃源、天台与人世相接,且不能必其无;况蓬莱、瀛洲曰为仙灵窟宅,非人力可至,又孰得而造之耶? 骚人墨客往往喜谈而乐道,且为之题咏赓酬,不过寓其兴于风赋云耳。于是感而为之记。

(选自清冷时中《烂柯山志》)

　　留文溟,衢州西安人,洪武元年(1368)任西安县学训导。编纂明洪武《西安县志》者。

烂 柯 山 纪 游

明·胡来朝

　　丙午春,醝直指瓜代李,官当境上。别时,何君士抑、曹君寅谡、张君礼所、黄君惟聚、黄君彭池后先继至,而余亦貂续其间。念三抵江山,江山有江郎三石,直插天表,欲着鞭往,会雨不果。归取道衢州,邑大夫杨君济美,极道烂柯山胜状,晋王质樵于山,会二仙对弈,啖以桃,不饥,回视柯已烂矣。余少亦闻其事,今过之而不一至,终为阙典。遂以请诸君子,咸报可,惟聚以有事先还。明辰齐发聚奎亭,地平坦可舆,惟路傍水气萧森,凛凛有秋意。山麓三松,状如虬龙,昔人题曰"战龙松",以其似故名。折而南,则浮图老氏之宫,与松竹掩映,令君已先至待焉。谒大士毕,令僧前导,历石砌百余级,始达石梁。梁上下皆石,中开二十丈许,可容数百人,远望之如天际长虹,非有鬼斧神工疑不及此,真宇宙大观也。壁载唐宋以来诗赋,傍有仙人像,棋枰在石上半显半灭,柯果烂无觅处。周览徘徊,念万化之皆空,悲人世之非我,相与欷嘘者久之。彭池踊跃而起:"吾纵不得飞举乎?异日戮力王室,汗青千古,此亦长年不朽之事,他何羡乎?"士抑曰:"功名幻泡也,萧、曹、房、杜今为尘土,况未必萧、曹、房、杜耶!吾宁携丹灶而煮白石,不愿人间万户也。"寅諿进前,大诧之:"子以仙迹为实录耶?山中七日,世上千年,皆好事传会之说,不足信。若然,则今古先会之数,只坐间数局消之,神仙亦夭折甚矣。"两争不下,以质于余。余曰:"天地大矣,未可为儒者管窥之论。如蜉蝣,朝生暮死。吾之所谓百年也,焉知仙家一局,不犹我之视蜉蝣耶!"众以为然。时饥欲就餐,僧言上有一线天亦奇。扪藤萝而上,有塔丈余,刻国朝登科姓氏,岂仿古雁塔之义乎?以置之空山茂草间,殊不可解。再进,路隘仅可容足,岩邃处,果有一线透天,不可迫视。下望,骨酸栗,临深履高意寻悔之。回登绝顶,视吴越山川若弹丸,眼界颇阔。倦极藉草,藐弃礼数,野无戏具,曹黄各出琥珀扇坠,以试草离合为胜负,负者,如金谷酒数,酩酊有醉色矣。日景渐夕,复过石梁,绻恋不忍去。俗岁旱,乡人异仙祷雨,遍行村落,礼所闻而苦之,与其仙而劳,不若凡而逸也。固牵之下,令君于方丈设酒醴,鼓乐大作。私念,山行饮酒,顾以为之优戏场乎?济美曰:"不观烂柯,不知世事如局;不观优人,不知人生如戏。悟局、悟戏,而英雄进取之志始澹然矣。"众又以为然。于是笙歌迭奏,几尽淳于一石。呜呼!今日之游乐矣,群贤毕至,觞咏交错,何殊兰亭故事;而醉中之醒,名教之乐,未知晋人孰为？过之千百载，而后安知无牧竖相传，谓明有六七贵人来游，酒罢，冠盖俱烂，骑白鹤而上也。

（选自清冷时中《烂柯山志》）

胡来朝，字杼丹，别号光六，赞皇人。万历二十六年（1598）进士，曾任太常卿。

柯山日迟亭记

明·瞿溥

三衢多灵山，如九仙、太真、紫霞、白石诸胜，夙称神仙隩宅。然皆窅篠幽邃，履齿罕及。惟石室以烂柯最著，去郡治稍近，辎轩时至。余初握符，旁午未暇。顷检郡乘，知冈峦面内，嵬然峙见者南山也。已而登眺，天门划开，目舒神旷，若飘浮上腾而临云气。至止山刹，则倾圮寥落，风雨莫蔽，乃心又怒焉，因捐俸葺之。以其嬴建亭三楹，翼然于岩上。经始于仲春丁酉，阅月，甲申工告竣，取昔人"春远日迟"之咏颜其亭。亭无樗栌节棁之华，以苍崖碧嶂为藩垣，白云青霞为垩饰，八窗洞启，吐纳万象，兹山若增而丽焉。方其初阳未晞，浮霭犹集，引睇块莽，缱怀北极，风日既美，烟霞澄鲜，举樽相属，眉宇嫣然。迫夫考俗相方，观稼问织，棳棳穗被野，机杼盈室。彼餫南亩而歌瓯窭者，声满岩谷。不必金光拾玉髓吸，慕王子之遇真，寻斧柯以问弈。登斯亭者，而乐可识也。何者？寓内名胜在浙之东西不一，而姑蔑届越上游僻远，淳茂不为秾华点染，山川风物略似秦，余莅兹土者壹以平易宜民，民安教令，而含醇饮稿，无烦苛急，益得从容四体，相与于化日之日。昔人有言："气烦则虑乱，视壅则志滞。"君子必有游息之物，高明之具，使之清宁平夷，恒若有余，然后理达而事成，则兹亭之有裨于治不浅，匪直山灵之点缀，而观游云虖哉！余因缙绅寮友宴而落之为记，作亭之意如此。万历戊午岁仲秋上浣之吉。

（选自清冷时中《烂柯山志》）

瞿溥，别号维西，四川达州人。赐进士弟。万历四十五年（1617）任衢州知府。

日迟亭记

明·徐可求

柯山石梁所从来矣,繇晋王质而始名,至明瞿维西公而始亭,亭成于万历之戊午,则公守衢之明年也。山川四映,风日宜人,可以息劳,可以揽胜,可以传觞,可以忘归。山如故也,址如故也,前岂无人不作此举? 而公始创之,事如有待,则山灵之徼幸于人,有甚于人之呵护山灵矣。余不慧,时作喧寂之想。去山不数里,先子之宅在焉,故取涂于山,未尝不登眺,登眺未尝不穷日,日穷而促归,未尝不怅憀于不满志。私心焉于此诛茅作室,便可与王子传问弈谱,如积薪当年故事,而公为之矣。筑基伊始,将作官程昆约余略商高下,踌躇良久,神恍先告。风雨欲来,徘徊未去,谓程子曰:"人若心中无事,何必作牛马走。生活即此静坐,直一日当两日矣。"程曰:"公解办此,何必非王子后身。"余曰:"固然不有瞿公,谁为发宇宙之清旷,遗俗子以宽闲,我辈食此未有报耳。"则程子百稽首曰:"敢报之以不苟,简于首事,图永奠于方来。"徐共言别,日尚衔山。载阅月而工成,公忘余之不慧,属为名而记之。余且忆断碑之章曰:"洞天春远日行迟,几点星残仙子棋。樵斧烂柯人换世,碧桃花影未曾移。"逸而雅,婉而多风,不必侈言仙去,恍已若在羲皇之上者。公所不委琐于世局,自公之暇,一再涉此,会心不远,日衔且迟,已因颜之曰"日迟亭"。公讳溥,别号维西,四川达州人,明万历丁未进士。

（选自清冷时中《烂柯山志》）

徐可求,明末大臣,官至四川巡抚,为政有仁声,死于奢崇明之乱。衢州西安人,明朝政治人物。同进士出身。

青霞洞天游记

明·胡翰

道家所谓青霞洞天者,世名烂柯山,即晋王质观弈棋处,在今信安之兴贤里。余客信安颇久,非有吏事,恒愿游,以乏同志不果。今年夏六月七日,龙泉章公三益来按郡,乃会诸生出城南门,舆行十里至武坪,又数里渡沙步溪,又出入篁箓中十余里,抵山之麓。有寺曰宝岩,观曰仙集,栋宇皆已剥阤。日午热甚,道士具茗,列坐久之,湫隘犹民家耳。道士除道,遂循观右拾级而上,飞梁横亘,通趾顶皆石,蜷如蝌蛛,其下划然可居,得地如坻者,东西深百余尺,广半之,巨木蔽空。公与诸生皆集,飘风泛木叶,虚徐漫衍,后先不绝,凉满襟袖,如坐碧云苍雪间。求昔人之遗刻,唐宋以来陆庶、钱颛、徐霖、游钧诸名辈,往往可识,其他漫漶,虽欲识之不可得,然惟庶碑最古。侍者行酒,酒数行已,余与客吴思道旁缘石磴,登山之脊,出所坐梁石上,四顾皆林皋,溪流蛇行野中。东南诸峰矗立,苍翠暗霭,则紫微也。最后,公亦挟一童登之,复坐纵谈,问道士,故梅岩精舍所在,莫有知者。日且暮,怅然有怀,质与余皆东阳人,书石曰:"阏逢执徐之岁,有晋樵者之里人,胡翰入山,与客六人共饮,未醉辄去。"翰记,甲辰。

(选自《四库全书·胡仲子集》)

胡翰,字仲由,号仲子,金华人。明洪武初任衢州教授,后聘修元史。著有《信安集》《春秋集义》《胡仲子集》等传世。

柯 山 亭 记

清·叶淑衍

山川灵秀之区,往往有仙景著迹,类若荒幻不经,为好异者所乐传。如三衢郡城之南青霞洞者,相传有樵子观弈,罢而斧柯已烂,归来人代几换之说,似不足信。或者昔人游息于此,爱其岩壑幽异,徘徊不忍去,遂有长日如年之羡,于是托为柯烂世换之说,以见尘氛迥隔,别有壶中天地;亦与列子御风、庄叟化蝶同一寓言,亦未可知。

独是其山不甚高,而跻其巅可以望远,环数十里川原如罗置几席;其洞不甚怪险,而穿梁百尺,可以翔步四瞩。松沸鸟呼,流云低匝,令人目霁而神寂。其地距城闉不甚远,游人可朝往暮归,无仆痡马瘏之苦。则虽借仙真怪诞之说,以佐骚人逸士之品题嘲咏,似亦无不可者。

前太守瞿公作亭于洞之侧,颜曰"日迟"。岁月既久,檐柱倾圮。邑侯陈公于政事休暇之时,常与宾朋游览其间,飞觞赋诗,竟日乃去,遂葺治斯亭,增其栏楯,视昔更为完美。于是千百年之胜迹,一旦易耳目焉,洵韵事也。

陈公以廉惠居心,以勤敏莅事。西邑故冲要地,酬应旁午,案牍充集,侯于退食之暇,即挥尘谈名理,课艺裁诗,淋漓楮墨。官阁之中,不异空山邃谷。下车伊始,首履亩、正经界、厘赋税,遂次第营学宫、筑河隍、修先贤清献祠宇。诸兴除毕奏,乃以余事治游观之地,与民同其乐。庶燕闲之际,藉以涤烦去嚣,亦政治之一助也,可谓绰乎有余裕矣。栾铖对子重之言曰:"好以众整";又曰:"好以暇",夫整与暇实相成者也。假使缰筹律令,簿书笺奏之务纷错于前;而又以得失是非、毁誉之念交战于中,欲少暇得乎?既驰骛补苴之不给,而何整之能有?又奚遑搜名胜、治往迹,把酒临风,作谢朓惊人之句,为山灵增胜。慨哉!然整与暇非可以袭而致也。陈侯以海涵岳负之才,而又能澡雪其心志,故神定而天全。盖无烟云岳麓之非文章政事,而其文章政事亦若烟云岳麓之彬蒽磅礴,恢奇变化而不可测其端倪也,又安见一拳之亭不可媲美于听事之堂也哉。信乎,整与暇之有本也。亭既落成,士民以为侯方驰驱王事,非青霞片石所能留,爰伐石请记,以表他日甘棠之遗爱云。

康熙三十七年仲春月上浣

(选自民国《衢县志》)

叶淑衍,字椒生,号如庵。康熙九年(1670)进士,官江西德兴知县、枝江知县。有《如庵文集》。

双桥随笔(节录)

清·周召

吾邑烂柯山,相传为晋王质观弈处。好事者遂垩土为质与二仙像,及枰奁之类置之岩下,以为实有是人。暨是事者然善乎?晋陵邹程村之为记也,有曰:"古今来达人遗世,壮士愤时,其胸中类有不能恝然者,不得已而逃为百年顷刻之说,以忆记其事于灵奇恍惚之中,此即诗人高岸为谷,深谷为陵之意也。乃好事者从而夸述之,又从而仿佛摹像之,以异其事或必然者,其去刍童、牧竖之见几何哉。"斯言也,足以醒夫世之惑于灵经怪牒,而不自知者。要之,非仅柯山为然,而程村之说尚有所未尽也。今夫,地之有山川洞壑,江河岳渎也,犹天之有日月星辰、风雨雷电,人之有眉发颐颊,耳目口鼻也。一经开辟,而或流或峙,岌嶪玲珑,潆洄潋滟之容,赋之已定,非有所为而后设。而属之山者,其体静,其骨清,其致幽,其神远。静则恶其动也,清则恶其杂也,幽而远则恶其嚣与逼也。其与人不相涉也甚矣,乃无端而有洞天福地、佛祖道场、神仙窟宅之说,于是一峰一峦之秀,必曰"此某佛、某仙之所聚而游也";一岩一洞之奇,必曰"此某佛、某仙之所托而栖也"。不但为之艳其事,而且为之像其形;不但为之撰其名,而且为之立其传与记,播之歌与诗。有瓶钵匙箸、果榼锣磬、璎珞袈裟之赠,有珍幢金伞、霓旌绛节、佛光火焰之神;有骑龙骑虎、乘凤乘鸾、祥云覆顶、紫雾腾空之异。吃言满楮,怪诞不经。至于岱之金床玉几;嵩之玉人金像、赤室丹房;庐之圣灯、砖楼、辟蛇童、升仙台;武当之金殿、滴泪池、磨针涧、斗篷、焦扇;峨眉之炼丹灶、淘米泉;天台之僧人履、仙石棺;华山之老君犁、洗头盆、仙人棋、巨灵掌。诸如此类,悉数难终。而古今又多有耳无目有目无心之人,遂谓器具皆存,神仙活现,讹以传讹,牵合附会,于是有宰官居士之称,护法檀那之举,羽流方士之属,青祠宝篆之仪。进香之男女如蚁膜拜之,鼓钟若沸。琳宫梵宇金碧辉煌,缁服黄冠衣粮狼籍。冤者山也,任人改名易姓,波及杜公(一云陈子昂)而配十姨之夫,伍相而变五髭之面。蛇鬼鸦神亦图血食,小孤彭浪可订婚姻。纷纭沓黩,山之本来面目皆不能自主,而无可告诉,以自托于东扯西扯,拖泥带水之中矣。或曰:"人之好异也,使地不得安其位,乃知天亦幸与人绝高,而不能至耳,否则,未免受其扰。"而余谓:"亦未尽然也。"今夫,天之苍苍,以气上浮也。

其有日月星辰、风雨雷电之属,非有婚姻男女之相生,语言文字之相示也。而好事之言至,谓日姓张、名表,月姓文、名申,是以姓名诬日月也。文昌而化为儒雅之人,魁宿而忽成丑怪之状,是以形相褒星辰也。风称伯为飞廉,雨称师为屏翳,是以头角扮风雨也。谢师之长三尺,铁索之重六斤,是以夫妻轻重狎雷电也。宋祥符绛衣入梦,孰为传书;唐天宝黄纸升天,谁为守药。是且以谵语欺上苍也。其谈天之异若是,虽幸不可近而不受其扰,然亦岂尽安于无事哉? 或又曰:"凡人之凿,夫天与地,固若是矣。至于人,或以同类而不相残乎? 言至此,而余不觉眉之攒,而额之蹙也。曰:嗟乎! 人之所为,又岂吾之所得而测者哉,彼且矫揉造作,其心思、面貌、耳目、手足之用,至于变幻诡异,千态万状,而不可闻。盖自凿其混沌也久矣,况其所以及于人者乎,而又安能保其同类而不相残乎。余闻之夫子,其不语者神与怪鬼,神则敬而远之。老子曰:"有道之世,其鬼不灵。"人奈何惑于异端邪说而不自知也。余观程村之语,尚有所未悉,故不揣而为不入耳之言。饶舌至此,世之见者,得毋相诧,而反以余为好异也夫。

(选自《四库全书》)

周召,字公右,号拙庵,衢州西安人。顺治五年(1648)拔贡,陕西凤县知县。著有《双桥随笔》,入《四库全书》。

游烂柯山记

清·戴名世

岁辛巳二月十日,余至衢州。二十二日凌晨,出通仙门,俗号为小南门也,门外即渡一桥,居人甚少,仅篱落数区。是时春已渐深,绿铺麦野,黄满菜畦,草木皆滋荣,时时有香气袭人。沿路听溪声活活,望见远村桃李盛开,点缀于平原茂树之间,远山矗立云表。行二十里,小舟渡一溪,即入山径。逶迤曲折不一二里,道旁有古松二株,枝杆盘屈,为攫拿之势,有碑题曰"战龙松",后署晦庵书,则此松在宋时已数百年物矣。又曲折行里许,至柯山寺,即烂柯山之麓也。寺门古樟四,中二株独奇,茑萝蔓引,苔藓斑剥,荫约数亩。入寺坐佛殿,少顷,一僧导出寺门,取路寺左,数十步有墓,其碣曰"左都御史忠烈徐公墓道"。又行百余步,望见山侧,山巅有穴,露出穴外之天,而树枝横斜,忽蔽忽见。缘石磴而上,盘旋纡曲,忽睹一穹然豁然者,弯环起伏,宛如梁状,即道中所望见之石穴,而王质遇仙之处,道家所称青霞洞天也。高千余寻,深千余寻,纵二十余寻。青峦翠巘,如髻如环如螺,或远或近,攒簇于石梁前后。当梁之南面,一石负土特起,有樟生其上,披离甚古,傍石而亭曰"日迟亭"。从亭侧攀萝缘磴而上,皆窄径,窘步至其巅,正与亭相对,其下即石梁也。又敧侧而行,路仅容足,俯而窥石缝中,则见天一线,盖石梁上又一石梁覆之,首尾无端倪,而此处偶露间隙。进,复下至亭上,眺览良久,不忍去。已而雨作,饭于寺。取故道还,秉烛作诗二首,拟他日镵诸石上。其诗曰:

采樵偶向洞天行,一局中间世已更。不看仙人贪看弈,模糊仍复觅前生。

诵向尘寰病未瘥,同班仙侣近如何。语君弈罢朝天去,为谢狂生罚已多。

(原载《南山集》,引自民国《衢县志》)

戴名世,字田有,号褐夫,别号忧庵,桐城人。康熙进士,官编修。所著有《南山集》。

烂 柯 纪 梦
郁达夫

晋王质,伐木至石室中,见童子四人弹琴而歌,质因倚柯听之。童予以一物如枣核与质,质含之便不复饥。俄顷,童子曰:"其归!"承声而去,斧柯摧然烂尽。既归,质去家已数十年,亲情凋落,无复向时比矣。

这传说,小时候就听到了,大约总是喜欢念佛的老祖母讲给我们孩子听的神仙故事。和这故事联合在一起的,还有一张习字的时候用的方格红字,叫作"王子去求仙,丹成入九天,山中方七日,世上已千年"。我所以要把这些儿时的记忆,重新唤起的原因,不过想说一句这故事的普遍流传而已。是以樵子入山,看神仙对弈,斧柯烂尽的事情,各处深山里都可以插得进去,也真怪不得中国各地,有烂柯的遗迹至十余处之多了。但衢州的烂柯山,却是《道书》上所说的"青霞第八洞天",亦名"景华洞天"的所在,是大家所公认的这烂柯故事的发源本土,也是从金华来衢州游历的人非到不可的地方,故而到衢州的翌日,我们就出发去游柯山(衢州人叫烂柯山都只称柯山)。

十月阳和,本来就是小春的天气,可是我们到烂柯山的那天,觉得比平时的十月,还更加和暖了几分。所以从衢州的小南门出来,打桑树柏树很多的田野里经过,一路上看山看水,走了十六七里路后,在仙寿亭前渡沙步溪,一直到了石桥寺即宝岩寺的脚下,向寺后山上一个通天的大洞看了一眼的时候,方才同从梦中醒转来的人一样,整了一整精神。烂柯山的这一根石梁,实在是伟大,实在是奇怪。

出衢州的南门的时候,眼面前只看得出一排隐隐的青山而已;南门外的桑麻野道,野道旁的池沼清溪,以及牛羊村集,草舍蔗田,风景虽则清丽,但也并不觉得特别的好。可是在仙寿亭前过渡的瞬间,一看那一条澄清澈底的同大江般的溪水,心里已经有点发痒似的想叫起来了,殊不知入山三里,在青葱环绕着的极深奥的区中,更来了这巨人撑足直立似的一个大洞;立在山下,远远望去,就可以从这巨人的胯下,看出后面的一湾碧绿碧绿的青天,云烟缥缈,山意悠闲,清通灵秀,只觉得是身到了别一个天地;一个城市住久的俗人,忽入此境,哪能够叫他不目瞪口呆,暗暗里要想到成仙成佛的事情上去呢?

石桥寺,即宝岩寺,在烂柯山的南麓,虽说是梁时创建的古刹,但建筑却已摧毁得不得了了。寺后上山,踏石级走里把路,就可以到那条石梁或石桥的洞下;洞高二十多丈、宽三十余丈,南北的深约三五丈,真像是悬空从山间凿出来的一条石桥,不过平常的桥梁,决没有这样高大的桥洞而已。石桥的上面,仍旧是层层的岩石,洞上一层,也有中空的一条石缝,爬上去俯身一看,是可以看得出天来的,所谓一线天者,就系指这一条小缝而言。再上去,是石桥的顶上,平坦可以建屋,从前有一个塔,造在这最高峰上,现在却只能看出一堆高高突起的瓦砾,塔是早已倾圮尽了。

石桥下南洞口,有一块圆形岩石蹲伏在那里,石的右旁的一个八角亭,就是所谓日迟亭。这亭的高度,总也有三五丈的样子,但你若跑上北面离柯山略远的小山顶上去瞭望过来,只觉得是一堆小小的木堆,塞在洞的旁边。石桥洞底壁上,右手刻着明郡守杨子臣写的"烂柯仙洞"四个大字,左手刻着明郡守李遂写的"天生石梁"四个大字,此外还有许多小字的题名记载的石刻,都因为砂石岩容易风化的缘故,已经剥落得看不清楚了。石桥洞下,有十余块断碑残碣,纵横堆叠在那里。三块宋碑的断片,字迹飞舞雄伟,比黄山谷更加有劲。可惜中国人变乱太多,私心太重,这些旧迹名碑,都已经断残缺裂到了不可收拾的地步。《烂柯山志》编者,在金石部下有一段记事说:

> 名碑古物之毁于兵燹,宜也;但烂柯山之金石,不幸竟三次被毁于文人,岂非怪事?所谓文人的毁碑,有两次是因建寺而将这些石碑抬了去填过屋基,有一次系一不知姓名者来寺拓碑,拓后便私自将那些较古的碑石凿断敲裂,使后人不复有再见一次的机会。

烂柯山南麓,在上山去的石级旁边,还有许多翁仲石马,乱倒在荒榛漫草之中。翻《烂柯山志》一查,才知道明四川巡抚徐忠烈公,葬在此地,俗称徐天官墓者,就是此处。

在柯山寺的前前后后,赏玩了两三个钟头,更在寺里吃了一餐午饭,我们就又在暖日之下,和做梦似地回到了衢州,因为衢州城里还有几处地方,非去看一下不可。

……

（原载《郁达夫散文集》，摘自《衢州市志》）

郁达夫（1896—1945），浙江富阳人，现代小说家、散文家。著有《郁达夫文集》12集。散文主要是游记，文笔优美。

烂柯山故事新解

邓拓

浙江省有许多闻名的山水，其中有一座烂柯山，位于衢县以南。我曾见过许多朋友到浙江去就一定要看看烂柯山，这是为什么呢？难道这座山上果真有什么迷人的风景不成？事实并不是这样。他们所以要看烂柯山，无非因为这座山是由于一个神话故事而得名的。

据南北朝任昉的《述异记》一书载称：

> 晋王质入山采樵，见二童子对弈。童子与质一物，如枣核，食之不饥。局终，童子指示曰：汝柯烂矣。质归乡里，已及百岁。

虽然《述异记》这部书未必是任昉所著，可能是后人伪托之作，但是这一段故事却很有意思。用现代科学的观点来分析，这个故事倒很像科学幻想，具有相当的科学价值，不应该把它看成毫无根据的胡言乱语。

这个故事中的主人公王质，在山上只看完了一局棋，而砍柴用的斧头上的那根木柄就已经腐烂了，回到家里已经一百岁了。这种情形在我国古代大量流行的神话故事中，本来不算什么稀奇。我们还可以举出更多的神话故事，都是以所谓"山中方七日，世上几千年"的公式为指导来编写的。不过那些神话故事却没有烂柯山的故事这么著名罢了。现在值得研究的问题，倒是在于这个所谓"山中方七日,世上几千年"之类的公式,究竟有没有科学意义?

回答这个问题,我想应该采取肯定的语句。特别是现在人类向宇宙飞行的序幕已经打开的时候,我们对于烂柯山的故事尤其必须进行新的解释。

最近出版的《知识就是力量》一九六一年第三期上,刊登了苏联物理数学博士梅希可夫斯基写的《时间相对性的验证》一文。作者引述了科学研究的最新材料,来证明时间相对性的自然规律是客观存在的。按照这个自然规律,梅希可夫斯基说:"假设某一宇宙飞行家出发旅行的时候是二十五岁,他家里有父母妻子和一个三岁的女儿;当他作了五年的星际旅行回到地球上的时候,他的父母和妻子都已去世了,前来欢迎他的是他的女儿,但是她不是八岁的女孩,而是一位白发苍苍、年近古稀的老太太了。"这虽然是假想的故事,可是它同烂柯山的故事多么相似啊!

未来的宇宙航行中,因为载人的飞船是以接近于光波的速度向遥远的星际飞去,所以对于飞船上的人来说,时间就过得特别慢,几年的时间就能走许多光年的星际航路;而地球还是照老样子慢慢地自转和公转,所以对地上的人们来说,时间反而过得快了,在星际空间只飞行了几年的时间,地球上的人却过了大几十年。这个时间相对性的自然规律,当然不以人们的意志为转移;不过人们也决不能任凭自然规律来摆布,人类将毫无疑问地要进一步掌握和运用自然规律,而不至于束手无策。

现代的科学家已经有了许多新的方法,可以控制自然规律,使它为人类更好地服务。在控制时间相对性的这个规律方面,现代科学家也已经想出了一些办法。比如用长期睡眠的方法,将会使宇宙航行家的亲人一觉醒来就过了几十年的时间,等到亲人回来还没有老。又比如将来宇宙飞船进一步完善了,一家人都可以去飞行,甚至地球和其他星球之间的来往日益频繁,你来我往的时间更加迅速和缩短。这样人们就会逐渐减少以至消除时间相对性这个规律对人的支配作用,烂柯山的故事将永远不会重演了。

(选自《燕山夜话》)

邓拓(1912—1966),原名子健,笔名马南邨、向阳生等,福建闽侯人。1930年加入共产党,历任中共晋察冀中央局宣传部副部长,新华社晋察冀分社社长,中央政策研究组组长等职。新中国成立后,历任《人民日报》社长兼总编辑、中共北京市委书记处书记、中共华北局书记等职。是我国近代有影响的新闻工作者和杂文家,著有《中国救荒史》《论中国历史的几个问题》《燕山夜话》等书。

重修日迟亭记

徐文荣

天生石梁宇内无匹,烂柯仙山海外亦崇。千百年来,老聃为之垂爱,释氏为之钟情;《水经注》见录,《述异记》载闻;郁氏作记,邓拓著文;东野忘返,放翁流连;灵运千里谒拜,马可万里朝觐;至于叩关问津者,众矣。然时移世改,景物凋零,乃至近代几乎湮没,惜哉。人文与自然景观实为盛世之表,故有斯举,聊志为记。

1989年8月

徐文荣,衢县人。曾任衢州市城乡建设委员会副主任兼市规划局局长、市文化局副局长兼市文物局局长、市旅游局副局长。

烂 柯 山

叶廷芳

古人云:"山不在高,有仙则名。"此话不假。我国四大佛教圣地之一普陀山、乐山大佛所依之凌云山等,都不算高,只因有"仙"而名扬四海。笔者这里要写的烂柯山,海拔仅174米,也是因为有"仙",成为全国围棋圣地。当然,从科学意义上说,"仙"只是人们的一种想象,实际上是没有的。但若把它作"文化意蕴"解,则就对了。比如烂柯山之所以灵气充盈,就因为它蕴有浓郁的文化内涵。首先它是一个名闻遐迩的美丽传说的诞生地。这则传说已经流传了十来个朝代。早在1500余年前,我国北魏时代杰出的地理学家、散文家郦道元即将它载入其著名的文学性科学著作《水经注》：

> 信安县（即今衢州市）有悬室坂，晋时，有民王质，伐木至石室中，见童子四人，弹琴而歌，质因留，倚柯听之，童子以一物如枣核与质，质含之，便不复饥。俄顷，童子曰其归，承声而去，斧柯摧然烂尽。既归，质去家已数十年，亲情凋落，无复向时比矣。

烂柯山就因此而得名。这则传说后来变奏出"山中方七日，世上已千年"的故事，成为我国文艺创作中一个重要的神话题材。唐代诗人孟郊有诗云："仙界一日内，人间千岁穷……樵客返归路，斧柯烂从风。"此后还有人拟出仙人弈棋的棋局，并配以曲谱，题为"王质遇仙对弈记"，见于宋人李逸民所编《忘忧清乐集》之中。据说，前几年日本一刊物还予以转载。60年代初，著名杂文家、书法家邓拓光顾烂柯山后，曾作《烂柯山故事新编》一文，将烂柯故事与现代科学理论相沟通，认为古人已开始懂得地球时间与宇宙时间的相对性。

其次，烂柯山先后激发过历代无数大大小小的骚人墨客的兴味与智慧，留下了大量的诗文和墨宝（包括摩崖石刻、诗刻和碑文）。较远的如谢灵运、孟郊、刘禹锡、陆游、朱熹等，较近的除邓拓外有郁达夫等。陆游在其《游柯山观王质烂柯遗迹》中吟出"千载空余一局存"的咏叹。朱熹甚至还在此山一书院讲过学，并借故事作诗兴叹："局上闲争战，人间任是非。空教采樵客，柯烂不知归。"

当然，烂柯山之所以有"神仙"莅临，有名士光顾，归根到底在于其周围风景之优美，其本身形貌之奇特。这里是仙霞岭余脉的末端，向北望去，是空旷开阔的金衢盆地；向南回观，则是无数层峦叠嶂，有层次地向后层层展开，有如画卷。秀丽的乌溪江从崇山峻岭中蜿蜒而出，怀着千般柔情从烂柯山脚下缓缓流过，她令人想起海涅笔下那首动人的歌曲《罗累莱》。可这中国的"罗累莱"——烂柯山，其风光之诱人比起莱茵河上的那个罗累莱恐怕要略胜一筹：

你看她腰间那一对上下相叠的巨大的双洞孔,南北穿透;下孔长、宽各30来米,高8米,称青霞洞,被古人誉为"天下第八洞天";上孔略窄,洞高不齐,最高处不足一米,故称"一线天"。两洞之间的石梁像是一座大石桥,甚是壮观,故古有"仙桥危石梁""虹蜷雾中见"的赞叹。洞北悬崖如削,构成又一险境胜景。

围绕上述洞天奇观,古人建有不少景点作为点缀,有过"柯山八景"之称。可惜随着岁月流逝,大多荡然无存。其中值得一提的是山脊东端的"雁塔"和西端的"日迟亭",一个迎旭日,一个挽夕阳,二者朝夕相伴,互为呼应,又仿佛是青霞洞的两名卫士。现在唯一能看到的古建筑是洞南山坡上的一座古寺,建于梁大同七年(541),倾圮后,于宋景德二年(1005)在原废墟上重建,曰"柯山石桥寺",风格类似当地民居,四周有赭红色的围墙,并有葱茏的树木相护。寺前多级石阶下有一池塘,塘边有两棵千年古樟;有一井,刻有"冷泉古井"四字,据传当年苦战衢州的朱元璋曾在此饮马。围墙左边的"通仙门"外,有明代四川巡抚徐可求墓,早已被盗一空,唯墓前标志墓主地位的石人、石马、石羊等物犹存。

较名贵的遗物还有青霞洞西坡的朱熹手迹,那是两棵状如张牙舞爪之龙蟠的千年古松下的一块二尺余长青石板上的石刻:"战龙松。"朱熹与烂柯山涉缘较多是不足为奇的:宋高宗皇帝在金兵追逼下南逃时,随驾南渡的孔子第四十八代孙"衍圣公"在衢州落脚,建造了孔氏家庙。作为"独尊儒术"的倡导者朱熹,自然对衢州格外垂青了。

取名"烂柯山"的地方全国有多处,但"烂柯"典故的真正出处是位于衢州的这座烂柯山。毫不足怪,她如今成了全国围棋的圣地,近年来已先后在这里举行了两次全国围棋比赛。国手云集更使烂柯山风姿增俏,"仙气"频添。随着衢州市经济、文化和旅游事业的迅速发展,烂柯山已越来越成为浙西山水名胜中的一颗璀璨的明珠。

(选自1996年12月21日《人民日报·文化广角》)

叶廷芳,浙江衢县人,中国社会科学院外国文学研究所研究员,1992年获国务院有突出贡献专家称号。名列英国剑桥传记中心《国际名人录》和《有成就的人》《中国现代科学家大辞典》。

烂 柯 的 梦

林斤澜

一

郁达夫写过烂柯山的游记,记下烂柯传说如下:

> 晋王质,伐木至石室中,见童子四人弹琴而歌,质因倚柯听之。童子以一物如枣核与质,质含之便不复饥。俄顷,童子曰:'其归!'承声而去,斧柯摧然烂尽。既归,质去家已数十年,亲情凋落,无复向时比矣。

这个传说流行很久也很广。郁达夫是重述别人的著作? 或是他自己有重要的笔误? 樵夫王质山中遇见的童子是在下棋,王质留下为观棋,就算有歌听也不主要。传说当可各地不一,但主要动作若是"倚柯听之",想来柯——斧柄烂起来,早"倚"不住而警觉了。若是坐下观棋,把斧子垫着屁股,起身归时才发现斧柄拿不起来了。这要自然成趣得多。

用这个传说定"景点"之名的,据说全国总有十余处。

童子下的棋,传说是黑白子,是围棋,因此围棋又别名"烂柯",烂柯山当是围棋之乡了。旅游成了无烟工业的年头,各处不免有些竞争。不过最有根据的,还是浙江衢州近郊的烂柯山。

衢州烂柯山不高,但仙人下棋的石坪宽阔,上面扣着一弯石梁,气魄非常,是层层的岩石,又浑然一体。这石梁与石坪一起,若算作一个洞,这洞好比鲸鱼张嘴,比作鲸鱼,因为想不起来有更大的,扁扁仿佛含笑的嘴巴。

洞外有亭凌空。

洞内石坪上，凿了羽毛球场般大的格子棋盘，有十来枚石鼓似的黑白子。这是"现代的气概"，和"思古的幽情"有所参差。

何不找个角落，或者就在亭子那里——千万不可用钢筋水泥。找几个烂石头，高低错杂，绿苔斑驳，叫人相信柯矣可烂。或可望不可即，如黄山的梦笔峰，或如许多溶洞中的隔水相望……这个传说也太叫人"悠悠"了也。

我们的古币中，有一枚"棋仙钱"，一面是两位高手席地对弈，一面是朱熹"烂柯山"五言诗："局上闲争战，人间任是非。空教采樵客，柯烂不知归。"

人间的匆促，天地的永恒，反差极大，反倒溶化合梦。多少梦幻的诗歌，多少结构为梦的传奇，还有玄虚深奥的感应哲理，中国人的天人合一的终极追求，这些都渊源久远了。

不料今天我们仿佛撞进——有人是跌进；也有是推进讲究实际，更多更多的只讲实用的年头。把诗把梦把追求都一笑扔了。谁也看不见自己这一扔的笑容，有人说他看见了，其实也还是在梦里，梦里看见的是什么样子？他张口结舌，只说：狰狞。

就在这年头，也还没有嘲弄永恒吧。倒是不少人花大钱购买不老的药。这是对永恒的最实用的追求。这样的追求，无梦。

郁达夫游罢烂柯山，写道："我们就又在暖日之下，和做梦似地回到衢州。"这个梦的感觉很是。衢州有人递过纪念册来，非写几个字不可，我写：烂柯围棋，天人合梦。

二

我写过一篇《烂柯的梦》，想想没有说清楚，不妨续上一段。

烂柯是个神仙传说，不是梦。说做梦，只因这个传说中，梦意漫漫。山上下棋的是神仙童子，观棋的是樵夫凡人。才一局，斧把就烂掉了。一局，是神仙的棋。烂柯，是凡人的斧。神与人碰到一起，就发生这样强烈的对比，一个是悠悠岁月，一个是匆匆日脚。一个是永恒，一个是速朽。确实是天壤之别的两个世界。

诗云:"山中方七日,世上已千年。"说是诗,也其实是家喻户晓的民谣。偏偏有不少的谚语、诗歌,编织复杂的故事,让两个世界互相穿插,好来欣赏撞击的火花,也是表现一种普遍的愿望:两个世界的化合。这化合的愿望当不是一半对一半的调和,实际是祈求"匆匆"溶化在"悠悠"里,让"速朽"投合到"永恒"之中。

说是一种愿望,实际祈求起来却又分多种层次。最世俗的是搜寻仙丹妙药,吃下去长生不老。哪怕要飞升一下,到冷冰冰的月宫里,过"琼楼玉宇、高处胜寒"的日子,也值得拼上性命。自古炼丹服药,没见谁长生,反倒速死了多少人!

再一种是追求境界,人生态度,精神修养,哲学观照。好比说回到大自然中去;好比说清静无为;好比说心平气和、颐养天年;好比说把人道比着天道,得到氤氤氲氲的博大心胸。

再是让"匆匆"的"速朽"的生命,投入"悠悠"的"永恒"的事业。一个雨点,落入江河,就可以奔流到海,大海不拒细流。小雨点也可以说:我就是海,海就是我们。文学艺术,科学技术,一切创造性的工作都将与天地一起悠悠,一起无限,一起长生。这是最积极的人生了,连革命家都可以归到这里来。

烂柯山传说经久经广,不失美丽。只怕是和我们更久更广的天人合一思想,不失色与光相连。

也有不同的看法,虽说少见,可也不怪异。大家知道苦茶斋主人的一生要分时期,在他最光辉的"五四"前后,在《雨天的书》里说到烂柯山一局棋下了"六十年","这样浪费时间无裨实际的生活,殊不值得费尽了心机去求得他……"

指着烂柯山说"浪费时间",恐怕是一绝。把时间比作"生命",比作"金钱",比作"一切",这是当前的口头禅。改革开放以前,特别在连绵的"运动"中,为了一句话,搭上许多"车轱辘"话,轱辘经年,毫不心疼。《雨天的书》写在二十年代,那还是"踱方步"的日子,对时间竟有了紧迫感、危机感,那是先驱的感觉了。

　　……那种长生不老的生活,我也一点儿都不喜欢。住在冷冰冰的金门玉阶的屋里，吃着五香牛肉一类的龙肝凤脯，天天游手好闲，不在松树下着棋，便同金童玉女厮混……

烂柯山的神仙，给了樵夫一枚"枣核"一类的东西，因之"六十年"不饿。试想"五香牛肉一类"，比"枣核"发噱得多。或者须添一个"干"字，五香牛肉干也。

苦茶斋的看法，和前边诸多看法顶着牛。不过事关生死，听话须听音。音中的先驱感觉，和前边的积极态度那一部分，精神上是一致的。前后的看法，又和烂柯山传说经久的美丽，经久的光色，相反相成。

三

烂柯山的传说，早在《述异记》上就有记载。

> 信安郡石室山。晋时王质伐木至，见童子数人，棋而歌，质因听之。童子以一物与质，如枣核，质含之不觉饥。俄顷，童子谓曰："何不去？"质起，视斧柯烂尽。既归，无复时人。

信安郡，是浙江衢州的古名。这里记载的是"棋而歌"。传说本当传来传去，传中一再创造，没有什么走样不走样。后来或诗或文，多数把歌放下，单提一棋，王质只是观棋，才一局，柯烂。再后来把烂柯当做围棋的别名，更没有听歌的事了。

郁达夫的《浙东景物记略》中，有《烂柯纪梦》。却是"童子四人弹琴而歌，质因倚柯听之"，没有"观棋"字样。

衢州新印"烂柯山景区简介"的海报，摘录了历代名诗文，大都以棋为宗旨，也节采了郁达夫的《纪略》，对听歌的说法不作注，无按语。我以为略表态度方是上策。

昕歌与观棋,情调可能迥异。拿景观的建设来说。歌台与棋枰的色彩可以正好相反。

广西有位大名鼎鼎的刘三姐,漓江边上早有山峰顶着她的名号。听说近年又在好山好水中间,为她设置了赛歌台。我还无缘访问,不知究竟如何。想来这歌台有许多民歌垫着底,得"歌"独厚,别处不好比。相来春花秋月,男女相悦,歌如沉醉,台似燃烧。听者脉搏活跃,歌者气血热烈,若论色调,一个暖字无疑。

烂柯山的围棋,会当幽静,倾向思索。人间正道沧桑,天上元气云烟。刻划但见力度,不嫌粗糙。堆砌可以神往,不能近身。给思想,给想象,给象征,上穷碧落下黄泉,探讨哲理的玄妙,天人合一,讲究色调的沉静,冷字当先。

现在的石坪上,"用三百二十四块九十厘米见方,十厘米厚的青石板""铺设……面积四百平方米","堪称世界棋盘之最"。当是现代气魄,却与古道参差,不妨气魄之外,另觅精魂。

或山坳,或洞穴,或背阴僻静角落,有烂石数块,有斑驳青绿。或远观、或近望、或指点、或形容,总不得走到跟前去。

切忌雕梁画栋,红门绿窗,钢骨水泥。

若借得一片水来,隔水相望。若有水中倒影。窥视洞天,眼界清澈穿透,色相又朦胧不可思议,不由得想象展翅飞翔,不觉无穷尽处。

若问思想是抽象的,怎生具象起来。请看看罗丹的二三雕塑就是了。说到雕塑,顺便找补两句:景观以天然为上,但也不能一概谢绝人工。罗丹那样的高峰攀不上,但不是不可攀,只要是在这个山峰上的攀登就合烂柯梦意。要不,何来人文建设!

(选自1994年9月、10月《衢州日报》)

林斤澜,1923年生,浙江温州人,当代著名作家。前期作品明朗热情,后期作品冷峻、深沉、辛辣,被人称为"怪味小说"。其代表作有《矮凳桥风情》《林斤澜小说选》《草台作地》等。

神 话 故 事

王西彦

关于烂柯山，人们总要想起据称是南朝任昉所作《述异记》里的说法："信安郡石室山。晋时王质伐木至，见童子数人棋而歌。质因听之。童子以一物与质，如枣核。质含之，不觉饥，俄顷，童子谓曰：'何不去？'质视，柯尽烂。既而归去，已无复时人。"这就是"烂柯山"得名的来由，历史上很多古籍如郦道元《水经注》等都有类似记载。而且在全国各地还有其他地方以"烂柯"命名的山，例如广东的肇庆市和山西武乡县。因为山上有洞似室，所以被称为"石室山"；又似石拱桥，又被称为"石桥山"。

衢州市的烂柯山在离城约二十里的乌溪江畔，当地的村庄就叫做"石室乡"。我和同伴们到达那里时，刚好在雨后，原本阴沉的天空透露出似有若无的阳光。从村边通向烂柯山的一条卵石子路，总有两里来长，而且逐步上升，由于地湿路滑，山虽不算太高，但登攀还是颇觉费力，只因有藤杖的撑支才不至蹉跌。山径两旁，是一些松柏之类的杂木。走了约一里光景，转一个弯，抬头就看见茂密的树丛中出现座横空飞架的石桥，好像是山灵的一只巨眼，使你情绪为之一振，不觉加快了步伐。一个小小的池塘过去了，前面是几段寺庙的红墙和几间残破的泥屋，难免给人一种荒凉的感觉。陪同者告诉说，山麓的庙宇原名"宝岩寺"，村民们叫它"石室寺"，曾经有过香火鼎盛的历史，如今庙宇被拆毁了，僧人走散了，只留剩着一个年轻的和尚，住在庙前破屋里靠行乞过日子。我的兴趣却在那个山灵巨眼似的山洞，沿着一条之字形山路，跨着急步向它奔去。到了山上，站在洞前仰望着那座巨大的石桥时，你不能不为造物主的神工奇艺而深感惊讶。尽管熟悉历史情况的陪同者用一种不胜惋惜的口吻给我们作介绍，说原来附近还有"日迟亭"和"柯山塔"，山坡上还有"战龙松"和"五指樟"，山洞两边也还有历代摩崖石刻，有很多名家的碑文诗词，等等，可惜这些古物古树都被破坏砍伐殆尽，尤其是"十年浩劫"时期，好像这一切都成了"革命"的对象。但我却移步伫立在石洞下，遥想这个地方，那位前来伐木的王质观看童子们一边下棋，一边唱歌，而他则口含枣核似的异物，竟完全忘记了时间的消逝，使得千年以后的我这个白发老人，也向往于那神奇的景象而倚杖入神……

我忽然回忆起童年时期经常背诵的一首诗，是初学写字描红的底本上的："王子去求仙，丹成上九天；山中方七日，世上已千年。"大概取它的字划简少，便于儿童临摹。当时我曾经向老师问到上山去求仙的"王子"究竟是什么人，老师也说不清楚，只举出一个相传为汉刘向所作《列仙传》里的故事，说周灵王的太子叫"王子乔"的，曾到嵩山去修炼了三十年，丹成升天而去。山中的七日，等于世上的千年，已经够神奇了；而王质观棋却只有"俄顷"，不是更为短暂吗？不用说，"七日"也好，"俄顷"也好，时间在这里都成为相对的东西。据陪同者说，烂柯山麓除了佛教的"宝岩寺"，原来还有个道教的"集仙观"，王质观棋的故事总难免使人联想起老庄对生死、寿夭、永暂的那种启人深思的通达观点。我还觉得你只要把岩洞看成眼眶，石桥看成眉梁，洞上的石缝看成眼皮，四周的林木看成睫毛，你就能从这自然的神奇构造中获得某种足供深思的启示。

……

在乘车回城的路上，我仿佛刚刚闯出一个奇异的梦境，连神情也有些恍惚。我忽然联想起几天前的游览烂柯山。如果说，关于烂柯山的那个樵夫观棋的故事，出于人类对超越时间限制的愿望，那么，……一部漫长的历史，所记载的其实就是这种愿望和追求。想到这一点，我仿佛获得一种对人生世相的感悟，觉得虽然有着这样那样的不满足，也完全不虚此行了。

（摘自1994年《衢州日报》《两座山和两个神仙故事》，题目为编者所加。）

王西彦，原上海市政协常委，上海作家协会副主席。

烂柯仙洞　天生石梁

徐文荣　许芳芳

烂柯山，又名石室山，位于衢州城东南十三公里的石室村东侧，波光粼粼的乌溪江如同一条练，从山的西缘蜿蜒而过。山体为红褐色砂砾岩构成，红岩丹壁，山峦逶迤，具"丹霞地貌"特征。

烂柯山主景为一褐红色拱形石梁，远远望去，只见石梁凌空飞架，如彩虹当空，蔚为奇观。有唐诗赞曰："巨石何崔嵬，横桥架山顶。傍通日月过，仰望虹霓迥。"

石梁下有一空透的山洞，为青霞洞，洞高十余米，宽三十余米，深二十余米。洞壁左右两侧刻有"天生石梁"、"烂柯仙洞"八个大字，是明代（1368—1644）郡守李遂、杨子臣手笔，笔力遒劲。此外还有许多摩崖石刻，皆因砂岩风化剥落而依稀难辨。相传，西晋医药学家葛洪（248—363）曾在青霞洞内炼丹，留有丹灶遗址。

远眺青霞洞，宛如一扇敞开着的椭圆形巨窗，窗含蓝天翠岱，云烟缥缈；又如艺术大师精心制作的一把山水画扇面，画面山色空濛，意境含蓄深邃。

石梁右翼有石阶，拾阶而上至石梁腰部，能见一水平洞隙，南宽北窄，中间仅容一人猫腰匍匐而入，回首观天，仅有一线，故曰"一线天"。再往上便是最高顶，为一平台，有始建于唐代的柯山塔，明代有佳句"孤塔摇风铃"。所云"孤塔"即指此。

在石梁南麓平坦处，有一座建于梁代（502—557）的古刹——宝岩寺，寺院红墙黛瓦掩映在古樟、香枫、苍松、翠竹之间。寺旁还存一古井，如今井水仍然清冽。相传明太祖朱元璋驻兵山中曾在此饮马。

烂柯山早在一千六百多年前就成为我国道教圣地之一。相传，晋朝樵夫王质在烂柯山观弈成仙。这个故事流传久远，大大提高了烂柯山的知名度，再加以烂柯山风光绮丽，吸引了历代众多的文人骚客。南朝谢灵运，唐代孟郊、刘禹锡，宋代陆游、朱熹，明代徐渭，近代郁达夫、邓拓等名人均到此游览，吟诗作词,留下许多脍炙人口的篇章。

(选自《现代中国·衢州专辑》)

许芳芳,高级规划师,曾任衢州市规划局副局长,中共衢州市规划处党支部书记、市测绘管理处主任。

第二节　序

晚秋陪卢侍御游石桥序

唐·于邵

邵以公责,左迁于兹迫一周星矣。首疾心痗,继日经怀,实由南冠尚簪,忧所未忘,是以幽求人境之外,将荡涤烦虑。得请石桥久之,岂无他人不如我志愿,言卒获者亦久之。殿中侍御史范阳卢子至监理下国,未浃辰而居简乘暇行,镳载勒致为客数。公方驾,傧从如林,煌煌乎、奔走乎墟落,延属乎禅宫矣。三登弥高,累息以进,而后偕集于桥下。徒观乎挂长虹以飞来,陵半霄而势去;下空如豁,纤罗不生;上顶为佳木蓁秀,不可得而总载也。以为本于融结,庸可自然资于造化,力役不及明矣。东极太末,北走长安,罗郭雉堞如示诸掌大。田多稼宜乎有秋,群山积翠以回合好,鸟追飞而上下。有是胜赏,以是开怀,盍赋新诗以纪一时之事也。侍御以尝忝鹓沼,润色鸿业,以文司录,俾序良游。敢复毕辞,多惭朽败。

(原载《文苑英华》,选自民国《衢县志》)

于邵,字相门,京兆万年人。天宝末进士,补崇文馆校书郎,出任巴、道二州刺史。后以谏议大夫知制诰,朝廷大典册必出其手。德宗时为太子宾客,贞元六年(790)被贬为衢州别驾,九年离任,后任江州别驾卒。

游烂柯石梁诗序

宋·叶清臣

烂柯石梁,信安闻地;王质之遇,著于图志。唐文皇诸孙嗣江王祎首兹游目,作诗纪事。中间，于侍郎邵、卢御史士牟联珂掎裳，成有赓赋。后，刘司业阳卿、李使君长夫士远，与谢剧、羊滔相高雅尚，继为成集，乃有《最高顶》《石梁》《仙人棋》《石窟二禅师》四咏，深湛清壮，格派韵远，诚足以目色奇壤，粉泽仙仪，来游来歌，式永佳躅。元和中，刺史薛君戎始刻五君子之诗于石，因抒藻思，亦踵前题。且慨诸公之游，俯仰陈迹，又为感旧，题三韵以刻其左。薛君又往以迄于今逾二百年，音响不嗣。后之宦衢者，固不计其几十百人，意急吏理而外赏讬耶？或飚韵俗而才调卑耶？岂斯文之盛独前于元和耶？何寂寥阔希若是之远也！

　　宝元初年秋八月，予刺此郡。明年夏五月始绝溯而东，观察有条，循行昭遍。登车揽辔，乘兴独诣。六月己巳憩于兹桥，披苔拂尘，周访遗刻。虽人世之殊绝，固神心之交怡。临风吮笔，思彼为徒并感旧之解，属成五咏。胜文近野，传信匪诬，姑使芳杜发荣，白云增气，资使者之余力，补后来之坠简。噫！又不知绵几甲子，复有好事赋诗携酒从容其下。古人不见，信无限于张融；灵境有遇，盖自同陆庶云尔。

（选自清冷时中《烂柯山志》）

　　叶清臣，字道卿，长洲人。天圣二年（1024）榜眼。历任光禄寺丞、集贤校理，迁太常丞，进直史馆。著作今存《述煮茶小品》等。

烂柯山诗文集序

明·瞿溥

　　烂柯之山，去郡治二十里，道书所称青霞第八洞天。巨石横空，神镂天划。而境地迥绝，泉木清幽，宜为仙人窟宅。问弈而来者题咏不乏，乃掌记阙然。时物迁改，断碑破壁，榛芜苔藓，攫于好事者之所私，而余无几矣。余病其遂湮灭也，公余之暇，搜得诗文若干首，稍诠次之，俾寿诸梓。嗟夫！古人之神，与兹山之胜，所托以不朽者，安必不在斯也。山川虽奇，得兹刻而益永，千百什一，将来之绪，宁有既乎。

（选自《古今图书集成·烂柯山部艺文》）

柯山览胜诗序

明·阎铎

城南廿里许，有山岩峣葱菁。上有洞曰"青霞"，盖晋王质观棋烂柯处也。成化七年季秋，余偕郡丞魏君、通守卫君、郡节沈君，刻日定方出郊省敛。适重九，南行便道经此，窃效故事一往登焉。骋目四顾，禾黍盈野，既秀且实，私相喜曰，不谓之有秋可乎！爰憩萧寺饮焉。顷之，致仕秋官员外郎吴君亦邂逅，即席赋诗，更唱迭和，不一而足(此句据民国《衢县志·碑碣志二》所增补)。既题寺壁，各录其一，命勒诸石，以垂有永。噫！兹行也，民务既饬，胜事斯举，载觞载咏，以赓明盛。夫岂流连光景者哉？后之君子，尚鉴于斯。

（选自清冷时中《烂柯山志》）

阎铎，字文振，陕西兴平人。成化时(1465—1487)名宦，任顺天府尹，浙江布政史司左参政。后任衢州知府。

青霞社草叙

明·方应祥

司马相如、杨子云词赋妙天下，而蜀都诂自太冲，山川毓粹，奋为人文，不获身食其毓文之报，此亦作者之忾也。吾郡环山而治，灵岩名迹副诸掌故不一而足。青霞石梁踞郡南偏仅二十里，牏轩之所，往来不乏纪胜之什。其鸠都士而以青霞社也，则自今日二三君子始也。牏轩之言在焉，后先撰结而标目靡殊，犹之乎社也。客尽左方，而生于斯者齿以相次，以明让也。主者行采而识焉，都人士之咏讴，与四方往来之谱述，灿然霏暎纪牒之间，山川毓文之报，可无忾于作者矣。夫山川之胜无穷也；称诗焉之情之境亦无穷也。太冲之赋得玄晏叙，而楮为踊而逸少，有未尽之叹，文章之难为定论如此矣。子美诸什出颂者何霈霈也。文彩闷发时，则为政而实存乎人。二三君子选征词未见其止尽,发吾土山川之奇,以光昭掌故之盛丽,吾且取螫弧于子美以竢云。

(选自清冷时中《烂柯山志》)

方应祥,字孟旋,号青峒,衢州西安人。万历四十四年(1616)进士。官山东布政司参政兼按察司佥事、提督学政。著有《四书讲义》《青来阁文集》等。

柯山诗选序

清·吴山涛

尝读柳州诸小记,岭外山川,半从子厚笔端刊凿浚涤而出。然犹曰悲愤零落,聊复寓此。如杭有西湖,得坡仙而重开;滁有酿泉,因醉翁而愈洁。所谓文章太守,挥毫命酌,每一诗成,而众山皆响者乎。丁亥春晚,薄游西安,初谒郡侯冷公,握手出肺腑,欢畅折节,洒洒署亭,遂以雪碗诸吟帙相示,铿金戛玉,脍吞炙嚼。昔称涤笔冰壶雪碗,虽杨徽之能仿万一哉。酒酣,因凭栏四顾,指烂柯石室曰,是为青霞福地,苟天机清旷,风流洒宕,二童子犹在也。何也?清静宁壹,与物为适,则浮石高斋之鹤;乌石祖师之灯;石室童子之琴,皆可一视。何必洞天春远,王质兄弟不可。倘伴追寻,吾知苏仲和柳文畅辈所至;政清俗理,宁非得此意居多。呜呼!云山幸不求吾,是林泉又不责吾,非若公露冕绶带,时与僚佐携酒抚琴山水间,则犹苏、柳诸人迥未及也。抱朴子曰:"山林之中无道也,而古之修道必入山林者,诚欲以远违諠哗使心不乱也。"此为修道言也,而不知已通修治。然则公于游览之余,搜索柯山诸什而编之,盖即公政谱存焉。视彼开西湖之目,建琅琊之亭,以与杭滁共相游乐,其风度宁异,岂仅若河东执秃管作山川注,遂谓岭外之五丁哉。湖海吴山涛谨题。

选自清冷时中《烂柯山志》

吴山涛,钱塘人,举人,顺治四年(1647)任西安县学训导(与府学同)。

柯山志叙

清·王范

客有问余者："字内山水之奇多矣，抑山水有灵呼？"余答曰："人灵之也。"枯松怪石、海屿溪涛，樵夫野老，习之罔惊，视之若故；维是骚人墨士、羽客英才，或经萍迹所到，或随暇日游观，便期丘壑成缘，顿令风云焕色，人为万物之灵益信然哉。吁嗟乎！光阴如驶，尘世劳劳，时异事殊，川原阻隔，计人生平能称几芳躅耶？夫四大名山无论已，诸如洞天云坞、花鸟争妍之地，人亦安能遍� 蹑？则惟曰耳闻之，身历之，乘兴而来，兴尽而止，可也。铭曰：水不在深，有龙则灵；山不在高，有仙则名。此柯山之所繇名也。客划然长哨，爽然而逝。余复为之歌曰：登彼柯山兮访仙踪，樵子安在兮一水溶溶；柱杖问津兮路岐何从，安期、黄石忽焉逪兮我欲追之第几峰。援笔书之，聊付山史。时丁亥秋七月望四日，江湖散人慕吉子王范偶题于西安之聚奎亭。

（选自清冷时中《烂柯山志》）

王范，自号江湖散人、慕吉子，四川内江人，崇祯时官御史，十二年（1639）春曾巡历三衢。

丁亥秋日游柯山诗序

清·王范

昔己卯春，余以巡历三衢事竣，于时，李宪长邀游柯山，初为雪阻，既因雪夜无舟，两次俱不成行。后以读礼还蜀，意与吴越之山水别。而柯山又界闽疆，纵劳梦想，何缘登眺。甲申服阕，避难黔地，旋寄家南昌。国变迭至，踉跄入闽。三载惊鸿，方悲一枝无托；风尘游子，几令山鬼椰榆。斯时纵有佳境，亦绝不入旅人之梦矣。今年春，得与维侯欧山聚于海滨，以离乱后至戚重逢，一奇也；相约取道上游，为出关计，忽闻心菜以新命守衢。七载各天，一朝作晤，二奇也；

于是,骨肉良会,顿忘异乡,仍遂仙山之乐,不亦更奇哉！王子有灵,且为三生幸,况吾侪乎。不可无纪,聊赋短言。

（选自清冷时中《烂柯山志》）

柯山纪游诗序

清·冷时中

丙戌之秋,予移守衢州金台,有客诮予曰:"衢居东浙上游,今萑苻未靖,疮痍未起,图治得无难乎?"余曰:"不,按地舆志,衢之川岩灵异,每多名胜。矧予性在山水,山可悦心,水可悦目,名胜可纪游。水火之遗黎,正可用其绥辑。"是岁十月朔,霜蹄初歇,六师旋归。备舟车米粟奔骤江干,百二十日,闾阎得以不扰,民仡安止。越明年之四月,簿书稍暇,爰采古人遗迹。城南二十里有烂柯山,即晋王质观棋处也,为青霞第八洞天。先是予乡人瞿公讳溥曾守兹土,作亭于上。林峦一线,岩崿千重,绝壁危梁,苍龙相击。起餐霞之孤楼,炼及景之精气,霓裳相接,凫舄忘归。昔王勃谓淮南桂树,暂得仙家;江左桃源,终迷故宅。予虽不敏,殆将使余杭之酒,以醉蔡经;昆峤之果,以沾曼倩。青霞洞口,其即江左桃源也。萑苻云乎哉！疮痍云乎哉！

（选自清冷时中《烂柯山志》）

冷时中,四川内江人,顺治四年(1647)任衢州知府。辑《烂柯山志》。

柯 山 诗 选 序

清·冷时中

嵇康与山巨源曰:"游山泽,观鱼鸟,心甚乐之。一行作吏,此事便废。若使作吏而遂废,则方外司马不当曰,日落应归去,鱼鸟见留连。中散虽旷达,犹是游岩痼疾,魏野膏肓,恐巨源未见许也。"烂柯山夙称青霞第八洞天,道书名为福地。守兹土者如岑君之伐枳林,遏蟊贼,俾犬不夜吠,足下生麈，则心间物闲，日看飞鸟，又何羡城头姑射哉。予不敏，窃藉宪副钱公暨僚属诸君子，劳来还定与民休息，遂得以公余览胜搜遗。如九龙、太真、朝阳、叠石诸山洞，着屐颇艰。烂柯石室，则去城二十里，绿油白箑，因时从宪节登临，觉飘飘有飞身童子峰之念。乃相顾曰："愚公感嫦娥，佛子识灵鹫。山果可移，将徙石桥于吾几案前。洞天春远，花影未移，正无事，学宗少文之以画图侈卧游也。"因采辑诸诗审定为帙，寿之梓，异日俾苍头负此帙而归。则是柯山不移境，而出吾几案间矣。且以知山泽鱼鸟苟能缓带优游与物共适，何必不在双旌五马间，岂真舍其何乐而从其所惧，如稽子之言哉。抑彼向巨源叟自有说邪？

（选自清冷时中《烂柯山志》）

清光绪《烂柯山志》序

清·王绰

从来山川之名胜，每与文人之著述以俱传。往往幽严阒寂之境，有人焉为之流连而叹赏，遂足以增重于无穷；不遇其人，其委诸榛莽而掩于庸俗之耳目者比比也。西安峰峦秀耸，环城皆山，其南烂柯山尤著。考邑志，山以晋樵者王质观弈遇仙得名，虽传闻或异不必辨也。前明徐氏日炅著有《烂柯山志》，意其纂言记事必有足备，观览者欲求其书而读之，岁月浸久，遗稿难求，斯亦有志于古者之憾也。渭川孝廉，鸿才博学，多识前闻，于是网罗散失，搜辑成书，补志乘之阙遗，资后学之考订，事详而辞简，彬彬乎古作者之林矣。昔夹漈先生著书富有，人即所居之山以名之。孝廉其苗裔耶，柯山不因是以传哉！

（原载清光绪《烂柯山志》）

王绰，山东诸城人。同治十三年（1874）进士，官江西司主事、江苏司员外郎、江南道监察御史。

清光绪《烂柯山志》序

清·罗道源

岳家张氏筑庐于城南黄坛之口,曰"二铭草堂",去青霞十里,而近山水之胜,邻于石室。先岳父松坪公手辑《金石聚》一书,搜罗周秦以迄六朝北魏碑版文字。尝言吾衢无古金石,断自唐代犹为近古。然舍烂柯外,并唐碑而无之。予昔从京师获唐人石桥碑拓本二,故乡所未见也,颇弥罕。属意广之,别著一编未暇也,此本善藏焉。岳父归道山忽忽二十更腊矣,烂柯名迹日以颓败,而洞中石刻亦日以渐灭,好古者憾之,源每忆前言而心怼焉。郑子渭川,述《烂柯山志》特注重金石,殆新意乎?渭川少从先岳游而僚婿也,其克竟成先岳父之遗志,宜也。虽然源不敏,尤有所思想,恒愿养亲柯山,作奉亲归隐图。今读是编载元柳贯《送陈彦正奉亲赴柯山》诗,板舆行乐,萱草忘忧。不觉感情一浓,因异数语于简端,留为他日之左券。

光绪丁未孟春之吉罗道源蓬圃甫谨序于吴中寓斋。

(原载清光绪郑永禧《烂柯山志》)

罗道源,清朝人,郑永禧好友。著有《蓬莱仙馆隐略》。

烂柯山志绪言

清·郑永禧

噫!于今日而言,神仙惝恍杳冥,不可知、不可测之事,迂谈哉,迂谈哉,余甚惜。夫以有用之岁月,钻研故纸不出范围,几何不为古人所愚,又安免不为古人所笑哉。静言思之,甚亡谓也。虽然吾不虑为古人笑,吾尤耻夫为今人笑也。何也?人生今日交通之世界,而咫闻寸见囿于乡里。试问之,某乡、某里所有之山川、人物宜知之详且采矣,乃局局无所报,何所谓眼底五洲者?而反智出樵夫牧子下哉,此则生平所大耻也。

不佞泛览地志,稽之有素,每孳孳致念于梓乡。窃思吾郡往昔之菁华黁聚于烂柯一窟,前明衢守瞿公溥,著有《烂柯山志》一书,门下士邑人徐日炅继成其志;国朝潘世懋又累有增补;迄今片版无存,徒深浩叹。因殚数月之力,于残碑断碣中搜罗阙失,汇而订之。然各有宗旨,未必尽合古人之所期。间加按语,略示以意。读是志也,可以破仙家之迷妄,可以悟棋局之竞争;借世外之寓言,淘胸中之积愤。身居局外,不平胡为。有笑我者,谓我旁观派中一旁观人可也。若徒以此为宴游之所,吟赏之资,则骚人逸士优为之,非区区之所及也。

光绪三十有二年丙午桂秋,柯城郑永禧蕙仙氏自识。

(选自清光绪《烂柯山志》)

郑永禧(1866—1931),字渭川,号不其山人,衢州西安人。光绪二十二年(1896)解元。西安教育会首届会长,县参事、知事、省议会秘书长,县修志局主纂(民国《衢县志》),著有《衢州乡土厄言》《烂柯山志》等。

第三节　疏

修建宝岩寺题疏
明·叶秉敬

石室三衢地,最胜浙东;青霞八洞天,擅名海内。照生云窦,北倚姑蔑之城;苔净石梁,南涉周源之水。谁谓层峦万垒,方显奇踪;只缘琢玉一弯,实标殊相。乍开宝匣,露来半面金光;微映朱袍,斜倚环腰玉带。仄睹团峦影见,恍惚濂溪太极图;遍观横亘势长,依稀牛女天河绕。日来闪烁,穴看弓挂扶桑;月到徘徊,共喜钩悬帘幕。骈肩轻笑语,响动雷门;挥汗亟登临,凉生风穴。天临紫阙,地通丹窍,应题沈约之诗;未云何龙,不霁何虹,堪入杜牧之赋。声敲石蹬,千年仙子棋残;眼染烟云,百岁樵夫柯烂。恨蓬莱隔弱水,辄引船回;笑太华拂天星,便投书去。何如此山妙境,看来只在人间。灵运雅好登临,屐齿可着;安石放情丘壑,音乐可随。清不数于天台，永断溪边之惑；利冈同于佳处，叼辞捷径之嘲。况乃一线天低，洞开羲画，加以双松龙战，捧出骊珠。振衣高岗，看城郭如三十里藏春；锦障憩身，窈岫览弈局，如二十八列宿珠连。宦游至此停车，方许洗去千重尘腻；士类从兹握管，才堪吐出万丈文光。虽云景物天生，无烦粉黛。要使游观人到，须藉绯檬。寂寞烟村，但见落日吊山鬼；萧条寺舍，谁看古屋画龙蛇？薜壁虫生，往往风吹印字；龛灯灰冷，凄凄猿识经文。云迷洞，水出门，耿沛之叹宜矣；访古碑，探幽路，项斯之咏悲哉！念此山灵，虚空之劫已过；欣兹福地，阳春之脚方来。西蜀瞿公，东土懿德。下车太末，嘘五邑以风清；解网衢山，润干家而春暖。三旬才度，百废俱修。听鹤扶琴，嘉清献为知己；扪萝拾级，喜柯峰之可人。寒露滴杉梧，孤灯风里乱，云堆石砌，疏磬雨中。既扼腕，以咨嗟，遂奋臂而兴起，聿新画阁。并石梁以高擎，大展经台。共棋声而叶韵，神来常往，宾至如归。当使仙子重逢，拂局尘而净洗，樵夫再集，啖枣核以留芳。神人之所共欢，雅俗于焉齐畅。第以举须众力，事非独成。广厦闳开，虽足为寒士之庇；灵台高耸，应必待庶民之来。爰奉德音，谨勒疏语。

（选自清冷时中《烂柯山志》）

　　叶秉敬（1566—1627），字敬君，衢州西安人。万历二十九年（1601）进士，官至荆西道布政使参议。学问淹通，编有《千字说文》《教儿识数》《兰亭讲会》等著述。《字孪》一部收入《四库全书》。天启三年（1623）编纂明天启《衢州府志》。

烂 柯 山 疏
明·徐可求

　　烂柯山者，晋王子质观棋证道处也。石梁天窍，幽深静渺，每一眺临，便欲飘然仙去。故轩辀之使，多搴帏以览胜；耽寂之士，亦望气而追踪。不废玄赏，所从来矣。独其山径蒙茸，人烟几远，支治山下者，止得一寺一观。观已久颓，寺亦不振。游人达士，即欲暂憩其中，弗蔽风雨矣。余每叹乡人殊不好事，若使此境，移去虎林金阊，不知作何点缀者。适郡侯瞿维西公过而心动，乃命僧崇佛庄严，另新舍宇，以壮丽山川之色，甚盛举也。盖昔者欧阳永叔来治滁阳，放琅琊而适焉，因构亭醉翁以自为记，至今乐传其事，人与地共为不朽。吾侪小人，沐侯维新之政，废坠次举，含哺自如，化国之日，几比羲皇。倘其耕凿之暇，阴阳不干，一问道于石梁，仰探仙窟，偃卧林刹，借浮生之半日，寄清梦于黄粱。拜明公之赐，乐太守之乐，其所愉快可胜道哉！而又乌得漠漠已耶。是役也，靡费金钱尚未可计，视缘力之大小，为庀修之广隘，愿善男子各生欢喜，以襄善事，福且无量。又法门之广大也，布金给孤，不以为侈；一爪一发，不以为细。同是善因，即名佛果。诸善男子，其共成之。余虽不敏，敢以为倡。

（选自清冷时中《烂柯山志》）

修饰三宝佛像开光疏

明·瞿溥

伏以地显灵柯，邈仙风之若接；天开名刹，朗佛日之重晖。教阐西乾，胜标南国。兹者，宝岩之寺，夙在濑水之阳，创自梁陈，届居吴越。千岩万壑，真人时驭八极，而偃螭虬；贝阙琼楼，开士曾演三车，而安龙象。奈沧海之易变，况风雨之弗常。黄鹤不来，人随柯以幻化；青莲莫逾，法与象而俱湮。某出典三衢，来游八洞，既尔乘春访俗，兼之采胜寻真。问取仙机，怅荆榛全封玉局，拜瞻法相，讶尘土半掩金篦。伤哉鞠草之悲，展矣劫灰之感。用是鸠材庀石，梵宇聿新；饰玉涂金，慈容增丽。载占拾壹日之吉，适过僧腊，将启王春，开点光明。奠安趺坐，畅清华于满月；照彻无方，腾暖烨于昙云。荫垂有象，讵惟灵境相依，而仙踪不朽。政使含生无外，而福祚靡涯。莅斯邦生斯土者，同兴睹日之思,瞻佛面见佛心者,如对拈花之笑。

(选自清冷时中《烂柯山志》)

第四节 赋

烂 柯 山 赋

明·叶秉敬

蹑姑蔑之城南兮,望远山之绵延;循流水之潺湲兮,带环珮以周旋;穿茂树之晻霭兮,履阡陌以流连;忽阮籍之途穷兮,问舟人而不前;断三十里之红尘兮,莹数万斛之流泉;得虚舟而跻彼岸兮,扫浊世之腥膻。望三松之战龙兮,蔽白日而霏烟;步崎途而宛转兮,渐山路之幽玄;似别有一世界兮,洵可集夫群仙;爰至烂柯之山兮,俯尘境而超越。山之绝顶兮,开一线之天;山之腹里兮,弯上弦之月。云生五色兮,如看镜花;雨洒千枝兮,如梳晓发;风来六月兮,如雪之飞;雾罩朝昏兮,如日之没。当水涨之秋兮,垂桥梁以渡迷津;适雨霁之后兮,吐虹霓以绕天阙。于是徘徊山际兮,觅访仙踪。昔有王质兮,樵此山中;未动斧柯兮,忽遇仙童;不问伊何人兮,惟见对弈之从容;久侍侧而忘疲兮,啖遗枣而腹充。讶斧柯之已烂兮,视棋局之方终;忙举步而言归兮,叹世代之不同。客有疑于斯事兮,探渊微于叶子。日之行天兮,西沉而东起;计一日之时兮,不过二六而止;何仙人之永日兮,缩千载如弹指;天岂有二日兮,胡长短之若此。善哉兹问兮,正可破世之迷;予不能窥仙之传兮,姑自吾儒而推;惟吾儒之神无方兮,通乎昼夜之道而知;若有昼而仍有夜兮,依旧不通而隔离;必永昼而不夜兮,通知之道可窥;若昼而必待夫日兮,日落而夜又相随;惟昼而不待夫日兮,心天之昼甚奇;心天胡为而长昼兮,在圣敬之日跻。戒不睹而恐不闻兮,神常聚于希夷。惟暗然而能日章兮,见乎隐而显乎微。听红轮之西坠兮,有心灯之常辉。一日而千年兮,于烂柯乎奚疑。

(选自清冷时中《烂柯山志》)

一 线 天 赋

明·叶秉敬

人间望天，天在长空；大易言天，天在山中；山中有天，谁见其面。今入此山，天开一线；一线之天，其天匪虚；当前了了，不动如如。伏羲之一画，依此而始；仓颉之"一"字，仿此而书。时当早起，晨曦未升，碧天才晓，绿岫微暝。留宿云而轻帐垂，薄雾以斜扃；染蔚蓝兮增翠，天开一线之青。时当亭午，昆吾正中，纤尘却扫，障霭辞空。爇石壁而如炽，薰草色而若烘。驻阳乌兮吐焰，天悬一线之红。时当日暮，苍茫山色，几点星明，一天雾塞。乌敛采而已沉，兔栖云而尚匿；郁霭霏兮朦胧，天藏一线之黑。时当晴夜，云开山脊；银河可盥，星辰可摘。艳桂影于深林，辟广寒于山宅；夜作昼兮空明，天描一线之白。时当春晓，淋漓露濡，草铺茵湿，汗滴胸酥。弄湘荷而轻溅，照骊颔而自娱；美星连兮云缀，天穿一线之珠。时当秋凛，碧瓦霜侵，翠枯荷沼，锦谢茂林。橘已老而皱面，菊方嫩而开襟；闪黄光兮旷朗，天镂一线之金。时当岁穷，山秋如沃，篑霞敛绯，凋林掩绿。蔽长空以同云，明寒夜而如烛；结冻云兮衔冰，天裁一线之玉。时当日煖，草木露芒，绮分丹塈，花发云房。兰缤纷而微吐，莲潋滟以高扬；扇轻风兮入鼻，天生一线之香。世间有线，出自何方？折麻之筋，抽茧之肠，纺成一线，锦组七襄。惟天之线，不缝衣裳，专在人间，缝此心腔。惟人之心，形藏影蛰，线虽欲缝，何自而入？良由此天之隐隐，虽百变而不泯本。以心而缝心，又何难乎合簣。嗟世人之陷阱，苦嗜欲之缠绵，悲正气之衰飒，每局踏以拘挛。有此一线，牵之而前，忠于砥柱，义浪滔天。嗟世人之慷慨，为客气而眩瞀；辄操戈以相向，屡攘臂而作斗。有此一线，挽之而后，急波投渊，轻云归岫。嗟世人之情志，见竹素而昏冥；任万缘之皆妙，惟诵读之无情。有此一线，救之而生，朝编漂麦，夜案囊萤。嗟世人之入圣，怅捕风而捉影；性命之学凋枯，率修之功灰冷。有此一线，唤之而醒，千圣同堂，一天长炯。呜呼噫嘻！至美至奇。吾衢士民，来游于兹，止知仙境，不悟圣师。谨摅忱以作赋；用对越而归依。

（选自清冷时中《烂柯山志》）

日 迟 亭 赋

明·应枭

　　西川瞿使君守衢之明年，自公多暇，撷芳揽胜，蹑屐烂柯山。吟眺之余，大邑厥抱。洞门西偏，石骨隆起，状若覆敦，上有灌木一章，扶苏荫芘，使君以为此可亭也。经营不日，栏槛宛然。与寮佐乡绅，称觞落之。太常徐公归美使君摘取"日迟"之义，蔼乎！使君之春育也。己未秋，余与孝廉徐君阆仲，作数日山行，因得盘礴亭上。使君故阆仲知己，因命余曰："子虽流寓此土，然食土之毛，何者非明德之赐？盍为我赋。"诸余惟滕阁之役，阆公雅望为洪都地主，子安以黄口之夫，不速而来，泚笔揄扬，迄今以为盛事。余不文，安敢望勃？但兹亭之概，不容己于述也，遂抽毫而为之赋。

　　夫何东南之洞壑，俨仙子之清都。山涉入以无尽，径纡回而益孤。抉云窦之杳渺，启松门之画图。于是石磴鳞鳞，千盘而上；扪萝胃葛，褰衣信杖；草木掩映，烟霞溟漾，霓梁横亘，洞天虚敞。帝座通于呼吸，世界失其俯仰。借隙中之倥偬，标人外之飒爽。阆仲指而示余曰："此王子遇仙之所，局未终而柯烂，绩已陈而可想。"余是以适然惊，飘然往也。乃布席亭下，洒酒山灵。感沧桑之变态，悲时代之屡更。必如贤达之辈，斯留不朽之名。譬之习池可醉，岘首可铭，一经指点，便觉清冷。假非前人之善作，吾与汝安得徘徊于此亭。试质阆仲，日迟之义何居？阆仲对曰："诗不云乎，'春日迟迟，采蘩祁祁'。亦有旧勒，'春暖日迟'。夫高秋穷冬，严促之气象也；青阳惠风，迂缓之化机也。民不聊生，闾里黯淡，敝国之日短也；适此乐邦，宇宙清泰，治国之日舒也。此不关乎晷刻之限，而关乎有土者之司。我使君以西川豪杰，承命出守，甫及下车，问民疾否。视饥溺乎由己任，拯援兮在手；勿翦之棠偏野，两岐之穗盈亩。使君尝自盟曰：'治道去其太甚，斯民还其固有；讼庭绝两造之奸，肺石无长系之杻。'郡阁昼闲，卧理已久；前有召父，后有杜母。登临岂妨乎公事，姑以寄高情于山薮。维时露冕，行春于涧之滨，陟崔嵬之鸟道，友深林之鹿群。岩花迎笑，谷响留宾；松岚密织，竹蔼轻匀；振衣长啸，呼起仙人。是山川之奇，得使君而再新也。犹以为虢国之素面，天然妙者；京兆之眉朊，不废描写。与其据石而散茵，不若几榻于亭下。况夫翠叶青条，朱甍碧瓦，风日交韵，飞筹弄斝，即瞬息，已几乎百龄，而何有于尘途之车马。每记古云：山静太古，日长小年。此但纪山中之乐，未及乎命世之贤。孰有如使君，龙跃鸿冥，顺其自然。此非胸中有素，贮之丘壑；仙篆有凤，缔之清缘。胡能簿书琴鹤，簪组林泉也。尔其游骖歇，飞盖彻，山景霁，天光悦。上层峦之百仞，吹洞箫之一阕。何土非丹丘？何亭非贝阙？又何必期广成之至道，访赤松之暇辙。固已厝四民于熙皞，保一身于明哲矣。"余闻阁仲之言，为之起舞而击节。山季伦池台有无，羊叔子岘碑明灭；信风流之在兹，邈千载其若接。于时罡风下吹，淡烟忽暝。桃华源口，迷渔父之舟；烂柯山边，空樵人之影。惟兹亭之翼然，长屏峙乎真境。舐笔和墨，心怡神骋，敢云：组织而成，聊因诠次以请。

（选自清冷时中《烂柯山志》）

应枭，字仲鹄，浙江鄞县人。与方应祥、徐日炅（字阁仲）交往甚深。

观棋烂柯赋

清·顾元熙

以"棋局方终斧柯已烂"为韵

有石室山樵者，遵霜麓，度云湄，缘峻阪，陟幽崖。惟薪可析，将斧以斯。值方枰之局在，乃执柯以观之。地非太华峰头，谁赌金仙之博；箭人异临邛道上，何来橘叟之围棋。相视无言，谛观未足；历碌纹楸，璁珳暖玉。睇曲磴之双壖，倚生刍之一束。萧萧而木叶零黄，渺渺而涧波回绿。若问山中甲子，不记何年；请看世外沧桑，有如此局。徒见夫离离马目，连连雁行，势若龙变，机如隼翔。触平生之所好，乃故业之胥忘。原非管辂祈年，来献盈樽之酒；岂羡子房入道，相寻辟谷之方。而此两人者，珊珊玉骨，了了青瞳。谓我筹之待展，恐尔腹之未充。乃贻糇精，徐决雌雄；睧言残局，莞尔收筒。叹人间蜗角之争，不殊一劫；想天上羽衣之奏，应过三终。观者凭轼方酣，弈者推枰才数。看白鹿之养茸，指青鸾之刷羽。餐芝之云鹤将飞，化杖之神龙欲舞。曾斯局之已阑，岂斯柯之未睹。且勿笑予折屐，翻同谢傅之棋，终难教汝还丹，往借吴刚之斧。归路如何，年逝波；涧花不落，山鸟犹歌。入户而孙曾莫识，出门而朋旧谁过。惊看畴昔，颜衰鹤发乍生于镜影；犹记枝条手植，龙鳞忽遍于庭柯。将毋梦耶！何为至是。落子无多，朽株乃尔？惜矣！神仙遇之尺咫，未乞琼浆，徒分石髓。回忆，而溪头树荫，紫气依然；重来，则洞口花迷，白云而已。凡事如斯，浮生可叹；人世千春，仙家一旦。名场争处，方豆剖而瓜分；冷眼观时，倏星移而物换。梯谁接兮青云，槎孰乘兮碧汉。怜尔骖鸾，缘浅莫追西极之筵开；有人扣角，心劳犹咏南山之石烂。

（原载《芝园馆》，引自郑永禧《烂柯山志》）

顾元熙，字丽丙，号耕石，长洲人。嘉庆进士，官至翰林院侍读，督学广东时卒。生平诗、辞、古文皆佳，尤工书。

烂 柯 山 赋
清·周鸿

扶舆连毂，星分牛女。渺姑蔑之荒陬，郁仙人之紫府。香飘橘柚之林，秀蔚灵芝之圃。青霞之楸局犹新，碧桃之花阴正午。于焉香车油壁，斗酒双柑，踏青郊兮容与，循绣陌兮盘桓。结伴缘桥之浒，呼舟红蓼之滩。或盘跚于道左，亦延伫于溪干。捉履而鹿蹊彳亍，携樽而鸟道巑岏，则有地骨岩嶙，云根礐硞。陷陷仙姥之岩，巍巍阆风之壑。髯松石发，狰狞闪山鬼之容；旖旎村花，飒沓趁游人之属。秋声战兮树间，清籁生兮木末。喷万壑之飞涛，响干岩之铃铎，乃有古干刺天，虬枝矗汉。海潮之音澎湃，风雨欲来；龙战之血元黄，雌雄未判。

粹然君子之仪,凛矣大夫之观。尔乃崚岈地辟,崆峒天开;游仙岩巨石双蹲,一尘不到;点苍山中峰半倚,空际香来。悬磴遥连,如苇茇之渡河北;长虹飞亘,似石梁之跨天台。穆满之驾鼋幻矣,秦皇之鞭石雄哉。下可建五丈之旗,犹见罘罳弄影;广则胜万间之厦,不须匠石储材。有亭翼然,乃横其嗌。逋仙之放鹤,面面湖山;庐陵之醉翁,年年绿竹。风淅沥兮纷来;树连蜷兮四密。擘巨灵之斧,翠壁削成;挥鲁阳之戈,红轮晏出。一群翠羽,来窥坐客衔觞;片石寒山,犹辨唐年宋历。山魈啸而空谷应,天籁鸣而顽音黝。若夫扪萝憩磴,息喘屏气,折腰休懒。厕足防踬悬崖兮斗绝,如乳燕之栖梁;仄径兮云连,放黠猿之引臂。驹光一线,不殊乎初月之痕;石罅横开,有合乎兼山之义。李青莲之选胜,欲搔首而问天;韩昌黎之好奇,定恸哭而增悸。更有泄云穷岫,累石浮图,仿雁塔题名之制,为高岑砥柱之模。遐瞩兮云林杳霭,凝眸兮烟影模糊。远阜累累,宛矣青螺低伏;晴川历历,依稀净练平铺。其下,则有白马之宫,青牛之寺,高栋流云,飞甍耸雾。禅房之花木,未见成阴;苦海之波澜,惟闻涨腻。规园邛竹杖,莲社宜荒;响断阇黎钟,花村买醉。蓼垣兮昼寂,蛸户兮晨闭。侵百身兮莓苔,罩诸龛兮薜荔。缁庐之灰劫难消,黄面之波旬当剧。噫嘻乎!惟此灵区,苍崖秀峙,朝爽嘘云,紫霞散绮。川霓覆兮林青,烟光凝兮山紫。其被襟也宜风,其挂颏也宜雪,其泱漭也宜晴,其空濛也宜雨。莫不景因情赴,兴随境起。孰非大块之文章,假以五丁之神技。慨自黄芽辟而灵鳌醒,混沌开而玉虬死。看残半局,谁知九转之成;坐烂一柯,不觉双丸之驶。信天地兮遽庐,视轩冕兮泥滓。静日月于山中,溷春秋于壶里。噫嘻乎!渔山樵水,披裘负薪。彼皆恣意于寥廓,岂徒杂遝乎要津;历沧桑之幻劫,阅新故之互陈;嗟浮名兮易逝,将与道而为邻。吸青城之沆瀣,看东海之扬尘。夫何胸惟柴栅,步或逡巡;俭伪兮足谢海鸥之狎,忿狷兮或来塞马之嗔。逐颓波以飚逝,致琼室之久扃,使猨鹤兮成怨,徒取笑于山灵。

(原载《芥园文集》,引自郑永禧《烂柯山志》)

周鸿，字云谷，衢州西安人。康熙四十八年（1709）拔贡。幼年慧悟，八岁能文。工书法，诗文疏宕流逸，著有《芥园文集》。

烂柯山赋

清·余钰

惟青霞之古洞，为欲界之仙都。群峰南翔，退陆北趋。上平衍而旷邈，下崒屼而崎岖。坂坻巉崿而成巇，溪壑绵属而盘纡。观夫巨石绵亘，欲坠复倚。划折为梁，栅桅撑柱。中璇谽谺，两崖摧嶊；绀色遥空，霞文横竖。韶容春遍，火云夏起。峣嵲夺目，吷肹激耳。其内也，穿窾圈联，颎洞嵌豁，若鹏垂翅，隔阂日月。其外也，嵚崟揭孽，踬踱辀蝑，如龙蜿蜒，委丽濩略。陟彼山阿，积石硊硊，鸟道险峻，陮隗崩喷。坑衡砢，参差相追。缘崖扪葛，绝磴披苔。侧身窥牖，一线中开。岚光微透，松风沓来。漏疏林而分细影，逗幽隙而露纤埃。崖峨兮岩崿，如削兮如断。鲸驾兮尖蠹，鳌踞兮空凿。下无地兮峥嵘，上无天兮嵺廓。耿长虹于青霄，抟风烟而回薄。群山巃嵸，若拱若迎；氤氲绿润，霡霂青凝。曲径透迤而诡状，峰峦侧背而易形。俯嶕峣而撤胶葛，浮滃云而散歊炰。蹑霞冈于天际，步云屺于遥岑，见芳草之罗生，眺榛林之翳荟。挺五枝之繁柯，郁双松之覆盖。状若战龙，随波晻暧，蜿蜿蜿蜿，蚴蟉四会。风篁交戛，声似竽籁，登高听远，使人心瘁。若夫岫云欲霁，林鸟将春，风泉相涣，涧谷俱清。掇芝草于危崖，餐玉版于修林；听风飏之瑟飐，漱泉石之清泠。既而朱明司令，溽暑炎蒸，暴巫焚尫，铄石流金。悔祈年之不夙，乃仰乞乎仙灵。森壁弄虮，奇峰欲云。俄随车而降澍，信泽物而为霖。及乎银河披曀，金飔送清，石含古色，泉落秋声。藻晚霞而舒绛，瞻飞镜而流明；度摩霄之唳鹤，恍缑岭之吹笙。若乃元律穷严，连氛积阴；云幕天远，岩空涧平。散千峰之缟素，独紫洞之遥扃；虽垂帘而连璐，亦承霤而结琼。维四时之代嬗，知羲驭之难停。访羽人于丹邱，寻蕊榜之可福庭。羡门高豁，郁林上成。岩留故鼎，棋峙新枰。倘石梁之可渡,抑何殊于赤城。昔典午之中叶,有伐山之樵客,弛负担于采薪。眷留连而观弈,睹九道之纵横。迷争驰之黑白,既雁行之布阵。忽长蛇之要击,浑坐隐而忘机。终倦归而永夕,吸沆瀣于林杪。饱元霜于枣核,局未覆而思归。柯已栏而难获,旋徒手而还家。抚子孙而莫识,何仙凡之异路,迥千载于一日。于是振衣冲举,世事都捐;兴悲岩电,朗咏逝川;投刃皆虚,目牛无全。旁观超悟,善弈通元。繁仙木之方华,忆山河之遂古;嗟纹楸之如在,纷元黄而相拒。横拔势于予雄,争残劫于众煦。每意远而生疑,恒轮平而路阻。岂袁羡之谈易,异谢安之赌墅;劳形神而窘局,悼时俗之胶柱。秣余马兮山皋,息余心兮绀宇。惜两敌之相厄,怅胜负之谁主。定赤舄之终移,悟沤泡之易消。情夐与而将逸,思回旋而欲飘。求易旨于琅函,挹云友于松乔,遵三景以自度。浑万象而逍遥,守冥默于不言。栖大隐于市朝,逐清风而送奔月,酌桂醑而荐兰肴。体自然而合道,又何羡乎山樵。

(原载《龙见堂稿》,引自郑永禧《烂柯山志》)

余钰,字式如,衢州西安人。天资聪颖,家藏书万卷,终日在家读书,不与外事。每赴试均夺冠,顺治六年(1649)岁贡。

烂柯仙棋赋

清·刘兆元

何大化之穹窿兮,杳云路而多迷。更樵牧之径断兮,为仙子之所栖。拟恒岱而较卑兮,亦华顶之所嗤。渡石桥而更邈兮,天路窈而难知。夫何有王子者,等山径之崎岖,忽采樵而及之,苍烟迷其归路,古道绝其征途。遇童子之弈棋,即忘归而跛倚,置斧柯以箕踞,竟日月之移时。投枣核之二实,拟胡麻而飦之;其为物也甚微,其在人也可茹。寻丹砂于岣嵝,笑飞凫之多事;觅灵药(亦作草)于天台,亦刘阮之迤逦。步不盈百,神仙宅窟。武陵嗟其路远,桃源恍其在目。奏灵异于尺景,忽脱胎而换骨。迨至日已晡,归路迫,烟水绝,其渔歌禽声断乎空谷。幸樵子之归来,访闾阎之旧族;更桑麻之忽易,闻鸡犬而仿佛。独芝田之未改,同华表之归宿。拟尘寰之顿绝,视仙家之一局;倘黑白之可分,泯胜负于埃俗。嗟换世之已久,傍归路而未复。青坪如昨,邈不可即;虬松历落,见之犹昔。曾日月之几何,而山川不可复识。微王子之先驱,谁逍遥而及兹。尔乃游人骚客,藉为景玩;征鞍上下,呼朋杂伴。视洞天之迴绝,较尘区而加易,竞雅俗之来游,响笙歌而交沸。曾道心之焉属,见悠悠以玩世。飞黄已邈,掀髯难寻,亦有佳客,留其德音。石梁横亘,旧迹弥新,贞珉弈畔,坐待仙人(民国《衢县志》为百世争称)。

(原载《涤襟楼稿》,引自郑永禧《烂柯山志》)

刘兆元,字贞起,号率斋,衢州西安人。清康熙二十一年(1682)拔贡,博学工书。参加编纂康熙《西安县志》。

烂柯仙弈赋

清·王观文

衢阳紫府,石室丹邱,名志洞霄之籍,地连浮石之洲。雾岫虹梁,仰凌云路;凫汀鹤渚,俯瞰溪流。从窦窥天才一线;虬松傲雪历千秋。三秀芝英,似采铜池畹内;九霞饴醴,如餐阆苑山头。琼台不隔三千水,贝阙何须十二楼。一日者书唧灵札,忽下青禽;车骈绀辕,俄乘白鹿,来天际之双童。胜飞琼与萼绿,佩隋侯而鸣宝璐。蕊珠宫里色如花,漱露液而挹金茎。姑射峰头,人似玉惠,从尘境显示仙缘;开枰亭下,布弈林边,局判两仪,分元黄于腕下。理宗一画,悟太极于机先。胜负场中原莫定,徘徊(一作苍茫)歧路总堪怜。鸠枋鹏池,默寓漆园之旨;张弓转毂,隐含柱史之诠(一作篇)。伐木丁丁,惟吾王质。系分子晋,鹤停缑岭之骖;胄本子乔,凫化汉庭之舄。坐斧旁观,七经晨夕。藉朱草以列茵,据丹荑而作席。斯须晤对,谒桂父之眉衡;邂逅笑谈,揖洪崖于咫尺。泉飞石乳,众壑阴阴;月照冥阿;诸峰寂寂。贻灵溪之佳果,实川岳所交钟。置彼玉盘,共丹砂而竞艳;投兹柏碗,映绛雪以分红,味同金姥之桃。移来瑶水,甘似安期之枣,产自珊丛。剖而食之,何异楚王得萍实;泠然善也,故偕列子御天风;回视旧柯,颓然已烂。何大造之多奇,诧沧海之易幻。言旋故里,丁公(一作威)华表独来归;怅指旧庐,晋代衣冠经几换。速复驾于清都,庶九阳之复旦。薄游衡岳,紫桂星悬;偶憩兰沙,蓝花雨散。海椿八千棋九千,此言自昔良非诞。嗟乎!骊山祖龙岂长生,茂陵汉武丹未成,不若峥嵘一樵子,长啸乘风上玉清。叱羊许共寻金洞,采药应同访赤诚。我望青霞睇绝巘,始知此地即蓬瀛!

(原载《宜园小品》,引自郑永禧《烂柯山志》)

王观文,字文正,衢州西安县人。清康熙十七年(1678)举副榜。著有《宜园小品》。

第五节　诗

烂　柯　石

唐·孟郊

仙界一日内,人间千载穷。

双棋未遍局,万物皆为空。

樵客返归路,斧柯烂从风。

唯馀石桥在,犹自凌丹虹。

孟郊(751—814),字东野,湖州武康人,少隐嵩山,性介少谐合,与韩愈为忘形交。年五十得进士第,调溧阳尉,水陆转判官。有《孟东野诗集》。

仙　山　行

唐·耿沣

深溪人不到,杖策独缘源。

花落寻无径,鸡鸣觉近村。

数翁皆藉草,对弈复倾樽。

看毕初为局,归逢几世孙。

云迷入洞处,水引出山门。

惆怅归城郭,樵柯迹尚存。

　　耿沣,字洪源,河东人。登宝应元年(762)进士第,官右拾遗。工诗,与钱起、卢纶、司空曙诸人齐名,号大历才子。

游 烂 柯 山

唐·项斯

步步出尘氛,溪山别是春。

坛边时过鹤,棋处寂无人。

访古碑多缺,探幽路不真。

翻疑归去晚,清世累移晨。

　　项斯,字子迁,江东人。唐会昌四年(844)擢进士第,终丹徒尉。明人辑有《项斯诗集》。

奉和崔中丞使君论李侍御萼登烂柯山宿石桥寺效小谢体

唐·皎然

常爱谢公郡,幽期愿相从。

果回青骢臆,共蹑玄仙踪。

灵境若仿佛,烂柯思再逢。

飞梁丹霞接,古局苍苔封。

往想冥昧理,谁亲冰雪容。

蕙楼耸空界,莲宇开中峰。

昔化冲虚鹤,今藏护法龙。

云窥香树杳,月见色天重。

永夜寄岑寂,清言涤心胸。

盛游千年后,书在岩中松。

皎然,诗僧,俗姓谢,字清昼,唐湖州(今浙江吴兴)人,谢灵运十世孙。文章傍丽,颜真卿、韦应物器重之。贞元中敕写其文集入于秘阁诗7卷,有《皎然集》(即《杼山集》)10卷。

衢州徐员外使君遗以缟纻兼竹书箱因成一篇用答佳贶

唐·刘禹锡

烂柯山下旧仙郎,列宿来添婺女光。

远放歌声分白纻,知传家学与青箱。

水朝沧海何时去,兰在幽林亦自芳。

闻说天台有遗爱,人将琪树比甘棠。

刘禹锡(772—842),字梦得,彭城人。贞元九年(793)擢进士第,登博学宏词科。从事淮南幕府入为监察御史、屯田员外郎、检校礼部尚书。白居易称他为"诗豪"。卒年71岁,赠户部尚书,有《刘梦得文集》。

烂 柯 山

宋·赵湘

仙人与王质,相会偶多时。

落日千年事,空山一局棋。

树高明月在,风动白云移。

未得酬身计,闲来学采芝。

赵湘(959—993),字叔灵,衢州西安人,抃祖。淳化三年(992)进士,官庐江尉,追赠司徒。善诗文,有《南阳集》6卷,入《四库全书》。

次韵衢州陈宗言职方招游烂柯山

宋·赵抃

贤侯九日去寻山，牵俗无由得附攀。

换世昔传仙局久，登高今喜使车还。

平原丰稔农欢劝，犴狱空虚吏放闲。

从此烂柯声价起，为留佳句落人寰。

游烂柯山

宋·赵抃

直到柯峰最上头，旋磨崖石著诗留。

重来转觉寒松老，三十六年前旧游。

自温江宿僧净思秀野轩

宋·赵抃

千里寻山忆烂柯，七旬归去此重过。

因观秀野轩前景，与我高斋不较多。

赠衢州子湖岩利宗禅师

宋·赵抃

瀫水曹溪一滴通，烂柯元是妙高峰。

子湖有犬无人会，我欲凭诗寄老踪。

赵抃（1008—1084），字阅道，衢州西安人。号知非子。景祐元年（1034）进士。宋神宗熙宁间官至参知政事，晚年以太子少保归养。号称"铁面御史"，卒后谥清献。著有《清献集》10卷，入《四库全书》。

青　霞　洞

宋·毛维瞻

碧云深入敞楼台,万壑松声山雨来。

桥下一枰犹隐约,独留仙迹胜天台。

毛维瞻,衢州西安人,宋庆历二年(1042)进士。元丰中出知筠州,与苏轼至交。著有《风山八咏》《山房即事十绝》传诵艺林。

游烂柯山(四首)

宋·叶清臣

一

登山不穷高,何以远四望。

青萝摩木末,白蹬履云上。

却视桥下人,犹应未清旷。

二

危虹造物怪,刳云洞山腹。

旁绝上分天,中虚峭如屋。

独坐爱清风,高吟答空谷。

三

黄金可变化,白日自逡巡。

才终局上劫,已换城中人。

冷风了无睹,使我暂负薪。

四

幽居畏不深,凿石作□□。

道合迹自亲,无改名未没。

山河与大地,由来共兹日。

叶清臣,字道卿,长洲人。天圣二年(1024)榜眼。历任光禄寺丞、集贤校理,迁太常丞,进直史馆。著作今存《述煮茶小品》等。

游烂柯山

宋·钱颛

春郊杂沓拥红旌,共访仙踪啸傲行。

云径直从深崦入,石梁宛在半空横。

岩边瑶圃新开出,洞里芝田旧种成。

羽客一枰无复见,青山留得烂柯名。

钱颛,字安道,无锡人,庆历六年(1046)进士,治平末为殿中侍御史,世人誉为"铁杆御史",因与王安石政见不合,后徙迁衢州。

烂柯山(二首)

宋·范冲

一

石梁杰出望南洲,登览从公破旅愁。

棋罢未应消一日,人归无奈已千秋。

尘缨自喜临流濯,车辖仍逢好事投。

莫怪神仙近如许,当年此地绝深幽。

二

秋风吹上景华天,醉梦醒来一洒然。

万木林泉招我老,百年风雨复谁怜。

顿除热恼初无病,剩买安闲不用钱。

寻得青霞是归处,漫修岩穴小乘禅。

范冲,字元长,宋华阳人,侨寓常山。绍圣元年(1094)进士,建炎三年

（1129）知衢州，后任翰林侍读学士，曾任两淮转运使。

石 室 山
宋·毛友

自古称传石室山，浮生遐迩往来攀。

云霞缥缈真仙境，岁月清闲不世寰。

棋局静中涵道体，洞天深处蓄心丹。

赓歌酣醉忘怀处，带得清风两袖还。

毛友，字达可，旧名友龙，衢州西安人，少游太学，与乡人冯熙载、卢襄号三俊。大观元年（1107）登第，任翰林学士，官至礼部尚书。著有《烂柯集》。

烂 柯 山
宋·卢襄

巨灵抬手擘华山，山痕断处苍石顽。

秦王怒撼驱山铎，山色无由侵碧落。

武夷刳腹初云奇，至今澹淡风云悲。

争如此地烟霞窟，天半飞梁青崒屼。

初疑地母从此漏泄元气胎，

又恐倏忽当时凿破混沌骨。

不然山中清气成苦寒，僵死玉虹长不没。

神仙之说多好诬，烂柯此事端有无？

何为秦皇汉帝徒区区，不及岩下担樵夫。

胡不逐琴高兮骑鲤鱼，胡不携弄玉兮乘凤雏。

啸抚云和燕天姥，醉擘麟脯邀麻姑。

奚为终日守棋局，而与樵者铦脚居。

当时多有隐君子,往往此辈反不愚。

晋人坠穴初不死,亦见围棋二仙子。

坐来更获饮玉浆,因问张华始知此。

固知此说真不虚,松桧插天青有余。

不然安得秀气至今在,可与嵩少终南俱。

予生本亦出仙胄,避秦博士家姓卢。

恨身所乏灵气尔,也欲买山来结庐。

移家都向烟云住,笑指岩前采樵路。

有时岩下见樵夫,便欲从渠采樵去。

樵夫土偶元非真,兀坐看棋春复春。

棋中究竟识不识,莫误后来来看人。

卢襄,初名天骥,字骏元,后改名襄,字赞元,衢州西安人。大观元年(1107)进士,官至吏部侍郎。著有《华阳集》《西征记》。

烂　柯　山

宋·冯熙载

昔游龙蟠之御室,碧落洞天分甲乙。

飞泉万斛如溶银,直泻山腰逗岩溢。

一泓百尺琉璃青,中有片石削砥平。

地炎蒸石石生乳,石乳满岩悬佩璎。

仙风逼人有仙气,梦魂几年骑鹤行。

今有烂柯之石桥,石桥雄傲仰碧霄。

两山直立作桥足,天柱突兀撑天高。

日晶下衬赤光起,屹然金背穷灵鳌。

云埋雾锁雪色净,白虹贯天横玉腰。

鲧力未能平泽水,浩浩襄陵曾到此。
砠山洗出石中泥,露出骨格骊龙峙。
秦皇东欲游蓬莱,神人鞭起何崔嵬。
不然巨灵奋高掌,擘破气母胚腪胎。
上通人度鸟道峻,下视绝壁龙门开。
天成地造势欲堕,险怪可逼神咢咍。
陵谷已变旧渊实,无复异物掀风雷。
南山诸峰高摩天,一削万仞芙蓉颠。
东西乌巨最奇绝,上有楼阁排金仙。
北山偃蹇雄插地,旁掩群山若拳砺。
虬蟠虎踞不飞动,孤起一峰轩翠气。
掀眉环视如指掌,堂堂直上天门敞。
彤霞瑞云几段奇,皓月清风两明荡。
泉石花草不足数,岂顾阙宫排银榜。
宜乎羽人开弈枰,一子著破千年情。
无弦琴上弹哑曲,岂以黑白分死生。
樵夫浪游亦到此,所以心醉忘其形。
呜呼石桥吾家山,二十七年人世间。
玉龙在手不称意,聊复尔耳猿鹿闲。
人生穷达贵自适,古书浊酒开朱颜。
尻轮神马时一到,暗风十尺青琅玕。
桥前老松作龙吼,桥外古刹钟声寒。
梦清俗耳摄仙气,息鲸补剀完雕肝。
收罗万象付毛颖,豪气一洗相如悭。
何须穷荒访碧落,石桥石桥吾到难。

冯熙载,字彦为,衢州西安人,宋大观元年(1107)进士,资政殿学士。与卢襄、毛友齐名,称"三俊",官尚书左丞。著有《彦为文集》。

柯 山 道 上 作

宋·陆游

道路如绳直,郊园似砥平。

山为翠螺踊,桥作彩虹明。

午酌金丸橘,晨炊玉粒粳。

江村好时节,及我疾初平。

访毛平仲问疾与其子适同游柯山观王质烂柯遗迹

宋·陆游

篮舆访客过仙村,千载空余一局存。

曳杖不妨呼小友,还家便恐见来孙。

林峦巉绝秋风瘦,楼堞参差暮气昏。

酒美鱼肥吾事毕,一庵那得住云根。

赠柯山老人

宋·陆游

柯山老人九十余,乱发不栉瘦如枯。

百穿千结一布裤,得酒一吸辄倒壶。

自言少年不蓄孥,有钱径付酒家垆。

人生办此真良图,弃官从翁许我无。

陆游(1125—1201),越州山阴人。字务观,号放翁。南宋爱国诗人。官至朝仪大夫、礼部郎中。后被劾去职,归老故乡。生平所作诗近万首,著有《渭南文集》《剑南诗稿》,入《四库全书》。

喜闻天兵已临衢寇

宋·曾幾

野宿溪行各晏然,吴头楚尾接风烟。

岂知苟泽深为祟,不道柯山最近天。

境上音邮多浪语,殿前兵马是真传。

未能日报书三捷,竹簟纱厨到晓眠。

曾幾(1084—1166),字吉甫,江西赣州人,后迁洛阳,侨居茶山,自号茶山居士。宋绍兴间历官浙江提刑。与秦桧不合被罢官。桧死,起知台州,官终权礼部侍郎,卒谥文清。著有"经说"及《茶山集》,入《四库全书》。

烂 柯 山

宋·汪忱

山作危梁千尺横,一天金泛月波清。

幽禽不复惊棋响,深谷犹能答斧声。

塔坏尚余鸿雁意,井荒谁放辘轳鸣。

试将比较天台景,只欠璁珑琪树英。

汪忱,衢州西安人,庆元年间武科。

烂 柯 山

宋·白玉蟾

擘破红尘觅紫烟,烂柯山上访神仙。

人间只说无闲地,尘里谁知有洞天。

竹叶影繁笼药圃,桃花水暖映芝田。

吟余池上聊倚枕,风月潇潇吹白莲。

白玉蟾,原名葛长根,字如晦,号海琼子,闽清人,善写篆隶草书,曾于嘉定年间(1209—1224)应诏赴阙,后隐居武夷山,诏封紫青真人。著有《海琼集》。

罗浮梁弥仙游烂柯山赠以曲筇方笠

宋·李昂英

葛陂龙竹东坡笠,合伴山人到洞天。

柯烂想应留斧在,凭君试问石桥仙。

李昂英,字俊明,号文虞,番禺人。宝庆二年(1226)进士,官吏部侍郎,卒谥忠简,著有《文溪存稿》《文溪词》。

游 青 霞 洞

宋·赵汝腾

清溪缭绕树苍茫,中有虚无广莫乡。

可笑仙宫分黑白,不知人世几星霜。

今朝携我游霞洞,他日须公作石梁。

此是晦翁之九曲,武夷精舍盍商量。

赵汝腾,宋太宗七世孙,号庸斋,福州人。宝庆进士。累官礼部尚书兼给事中,终端明殿学士兼翰林学士承旨。著有《庸斋集》。

烂 柯 山

宋·郑震

春风万古洞门开,尘世兴亡是几回。

棋局至今无处觅,樵人于此遇仙来。

飞梁横跨丹虹影,绝顶平铺白玉堆。

天下纷纷无好著,斜阳下岭共徘徊。

郑震,字菊山,更名起,福建闽海人。早年客住京师,曾主学于潜、诸暨、萧山等地,晚年为安定和靖书院堂长,淳祐七年(1247)去世,有《清隽集》。

仙 人 棋

宋·游钧

樵采深山进步迟,贪观仙子一枰棋。

满腔心事浑忘却,鹤舞桃红世已移。

游钧,四川南充人,淳祐九年(1249)任衢州知州。

赠 樵 隐

宋·方逢辰

樵仙深入琴棋境,一笑出门天地宽。

人世已非存柯斧,土音不改只南冠。

弦中自有冰心在,局外何妨道眼观。

齐月光风元属我,饭中何谓夜漫漫。

方逢辰,字君锡,浙江淳安人。淳祐十年(1250)进士第一。累官兵部侍郎,国史修撰兼侍读。著有《蛟峰集》。

徐 偃 王 庙

宋·刘克庄

仁暴由来各异施,秦徐至竟孰雄雌?

君看骊岫今无墓,得似柯山尚有祠。

南州徐氏,偃王大宗,宋代一门"三世忠烈","八代进士",称极盛。

送柴廷玉静得

元·方回

烂柯峰下碧溪云,元自龟山一派分。

罗仲素初同此脉,朱元晦始张吾军。

傥知柴氏潜心学,未数徐魁径畈文。

近喜识荆静得老,名家知道更多闻。

方回(1227—1307),字万里,号虚谷,歙县人。宋景定三年(1262)进士。官知严州,入元为建德路总管。著有《桐江集》《续古今考》。

又题石桥山

元·王恽

龟阜烟霞小有天,半空奇绝石桥山。

苍龙背偃云千叠,宝月光涵玉半环。

当局仙人闲遣兴,烂柯樵子不知还。

一樽醉上山翁马,却逐流红到世间。

王恽(1227—1304),字仲谋,汲县人。好学善属文。元中统初辟为评议官,累擢中书省都事,至元中拜监察御史,官至通仪大夫,知制诰。卒谥文定。著有《秋涧集》百卷,入《四库全书》。

仙　人　棋

元·虞集

未了残棋已烂柯,山中日月去如梭。

归来记得神仙着,不是人间局面多。

虞集(1272—1348),字伯生,号道园,临川人,居崇仁。元大德初至大都(今北京)任国子助教,文宗朝,累迁奎章阁侍学士,纂修《经世大典》。卒谥文靖。著有《道园学古录》《道园类稿》《平猺记》。

送陈彦正山长奉亲赴柯山

元·柳贯

之官深入烂柯乡,高坐葵园旧讲堂。

邓氏三为文学橡,蕾川重起孝廉郎。

板舆行乐春犹早,萱草忘忧日正长。

太极一图关道妙,为开幽翳出朝光。

柳贯(1270—1342),字道传,号乌蜀山人,浦江人,大德四年(1300)任江山教谕,至正间官翰林待制。与黄溍、虞集、揭溪斯齐名,称儒林四杰。著有《柳待制文集》《近思录》,广辑金石竹帛遗文若干卷。

和鲜于伯机旧题柯山韵

元·吴师道

树古崖深昼景冥,仙桥有路上神京。

洞门呀月青霞出,鲸背撑空白浪平。

须信地灵钟异质,谁令樵客擅修名。

千年太极无穷意,腾说纷纭笑老生。

吴师道,字正传,兰溪人。至治元年(1321)进士,延祐间为国子博士,礼部郎中致仕。著有《易诗书杂说》《春秋胡传附辨》《战国策校注》《礼部集》。

三衢守马昂夫索题烂柯山石桥

元·萨都剌

洞口龙眠紫气多,登临聊和采芝歌。

烂柯仙子何年去,鞭石神人此地过。

乌鹊横空秋有影,银河垂地水无波。

遥知题柱凌云客,天近应闻织女梭。

　　萨都剌,字天锡,号直斋,回族,随祖居雁门。元泰定四年(1327)进士,官御史,左迁淮西北道廉访使司历,寻致仕。文词雄健,诗流丽清婉。喜游佳山水。年八十卒。著有《雁门集》。

烂柯山分韵得之字

元·贡师泰

严城启晨钥,凤驾践所之。

华日动光彩,冠盖盛威仪。

扬镳度广野,缓策缘清池。

长林带崇冈,密树何参差。

逶迤石梁起,天矫崖洞垂。

青霞结悬虹,白日生凉吹。

仙人杳莫攀,残棋委台基。

坐看星斗出,敛襟遂忘疲。

　　贡师泰(1298—1362),字泰甫,宣城人。元太和州判官、翰林应奉,累官户部尚书、秘书卿。以诗文知名,著有《玩斋集》。

衢州华丰楼望柯山江郎石

元·王逢

华丰楼信美,登望久踟蹰。

木落偃王庙,天寒姑蔑墟。

屏开山石远,青锁洞霞虚。

不有从亲役,乘风振珮琚。

王逢,字原吉,江阴人。元至正中被荐不就,避地吴淞江筑室隐居。明洪武二十一年(1388)卒。著有《梧溪诗集》。

仙 人 棋

元·王主敬

鸟声花影日舒迟,清洒仙家局上棋。

莫渭当年无妙着,输赢留与世推移。

王主敬,元至正间衢州总管。在柯山立"杨明诗碑"。

次韵薛公三衢石桥(三首)

元·李孝光

一

石桥风雨碧冥冥,天上神官隔九京。

吐蜃斜连银汉白,垂虹遥度翠云平。

偶随木客来看弈,逢著仙人不问名。

便拟提携九节杖,烂柯山上访先生。

二

丹梯路绝倚玄冥,上帝高居在紫京。

定有编书在黄石,欲将神怪卜君平。

鹤归日暮衔松子,人住山中识药名。

笞凤鞭鸾在何处,遥应隔海叫期生。

三

赤斧丹城跨紫冥,上天官府玉为京。

云含雌虎朝先见,雷挟黄虬路未平。

采药老翁犹避世,衔花幽鸟自呼名。

若逢仙子休看弈,乞授黄庭学养生。

李孝光,乐清人,字季和,少博学。至正七年(1347)诏征,任秘书监著作郎,次年升文林郎秘书监丞。文章负名当世,著有《五峰集》。

石桥山留题

元·鲜于枢

旁通日月上星辰,有路遥应接玉京。

仙弈未终人物换,秦鞭不到海波平。

当时混沌知谁凿,他日崆峒强自名。

枯树重荣事尤异,欲从樵者问长生。

鲜于枢(1256—1301),字伯机,自号困学民,又号寄直老人。大都(今北京)人。官江浙行省都事至太常侍典簿。善词赋,工行书及画。著有《困学斋集》《困学斋杂录》。

次韵府尹范松石游柯桥

元·洪焱祖

天边洞户长不扃,洞口芝田龙自耕。

灵棋已逐风雨散,飞花乱点仙人枰。

五马踏云山鬼惊,九霞觞劝瑶琴鸣。

玉虹僵卧众峰锁,雷斧剡开一窍明。

轻身欲跨碧烟去,宿习要湔尘界清。

倚松默念黄庭经,酌泉更咽紫石琪。

养圣怀胎十月满,子建吟诗七步成。

归来凝香洒醉墨,三复使我迷魂醒。

洪焱祖,元歙人,字潜夫,官遂昌主簿,休宁县尹致仕。延祐七年(1320)任衢州教授。著有《尔雅翼音拜》《杏亭摘稿》。

烂 柯 图

元·张雨

一局棋残烂斧柯,山中日月竟如何?

归来记得神仙着,不比人间局面多。

张雨,钱塘人,一名天雨,字伯雨,自号句曲外史。工书画,善诗词。与赵孟頫、杨载、虞集为文字交。尝居茅山。著有《茅山志》《句曲外史集》。

题刘商观弈图

元·刘仁本

当年曾过柯山下,石洞棋枰苔藓斑。

仙子不知何处去,空传遗迹在人间。

刘仁本,黄岩人,字德玄。进士,历官江浙行省左右司郎中。工吟咏,著有《羽庭集》。

观 弈 图

元·吴当

仙人棋局静忘机,松下灵芝似玉肥。

樵客归时柯已烂,云间谁制芰荷衣。

吴当,字伯尚,宗仁人。通经史百家。仕至翰林直学士。江南兵起授江西廉访使,后为抚州总管。著有《周礼纂言》及《学言诗稿》。

题黄中立樵云卷

元·岑安卿

三衢仙人石桥弈,隅坐野樵心自适。

不知柯烂岁月深，人世归来已非昔。

越山客亦樵云中，碧山杳杳云重重。

香炉扪萝春瀁郁，若耶涉水秋冥濛。

斧声丁丁响深谷，猿猱鹿豕恒相从。

怀章太守归故里，读书处士栖长松。

古人干载不可见，二公出处谁将同。

君子此计岂长往，草衣芒屩姑从容。

仙人倘遇不须久，归来歌我樵径风。

岑安卿，字静能，余姚人。有《栲栳山人诗集》入《四库全书》。

观 弈 图

元·贡性之

笑杀王郎底事痴，斧柯烂尽不曾知。

却抛尘世无穷乐，只博山中一局棋。

贡性之，字友初，宣城人，贡师泰族子。元末由簿尉补闽理官。明洪武初拒荐避居越之山阴，更名悦，号南湖先生。躬耕自给，以终其身。著有《南湖集》存世。本诗入《元诗选》。

刘 商 观 弈 图

元·成廷珪

茅生绝艺天下无，何以刻此观弈图。

刘商易之亦惊倒，神妙似与龙眠俱。

松阴对弈者谁子？岂非甪里园公乎。

云绡雾縠古冠佩，童颜雪顶沧溟枯。

野樵旁立太痴绝，归来始觉仙凡殊。

斧柯竟化作尘土,世间甲子真须臾。

老夫只解饮醇酒,一著输赢曾放手。

市廛有地寄闲身,却觅南山橘中叟。

成廷畦,芜城人,字厚常,又号元章、礼执。著有《居竹轩集》。

秋 日 山 行

元·李继本

林路郁迢遥,村行野兴饶。

两山青入屋,一水白平桥。

堨石收松子,耕云种药苗。

仙人王质辈,应向此中樵。

李继本,名延兴,以字行,东安人。元至正十七年(1357)进士,授太常奉礼兼翰林检讨,后隐居不仕。有《一山文集》9卷入《四库全书》。

青霞洞天偕章三益佥事观石枰

明·胡翰

太末为一客,倏忽三四龄。

常恐玄发变,未谐沧海情。

今晨属休暇,文彦皆合并。

方舟济沙步,飞盖指岩扃。

青霞天之表,赤日午正停。

息阴无择木,抱渴无藏冰。

宁知大火维,有此真福庭。

巨石跨千尺,如梁架青冥。

深疑地肺开,洞见天光明。

玉树交左右,禽鸟无一声。

凉风度如水,炎浊荡然清。

昔闻偶弈者,坐隐交心兵。

相持势方急,旁睨眈若醒。

柯烂胡不归,海枯固其恒。

蛮触递翻覆,大化何由停。

不如饮美酒,且置石间枰。

胡翰,字仲申,号仲子,金华人,明洪武初任衢州教授,后聘修元史。著有《信安集》《春秋集义》《胡仲子集》等传世。

衢州咏烂柯山(二首)

明·张以宁

一

人说仙家日月迟,仙家日月转堪悲。

谁将百岁人间事,只换山中一局棋。

二

洞里神仙笑客痴,斧柯烂却忘归时。

人间宇宙无穷事,只似山中一局棋。

题刘商观弈图

明·张以宁

松风冉冉羽衣轻,石上谈棋笑语清。

樵客岂知人世换,山童遥指海尘生。

碧桃落尽又春去,白鹤归来空月明。

一着山中犹未了,人间流落不胜情。

张以宁(1301—1370),字志道,福建古田人。元泰定年间(1324—1327)进士。翰林侍读学士。入明后官至侍讲学士。有《翠屏集》,入《四库全书》。

游 烂 柯 山

明·宋濂

我家住在赤松巅,三洞清虚尚有仙。

已辨烂柯留胜赏,悬知来者自无言。

宋濂(1310—1381),字景濂,浦江人。官翰林院编修、翰林学士。

仙 人 棋

明·解缙

频年曾到烂柯山,看着残棋不肯还。

自是太平舒化日,神仙都只在人间。

解缙,字大绅,江西吉安人。洪武进士,庶吉士,翰林学士,兼右春坊大学士。

仙 人 棋

明·郑辰

一着不错余不错,老樵惜不见几作。

此地犹余车马尘,明朝且跨青田鹤。

郑辰,字文枢,衢州西安人。永乐四年(1406)进士,监察御史,南京工部右侍郎,兵部左侍郎。

烂 柯 山 留 题

明·王瓒

仙界无人药草肥,白云镇日掩柴扉。

不逢仙子敲棋局,犹见樵夫上翠微。

曲径巉岩龙背转,寥天空阔鹤群飞。

海桑变幻真闲事,且对芳樽谢俗机。

王瓒,陕西人,进士。天顺四年(1460)任龙游知县。

游 柯 山

明·阎铎

露拂双旌晓未乾,斜阳驻马一追欢。

青山不雨云皆白,树绿惊秋叶半丹。

落帽客来空吊古,烂柯人去漫兴叹。

岩花休笑登临晚,贪问民间稼穑难。

阎铎,字文振,陕西兴平人。成化时(1465—1487)名宦,任顺天府尹,浙江布政史司左参政。后任衢州知府。

游烂柯山(七绝二首)

明·张俊

一

青山夹路罩松林,步入东南路转深。

便欲买山终此老,独怜无有买山金。

二

洞里光阴柯易烂,人前俯仰道难行。

吾今亦欲还山去,免得萧萧白发生。

张俊,河北博野人,弘治三年(1490)任衢州知府。

仙 人 棋

明·郑公奇

局棋空胜负,世事几浮沉。

断碑疏有字,老衲久无心。

郑公奇,福建莆田人。进士,弘治十八年(1505)任西安县丞。

烂柯山(七绝二首)

明·周文兴

一

石梁隐隐架晴空,王子仙成向此中。

我欲临机常袖手,直将不着继高风。

二

曈曈春晓日初升,不说轩皇与广成。

手弄蟠桃看鹤舞,遥从隔坞听棋声。

周文兴,江山人。正德三年(1508)进士,官鸿胪卿。

游烂柯山(七绝二首)

明·方豪

一

白云红树秋山静,翠竹清溪别馆幽。

地主相逢皆有意,道人端坐不回头。

二

双童只鹤镇相随,赤石苍松性不移。

切莫高声咏梁甫,天风吹去使人疑。

方豪(1482—1530),字思道,开化人,号棠陵。明正德三年(1508)进士,官

福建提刑按察副使。生平著作甚多,其中《棠陵集》《断碑集》入《四库全书》
存目。明史有传。

烂柯山留题

明·林有年

寒云飞翠落轻袍,石蹬攀天叠叠高。

鹤舞晚风迎洞主,花含春意笑诗豪。

宦游不减青山兴,问俗应怜赤子号。

郑重柯山今日会,深杯何厌醉仙桃。

林有年,字以永,号赛谷,福建莆田人。嘉靖元年(1522)任衢州知府。

仙 人 棋

明·王玑

莫怪王仙意见非,许多心事与情违。

败棋未着还千变,局未终时安忍归。

王玑,字在叔,晚号在庵,衢州西安人。嘉靖八年(1529)进士,官福建参
政、右佥都御史。

宝 岩 寺 僧

明·毛恺

宝岩何所始,卓锡自萧梁。

僧有新支遁,心同古定光。

结庵邻白鹤,煮石当黄粱。

试问王仙事,棋经指上方。

毛恺(1506—1570),字达和,号介川,江山人。嘉靖十四年(1535)进士,御
史刑部尚书,卒后追赠太子少保,谥端简。

仙 人 棋

明·李遂

石梁架层空,纯无斧凿痕。

地维赖以立,太始为之根。

下有一樵仙,无言相对弈。

不意阖辟机,乃为樵者识。

旁观坐终夕,浑忘斧柯烂。

朝随白云出,到家世已换。

我来乞仙方,寿民并寿国。

翘首面穹碑,径畈存手泽。

豁然爽心目,一举而二得。

李遂,字邦良,江西丰城人,嘉靖五年(1526)进士。嘉靖十七年(1538)衢州知府,擢至南京参赞尚书。

青 霞 洞

明·余镐

彩虹落天际,银河横鹊桥。

仙人凫舄杳,处士鹿门遥。

柯烂千年石,松生万壑涛。

锦筵来旧句,歌吹入云宵。

余镐,江西德兴人。进士。嘉靖二十六年(1547)任衢州知府。

题王质烂柯图

明·徐渭

闲看数着烂樵柯,涧草山花一刹那。

五百年来棋一局,仙家岁月也无多。

徐渭(1521—1593),字文长,一字天池,浙江山阴人,诸生。诗文书画皆工,嘉靖间客总督胡宗宪幕。著有《路史分释》《徐文长集》。

送箕仲之衢州

明·沈明臣

古路三衢外,青山太末余。

樵迷仙子质,庙过假王徐。

楚橘秋全熟,吴枫江渐疏。

旧游题石处,好为一踟蹰。

沈明臣,字嘉则,鄞县人,诸生,嘉靖间为胡宗宪书记。著有《越草》《荆溪唱和诗》等著作。与徐文长(渭)同为胡门下士,曾随胡平倭驻军烂柯山。

烂 柯 山

明·张正和

洞云深锁望中冥,万里风烟接玉京。

人去棋残仙迹远,水流花谢墅光清。

层崖带雨多增色,芳草长生不记名。

回首索然风景暮,寻无分计慰平生。

张正和,江西南昌人。进士。嘉靖三十三年(1554)任衢州知府。

巳上日迟亭诗

明·戴燧

悬崖窈窕覆玻璃,石乳当年谁剧剖。

洞里仙人棋寂寂,亭间太守日迟迟。

泉流曲涧疑闻呗,鸟唤幽林似咏诗。

看取问君还几着,白云如幄自犹夷。

戴燻,长泰县人。进士。万历四十六年(1618)任衢州推官。

烂 柯 山

明·徐霈

流水桃花夹岸开,战龙入路即蓬莱。

石根萝月棋声远,天上松风仙子来。

千仞长虹横碧落,五云佳气拥银台。

考亭一派还方寸,雪液黄芽空浪猜。

徐霈,字孔霖,号惠溪,江山人。嘉靖二十六年(1547)进士。官广东左布政使。隆庆初辞官归里隐居讲学。

游烂柯山(二首)

明·徐一檟

一

为苦尘嚣染,山中暂息机。

梵松巢老鹤,玄圃长新芝。

石室千年古,浮生一局棋。

幸逢赤松子,原此结茅茨。

二

午晴云气薄,缓步扣仙扉。

雨久溪流急,林深客到稀。

青牛方睡稳,白鹤正归时。

早悟玄关诀,飞升定有期。

徐一橷,字汝村,号宾梧。衢州西安人。隆庆五年(1571)进士。官至通判。

烂柯山留题(二首)

明·刘以昱

一

访俗因过玉洞边,群公载酒共留连。

云深片石松筠老,地迥双林日月偏。

置弈逡巡追往事,忘机眇邈憺尘缘。

何年试跨缑山鹤,飞绕灵岩一问仙。

二

幨帷十里度郊垌,况复新开岩上亭。

拂槛云光高下白,飞觞霞彩往来青。

阴阴松盖浮仙幄,历历楸枰伴使星。

漫许欢声动幽谷,一天清籁总堪听。

刘以昱,安福县举人,万历四十五年(1617)衢州同知。

游　柯　山

明·余国宾

亭畔徘徊花正浓,俄看旌旆向云冲。

溪边远渡人犹蚁,道上高车马作龙。

后路儿童争拥竹,前山僧寺骤鸣钟。

到岩徒步相携手,遂使山夫尽乐从。

余国宾,衢州西安人。字叔贤,号四泉。万历二年(1574)进士,官刑部主事,江西按察使、右布政使。

游烂柯山题青霞洞天石室中

明·胡应麟

布袜芒鞋兴未阑,天风吹客上层峦。

仙山七日柯初朽,人世千秋局未残。

塔影半摇苍霭暮,钟声微度白云寒。

龙肝食罢知难老,笑揖群真跨紫鸾。

胡应麟(1551—1602),字元瑞,一字明瑞,号少室山人,别号石羊生。兰溪人。万历三年(1575)举人,以诗文称雄江南,人称"继王世贞后执牛耳者"。

游烂柯山(四首)

明·屠隆

最 高 顶

振衣绝顶俯长松,下见溪流写石淙。

穴逗青天才一线,路通紫萝引千峰。

烟中落日明秋蹬,木杪罡风散暮钟。

仿佛仙音答灵籁,不知石髓几时逢。

青 霞 洞

虚敞人间此福庭,坐来神骨觉清冷。

青霞尽日封千尺,丹室何年凿五丁。

不见金童来洞府,曾闻石匣隐仙经。

愿携床灶云中住,白木长镵采木苓。

石 梁

突兀飞梁倚太空,耸身步步入云中。

虚疑上帝开银界,实有仙人驾彩虹。

秋动松风生飒爽,夜深岩月吐玲珑。

浑如采药天台路,海色苍茫隐梵宫。

仙 人 棋

仙弈难同凡着论,樵人应自有灵根。

星辰数点盘中落,日月双梭局上奔。

观罢俄惊烂柯斧,归来何处访儿孙。

几经劫火都无恙,千古空山片石存。

屠隆,字纬真,鄞县人。万历五年(1577)进士,礼部主事。

梅 岩 访 古

明·余懋中

青溪甲第烂成灰,别墅荒凉谢鏊哀。

倒地疏花寒魄死,远岩怪树战声来。

仙人骐骥排云仗,词客虹霓吐殿材。

安得凌霄齐握手,更铺琼海掷千杯。

余懋中,字德懋,号浣元,衢州西安人。万历八年(1580)进士,淮安府推官,福建参议。

烂柯山观仙弈(七绝二首)

明·米万钟

一

双丸阅世怪他忙,为羡仙翁岁未央。

假使片时成异代,人天却比洞天长。

二

仙棋何意野樵寻,敲断青霞坐隐深。

底事长安酣斗捷,岩栖也自竞机心。

米万钟，字友石，关中人，祖籍顺天。万历二十二年（1594）进士，官江西按察使，太常少卿。善书画。

游烂柯山（四首）

明·吴安国

最 高 顶

直攀绝磴倚高空，万叠芙蓉在掌中。

恍听鸾笙来上界，只疑鹤驭引罡风。

苍茫自与人寰隔，呼吸真看帝座通。

搔首忽惊云雾冷，欲从何处问鸿濛。

青 霞 洞

仙界云扃路可梯，洞天银榜旧曾题。

空濛室闳烟霞古，朗豁门临日月低。

松壑远吟千籁合，莲城晴拥万峰齐。

何须采药天台去，流水桃花过别溪。

石 梁

削壁谁横百尺桥，中开石扇倚山椒。

虚传白鹤归华表，独见丹虹驾碧霄。

两腋清风乘汗漫，一尊凉月对逍遥。

苍烟古洞空仙迹，人语深山半采樵。

仙 人 棋

半榻松阴局未移，立残樵斧不多时。

不知人世千年劫，消得仙翁几着棋。

尘梦且随蕉鹿过，机心犹怕海鸥疑。

只余片石传灵境，闲拂苍苔读断碑。

吴安国,字文仲,长洲人。万历进士,宁波知府,兵宪。

烂柯山(二首)
明·吴钺

一

姑蔑仙人去不还,空留石洞在人间。

楼台缥缈云千叠,岩壑萦纤水一湾。

极目诸天同怅望,侧身尘界阻跻攀。

依稀似有寻真路,傍晚松风响骊环。

二

物外相逢喜盍簪,万峰松竹动春阴。

断柯去日空成梦,遗局于今似可寻。

闲向洞中消俗虑,岂随尘世论机心。

悠悠往事余千古,落日长风思不禁。

吴钺,南溪人,岁贡。万历二十九年(1601)衢州教授。

烂 柯 山
明·叶秉敬

蓬莱绝世屹孤踪,迥隔尘凡未许通。

爱尔山灵亲鄙俗,引他樵子作仙翁。

云横眉影分双月,雨带腰围现两虹。

静里侧观清远甚,不须遐想御冷风。

叶秉敬(1566—1627),字敬君,衢州西安人。万历二十九年(1601)进士,官至荆西道布政使参议。学问淹通,编有《千字说文》《教儿识数》《兰亭讲会》等著述。《字孪》一部收入《四库全书》。天启三年(1623)编纂明天启《衢州府志》。

游 柯 山

明·叶其蕃

烂柯人去已千年,野草山花一旦鲜。

五马却迎仙驾到,三台共喜泰阶连。

举杯高吸云端月,倚槛低凭树杪天。

宾主劝酬成胜事,提携陪列竹林贤。

叶其蕃,字世载,号毓华,衢州西安人。万历二十六年(1598)进士。官福建按察使。

烂 柯 行

明·杨世勋

烂柯名胜地,春日此闲行。

古寺山腰跨,危梁石洞横。

百年消一局,杯酒胜浮名。

为语旁观者,知谁较负赢。

杨世勋,江陵人,万历三十年(1602)任西安县令。

烂 柯 山

明·王德乾

乘兴探幽事可论,逍遥一局出云根。

洞中日月人难老,世上输赢客自奔。

岩窦有天通一线,烟筠无地长群孙。

棋枰柯斧俱成幻,今古惟知片碣存。

王德乾,归安人,岁贡。万历三十三年(1605)衢州府训导。

烂柯山(二首)

明·陆德渐

石 梁

百仞危峦跨石梁,茫茫仙迹竟何藏。

星桥锁洞当空出,海屋依岩带雨苍。

直上飞虹凌沆瀣,翻怜短局度炎凉。

从今一啸乘风去,对弈王生不是狂。

青 霞 洞

青霞洞色正蒙蒙,洞里真人早驾虹。

气接丹山高阆苑,云埋玉简郁崆峒。

苔痕笼石尘如洗,岚霭侵人翠欲空。

碌碌凡缘何处避,应教秦客笑桃红。

陆德渐,鄞县人。岁贡。万历三十三年(1605)任西安县训导。

青 霞 洞

明·朱朝望

乘兴来仙境,寻源幸不迷。

洞扃玄雾窅,梁与白云齐。

仰觉诸天近,遥看万象低。

长生此地得,何用色丝携。

朱朝望,字俨之,号震区,武昌人。进士。万历三十四年(1606)任衢州知府。

游 烂 柯 山

明·郑怀魁

谷莺春宛转,驿马日驱驰。

喜结青霞侣,悬探碧洞奇。

寺楼浮地矗,峰磴倚霄危。

灶冷丹疑伏,天深线许窥。

梁兼台岭峻,世共武陵移。

火枣无仙核,云松有晋枝。

雁飞常绕塔,龙变迴留碑。

成毁看柯斧,荣枯辩局棋。

悠悠千载事,脉脉一心知。

谁信樵径客,乘风访炼师。

郑怀魁,字辂思,龙溪人。万历进士,户部郎,处州知府。著有《葵圃集》。

青 霞 洞

明·徐应震

盘旋石磴路欹斜,渐到门多松檖遮。

晓色渐分先见日,暮容将澹尽归霞。

丹炉废炼蜂房火,陆地应生菌苔花。

心赏顿忘还去路,遥闻鸡犬认人家。

徐应震,衢州西安人。万历三十四年(1606)举人。

青 霞 洞

明·徐日严

鹤驭鸾笙去不回,洞门虚敞客频来。

五松不改千年色,丹灶常封百尺台。

自喜观棋留石室,何须采药到天台。

青霞自是堪餐吸,愧我原非曼倩才。

徐日严,衢州西安人,万历间恩贡,通判。

烂柯仙境（二首）

明·刘有源

一

绝巘摩岩撑汉，孤村野鹤啼猿。

此上天通一线，仙踪非复人间。

二

仄径云边迥出，清飔壑底长通。

下界不知远近，惟闻山寺鸣钟。

刘有源，字仲开，别号崐海，明南陵人，进士。万历三十六年（1608）任西安县知县。

游柯山（五绝四首）

明·江东伟

一

问奇依尺木，览胜出层城。

细草随人绿，和风拂面轻。

二

路上人家少，悠悠渐到山。

鼓钟烟雨里，殿角水云间。

三

洞古石飞鼠，岩深雨散花。

山泉流玉液，何必问丹砂。

四

石梁不可度，峭壁一松尊。

王子归何处，桃花闭洞门。

江东伟，开化人，字青来，号壶松。万历四年（1576）举人，著有《芙蓉镜》《孟浪言》。

石 梁

明·吕曾见

家近天台渡石桥,白虹此复系天腰。

五丁不用刊山道,万丈浑疑跨海潮。

琪树参差虽隐约,仙轺过续恁逍遥。

何当移放长江去,济险无劳畏怒飚。

吕曾见,新昌人。岁贡,万历三十六年(1608)衢州府学教授。

游烂柯山(二首)

明·方文烈

石 梁

松鬣搴芳挂薜萝,插空峻石郁嵯峨。

乍惊虹饮拖云汉,似有鲸飞枕玉河。

一线漏天窥日小,千林响籁受风多。

危梁咫尺通仙境,谩向苏门听啸歌。

仙 人 棋

自是仙岩别洞天,药炉丹鼎故依然。

楸枰爽发罡风度,石室晴嘘海日悬。

翻覆波澜尘劫里,变迁陵谷梦魂前。

樵人信有灵根异,一局棋残结大年。

方文烈,衢州西安人,万历四十年(1612)举孝廉。

题烂柯山宝岩寺

明·余敷中

仙桥秋色俯氤氲,短揭相将隔世梦。

劫后碑寻千载字,吟边钟落万峰云。

何年石室留丹检,几处篮舆入紫氛。

更拟重来分一壑,多君为勒草堂文。

余敷中,字定阳,衢州西安人。万历四十六年(1618)举人,知县。工古文、词、诗、赋,辑《春秋五传》。

游柯山(二首)

明·钮明纲

一

洞门云锁碧苔横,会合仙樵出世情。

龙虎鼎边尝火枣,烟霞窟里听楸枰。

山空鹤去杉松老,草辟亭开钟磬清。

相对一樽倾日暮,披襟两腋欲风生。

二

渐看世外有奇观,仙径登攀兴未阑。

绝顶八风来席上,青天万里入眉端。

连云石壁胭脂湿,封月松筠翡翠寒。

澡浴红尘清不滓,笑谈饶得大还丹。

钮明纲,吴江人,举人。万历四十四年(1616)衢州通判。

烂柯仙境(二首)

明·方应祥

一

仙境碧桃未谢,篆文石室空留。

溅瀑自凝琼液,飞霞遥结丹楼。

二

日上赤城映霭,云来翠壁晶莹。

坐久绝无尘晤,石梁恍听鸾笙。

方应祥,字孟旋,号青峒,衢州西安人。万历四十四年(1616)进士。官山东布政司参政兼按察司佥事、提督学政。著有《四书讲义》《青来阁初集》等。

烂柯山(二首)

明·瞿溥

一

翠叠崔嵬玉砌通,花浓松劲拂苍穹。

山衔半壁轻云外,树绕长虹细雨中。

洞冷仙风传笑语,局残明月下长空。

最堪吏隐纤尘净,丘壑多情伴醉翁。

二

公余野望爱冥搜,旧迹窥恢胜景幽。

古寺高华天日晓,新亭春霭洞云浮。

披襟曳履行还住,撤席抠衣去复留。

回首巫山何处是,暂将石室作并州。

瞿溥,别号维西,四川达州人。赐进士第。万历四十五年(1617)任衢州知府。

柯 山 四 咏

明·徐应雷

最 高 顶

策杖探奇鸟道通,扪萝直上踏飞虹。

披襟似与诸天近,极目能令万虑空。

塔拥云巅青杳霭,涛翻松顶翠龙从。

凌虚翘首还长啸,两腋翩翩欲御风。

石　梁

片石嵯峨入望雄,到来仙窟自玲珑。

湮霞色拥千峰蔼,星斗光分一线通。

灵鹊斜飞青汉外,彩虹高跨白云中。

天台咫尺堪寻药,更有何人携手同。

青　霞　洞

窅窱灵源径转赊,花飞洞口自仙家。

白云冉冉封丹灶,青草茸茸护晢砂。

树暗猿声山月冷,林昏雁度夕阳斜。

仙踪欲觅知何处,醉倚长松吸暮霞。

仙　人　棋

仙人跨鹤下蓬莱,洞府闲将一局开。

花影未移柯已烂,棋声初落劫成灰。

残碑剥蚀迷沧海,古刹荒凉翳绿苔。

漫向空中寻往事,千年七日总疑猜。

徐应雷,衢州西安人,字震伯。万历间国学子。

九　日　登　高

明·孔闻音

登高直上翠芙蓉,绝胜龙山兴自浓。

试问樵柯何处是,不知仙弈几时逢。

太虚一点天通窍,下界双坛风送钟。

把酒酣歌忘落帽,盘桓赋就抚孤松。

孔闻言,字知政,衢州西安人。孔子六十四世孙。万历五年(1577)袭封翰林院五经博士。

仙 人 棋

明·徐日观

仙迹灵踪细可论,响丁山骨断云根。

残柯不待楸枰散,啖枣都忘日月奔。

无数风尘淹旅宦,几多车马过王孙。

何如片石樵人斧,千古青山姓氏存。

徐日观,衢州西安人。

烂 柯 山

明·程历

松杉夹径草萧萧,况有香风逐野樵。

百尺危桥悬洞口,千年古寺落山腰。

斜窥石罅疑天近,细数溪流觉地遥。

一自对棋人去后,谁将日月此中消。

程历,衢州西安人,万历间国学。县丞。

游烂柯山(四首)

明·李正芳

最 高 顶

翠微缥缈白云中,鹿引鸾翔杖屡穷。

岩顶孤松惊旭日,山腰危石跨长虹。

仙源应与寻常别,帝座还堪咫尺通。

不是御风难到此,半天烟雾总濛濛。

青　霞　洞

青霞第八数仙坛,洞口桃如翰海蟠。

世上马牛真隔绝,云中鸡犬任盘桓。

四山烟净千秋霁,万壑风生九夏寒。

几欲栖真无善地,黄粱今始觉邯郸。

石　梁

鬼工施巧万山巅,造出鲸梁物外悬。

明月多情圆缺现,闲云无意往来穿。

千寻高驾疑非地,一线旁睨别有天。

桥上何人敲石髓,惊回樵梦几千年。

仙　人　棋

世事从来是弈棋,局中机趣有谁窥。

展枰相对非求敌,停斧旁观自悟奇。

指点残星盘蚁转,手谈终日隙驹驰。

枣吞柯烂须臾耳,回首风尘路已岐。

李正芳,承天人,举人。天启元年(1621)衢州同知。

游 烂 柯 山

明·徐日曦

填海鞭山事若何,人间片石接明河。

拟将瀛岛鼋鼍涌,分得天台螅蝀过。

宝塔蠹烟回雁度,琼楼驾壑与云摩。

天镂蟾窟灵光迥,风袅龙松爽籁多。

灝气凌虹丹的历,神工飞鹜碧嵯峨。

芝宫银榜真人驻,芝检琅函鬼物呵。

本为尘鞅开福地,故教仙弈幻樵柯。

双丸昼夜惊翻局,七日沧桑叹逝波。

我亦乘闲问消息,秋来扶策到岩阿。

云霞明灭罨图画,蝌蚪微茫翳薜萝。

火暖灶头燃白石,雨余屐齿印青莎。

何缘中散逢沆瀣,聊学孙登发啸歌。

窈窕无人磨迹乱,嘤鸣隔岭鸟声和。

鹤归渺渺栖华表,鸿去冥冥绝网罗。

恰笑枋榆夸斥鷃,还悲蛮触斗群蜗。

欲呼帝座应非远,仿佛天风散珮珂。

石　梁

明·徐日曦

岛屿熹微十二楼,危梁天半压神洲。

龙从银汉填乌鹊,讵比灵槎拂斗牛。

跻险藤萝苍径窅,步虚风露碧山秋。

欲知缑岭当年事,笙鹤时时过上头。

徐日曦,初名日炅,字瞻明,号硕奄,衢州西安人。天启二年(1622)进士,官安徽亳州知州。工诗文,善书法。撰有《烂柯山洞志》。

春日柯山独步

明·花上苑

最喜幽岩远世尘,插天石阙自嶙峋。

商山芝老能延汉,洞口桃深岂避秦。

柯烂已知千古变,花开聊识四时春。

何年了却苍生愿,也向丹崖勒后身。

花上苑,四川南充人。进士。崇祯四年(1631)任西安知县。

游烂柯山

明·汤莹

幽兴何超忽,多君选地偏。

乱峰低抱阁,古洞半藏天。

匝野重重壁,飞空阵阵泉。

鹤间出花岛,鸾舞傍芝田。

宝刹迎清旭,琳宫带紫烟。

窗吞千嶂尽,檐压万山眠。

松瀑凄初咽,江城断欲连。

环岩樵共语,倚树塔孤悬。

雨过明苍壑,风回澹碧藓。

来寻猴岭药,不学少林禅。

涉水舟为济,登山舆可肩。

人行高岛上,杖策绝峦巅。

长薄迷尘鹿,深阴冷杜鹃。

手谈还似昔,柯烂似何年。

世事棋枰里,玄心樽酒前。

九霞来拂座,五马正当筵。

并奏云中曲,相携物外贤。

聚星占太史,醉月即神仙。

作赋非吾谙,探奇若有缘。

快游原不倦,日暮放歌旋。

汤莹,宣城人。崇祯五年(1632)任衢州通判。

九日与同寅游烂柯山(二首)

明·丁明登

一

几年薄领误烟霞,僚友相将村径斜。

乌桕带红霜后叶,芙蓉凝艳水边花。

仙子局残将换世,樵人柯烂独思家。

闲来愧作登高赋,且喜耕耘入望赊。

二

洞口犹存片片霞,幅巾冲破晓烟斜。

汲泉煮茗僧烧竹,挝鼓传杯隶送花。

仙子只消棋一局,明王应念泽千家。

惆怅二东戈戟乱,桑麻怜此绿阴赊。

丁明登,江浦人。崇祯五年(1632)任衢州知府。

游烂柯山(三首)

明·王范

一

传闻仙弈勒空山,七载重来度此关。

霞岭远通黄鹤迹,石桥深锁白云间。

千年授枣人安在,一局谈棋鬓已斑。

雅欲逃名身世外,玄壶访遍任跻攀。

二

昔年雪夜阻江寒,留待风光此日看。

尘走三衢难免俗,兴逢五斗强为宽。

晚烟秋水乾坤别,暮雨丹峰道路漫。

不负山行芒履处,亲朋别后得寻欢。

三

寻山迤逦近丹丘,鸟语蝉声集客愁。

抚景何人悲宋玉,感时触处梦庄周。

若逢仙侣宁观局,得拾胡麻续旧游。

王子至今能再晤,肯将七日易千秋。

王范,四川内江人。御史。崇祯十二年(1639)曾巡历三衢。

烂柯山(四首)

明·徐国珩

洞 天 一 线

石磴梯云百尺楼,丹霞绛叶照前丘。

风声激响鸣仙籁,月色横空纳降娄。

斧擘巨灵高掌并,界分天际曙光浮。

伛行探胜苔应滑,白露宵来未肯收。

霞 洞 空 青

隔林空霭送遥青,旧有仙人驻彩軿。

风度泉声清业耳,阶匀草色衬残形。

古碑剥蚀依颓壁,新树参差覆广庭。

委蜕不知惊梦蝶,昼闲安憩日迟亭。

石 梁 惊 虹

白眼高歌欲御风,嵌崎历尽紫霄通。

半规霞彩来空翠,几叠晴峦作覆弓。

若侣天台称伯仲,应同蝲蛛记雌雄。

云山十里行未遍,瞥见能无讶玉虹。

玉 枰 仙 隐

飞尘不到玉壶前,世外招携别有天。

意得不须关动静,机忘自可任方圆。

紫芝拾后消残劫,青枣投来即半仙。

一局千秋争胜负,至今樵子未曾旋。

徐国珩,字鸣一,号东柯,衢州西安人。崇祯间拔贡。官明经、枢部郎。

游柯山(四首)

明·潘世懋

一

已度千盘岭,方窥一线天。

编珠曾带雪,曳练半含烟。

映月峨眉瘦,吟风细管悬。

巨灵如借斧,分擘华山莲。

二

碧仙迷樵径,苍萝覆斧痕。

尘心柯并化,世事局同论。

风扫花间路,云埋药底根。

毋言天际远,仙即在昆仑。

三

石室双仙侣,道书八洞天。

桐梓犹百尺,鹿子且千年。

星影枰中落,松涛曲里传。

空留遗迹在,不见下云軿。

四

青溪曾得路,何时更还家。

七落仙阶英,千径縠水花。

残秋恒布石,小枣尚如瓜。

华表归来后,空坛满翠霞。

潘世懋,字公赏,衢州西安人。诸生,才颖学博,诗文书法名噪一时,著有《秋轩集》。

烂　柯　山

明·吴际明

洞天虚敞寂无扃,片片飞霞护旧枰。

人度屐分苔藓碧,客来衣借薜萝青。

孤猿啸月和清籁,野鹤翔风下紫冥。

壁断光横天放晓,寒云犹自锁空庭。

吴际明,休宁人。官上舍。

游烂柯山(四首)

明·徐一麟

最　高　顶

倚天丹磴逐逶迤,峭石遥连瀑布垂。

选胜每寻玄度迹,探幽今识谢公奇。

数家鸡犬云中住,万壑烟霞杖底移。

长啸划然林木振,罡风面面葛巾欹。

石　梁

着屐遥扳千仞岗,翩翩遐举类翱翔。

飞梁兀架辽天外,古窦浑开远汉傍。

隔树钟声流野刹,半空梵语度禅堂。

霞标恍睹天台色,极目难禁健翮狂。

青　霞　洞

寻真松下问仙家,亥径萦回薜荔遮。

福地人稀苍藓台,灵岩风隐碧云斜。

药炉犹翳当年草,桃树还开此日花。

我亦存神游八极,相携洞口泛流霞。

仙　人　棋

仙关寂寂蔽藤萝,石上飞泉落绛河。

七日未残花下局,千秋犹说洞中柯。

徘徊却讶星辰乱,俯仰谁怜日月过。

欲就松阴群鹿豕,不妨瓢笠老岩阿。

徐一麟,衢州西安人,隐士。

游 烂 柯 山

明·胡来朝

远寺微茫淡晚烟,寻真共结碧山缘。

孤峰断处浑无路,一线开时另有天。

莫怪灵棋能烂斧,须知朝露好求仙。

人生婚嫁何时毕,却恐回头是暮年。

胡来朝,字杼丹,别号光六,赞皇人。曾任太常卿。

烂 柯 山

明·梅魁

远上柯山石径回,棱棱慧窟白云隈。

长虹倒挂千崖古,叠巘横穿一洞开。

柯烂棋边经世幻,花飞石上几春回。

仙人跨鹤归何处,惟有松阴带月来。

梅魁,官参军。

游 烂 柯 山

明·黄世泽

习习金飚送晚霞,洞天笑傲日初斜。

筵开北海樽中酒,亭插东篱圃内花。

残局敲回千古梦,烂柯记胜万人家。

仙踪怪石横巉岭,极目登临趣正赊。

黄世泽,巴县人,进士。崇祯五年(1632)衢州推官。

石 桥

明·吴域

巨灵何日驾长虹,迥逼层霄势莫穷。

顶上笙鸾飘帝座,洞边棋局隐仙翁。

天台悬磴疑非是,东海驱山划岂同。

幽境坐深尘鞅隔,闲云不断往来通。

吴域,江都人,嘉靖中衢州府司狱。

仙 人 棋

明·徐庆云

仙界一日内,人间百事非。

何如弃柯斧,袖手坐观棋。

徐庆云,开化人。明正德十一年(1516)举人。知县。

仙 人 棋

明·杨茂

一局输盈总未真,相传曾有烂柯人。

跳丸日月双轮驶,变态乾坤几着新。

坐石岩头看剥落,种松洞口老嶙峋。

追思仿佛经千载,莫恐王樵是后身。

杨茂,衢州西安人,隐士。

游 烂 柯 山

明·邹察

春晴览胜入山游,仙洞寒松翠影浮。

绕径桃花刚半吐,傍岩瑶草复新抽。

林中鸣鸟供清听,石上残棋醒醉眸。

恋恋有情忘去路,披云镇日卧丹丘。

邹察,衢州西安人。

仙 人 棋

明·俞恬

烟雾低笼旧迹遗,传闻樵客遇仙棋。

山中一日柯先烂,世上千年局未移。

只有纵横孤石在,空余今古二轮驰。

登临恋恋忘归路,不悟前身我是谁。

俞恬,福建莆田人。隐士。

游烂柯山(三首)

明·孙国梁

最 高 顶

谁削芙蓉万仞巅,千盘石磴入云烟。

峰回下瞰疑无地,洞厂中看别有天。

听罢鸾笙飞缥缈,跨来鹤驭舞蹁跹。

冷然便欲乘风去,期与洪崖一拍肩。

石 梁

玉虹高跨碧崔嵬,疑是仙桥驾上台。

一线罅通天漏入,重岩瀑溅雨飞来。

风光秋静侵衣袂,花气晴蒸落酒杯。

纵步渐于人境远,侧身东望接蓬莱。

仙 人 棋

幽壑寻真境转奇,霞流洞口日光迟。

看来谁了千秋局,归去空谈七日棋。

花覆石枰禽啄粒,苔封屐印鹿衔芝。

当时柯烂知何处,欲起王樵一问之。

孙国梁,衢州西安人,文学家。

吴岱观七夕游烂柯山不克追陪即韵

明·郑应昌

太古危梁偃,人今我辈求。

笋舆欣独往,筇杖邈难仇。

胜引能饶具,高寻为及秋。

沉寥逢玉局,香霭隐丹楼。

并命登临侣,将无汗漫游。

朱颜凋荏苒,金骨炼勤修。

弁侧石桥寺,军持山衲抔。

嵌空仔小有,盘陟最高头。

赤日殷天纬,青霞拂曙流。

何年看弈偶,此日沸觥筹。

住著初无著,言愁始欲愁。

穹苍搔首问,大白荡胸遒。

留碣银钩蚀,新笺翠管抽。

梦游同缱绻,归兴尚夷犹。

向夕缑笙过,前期机杼悠。

行云依甲帐,纤月逗辰勾。

会见明何迥,雕陵鹊架浮。

郑应昌,字金甫,衢州西安人。著书甚富,兵燹之后散无存。

烂柯山留题

明·陆应阳

人代沧溟一局看,洞天云树望中宽。

残星半落秋枰老,绝壁孤悬鸟道寒。

天外送青来片石,雨余飞翠湿层栏。

胜游可更山阴伴,酩酊斜阳兴未阑。

陆应阳,松江人,文学家。

烂柯山（二首）

明·钱志驹

一

山近南郊车马稀，仙人羽盖偃松飞。

石门天划来秋色，玉棘云垂压落晖。

剥蚀层苔龙迹黯，萧森古树鹤巢归。

群峰日暮烟光遍，似有青霞助翠微。

二

欲从古道拂仙枰，片石苔深积翠平。

星野参差疑列阵，云峰变合测谈兵。

纶巾暗识雌雄位，敝屣逃传胜负名。

莫讶未留姑妇谱，解人原不索弦声。

钱志驹，丹徒人，兵宪。

青霞洞

明·郑维

满涧飞花洞口流，空山伐木韵偏幽。

孤筇独往无人伴，一片青霞两屐浮。

郑维，衢州西安人。

与三衢太守游烂柯山

明·阴佑宗

矗矗灵峦高可攀，芒屩拽杖翠微间。

仙子应居崇巘顶，偶乘鹤去未还山。

萝径苔封临万壑，石桥天半无穿凿。

桥上草木自蒙茸,桥边花鸟常咸若。

三衢太守风月主,挈榼提壶访静土。

词赋不让苏长公,兴豪共我寻樵斧。

我来禾黍近三秋,迟日闲亭浪漫游。

为有啼猿催客梦,乍时观局肯淹留。

阴佑宗,衢州西安人。官员。

烂柯山(四首)

清·唐汝询

最 高 顶

柯峰本清幽,绝顶更寥泬。

登临出世间,下顾见城阙。

天地转微茫,烟霞互生灭。

披襟俯松涛,掉臂扪萝月。

樵客有还踪,飙车无返辙。

余将谢人群,蓬茅聊可结。

石 梁

石梁宛神构,缥缈虚中悬。

下有千寻木,中开一线天。

影随长虹驾,势与飞云连。

苍苔既剥落,青莎亦芊芊。

但容兴公步,不受秦皇鞭。

何当卧其下,荷衣生紫烟。

仙 人 棋

在昔二仙子,对弈幽岩中。

樵竖何为者,执柯偶相从。

一局著未了,柯烂家亦空。

有生信大梦,世事随飘蓬。

羽人竟何许,古洞烟濛濛。

空余五枝木,千载常青葱。

青　霞　洞

古洞锁青霞,空濛几千载。

人间市朝易,洞中石无改。

中宵响天籁,白昼散烟霭。

尝闻古仙人,于兹驻光彩。

丹炉迹已非,棋局痕犹在。

褰裳欲从之,岩间谁复待。

唐汝询,字仲言,松江华亭人。五岁瞽目。默坐听诸兄占毕而默识之。工于诗,著《唐诗解》,又有《编蓬集》《姑蔑集》。

烂　柯　山

清·孔贞锐

南山浮爽气,讼简野情发。

篮舆纵远眺,烟岚乍明灭。

石峡漱潺湲,乱流争鼓枻。

引屦入翠微,增盘径数折。

石梁俯峥嵘,霞际露云穴。

雨气抱残虹,倒影奔列玦。

凉风撤歊暑,倏忽成冰月。

不知天台山,雁齿何突屼。

巨灵费神镂，一线窥天彻。

侧身搜寸晷，樾荫细如发。

杖策登崇冈，思仙慕云坪。

弈客在何许，楸枰空自设。

斧柯烂不尽，丁丁声未歇。

紫芝如可引，黄绶讵能绁。

寄言采樵者，为我行请谒。

孔贞锐，山东曲阜人，孔子六十三代孙。贡生。顺治三年（1646）任西安知县。

游烂柯山（三首）

清·冷时中

一

复架长桥不记年，由来硐户有仙眠。

碧花犹覆星棋影，灵液常飞龙战泉。

短袂浮青霞散绮，遥峰送紫灶笼烟。

凌空欲问安期路，知在虚无第几天。

二

石磴嵌崟一线通，桃花开谢许谁同。

仙人莫道千峰隔，樵子偏缘半局逢。

露浥金茎杯谩把，霞分彩笔句犹工。

层峦几蹑蓬壶畔，烟锁飞虹霭蔚葱。

三

翠微深处翳莓苔，碣石残棋信复猜。

局冷机藏春不到，山空龙蛰夜深回。

松梢短戟长风舞，洞口危梁绝壁开。

白昼清泉寒欲漱,泠泠千载说仙胎。

冷时中,四川内江人,顺治四年(1647)任衢州知府。辑《烂柯山志》。

烂柯山(二首)

清·王于蕃

青 霞 洞

石锦如幡插汉飞,局残半碣剖玄微。

桃花万点随流去,枣核千年殢客归。

月满危梁悬玉魄,风回丹井弄金徽。

泠然趺坐仙桥畔,笑睨霞天一线晖。

战 龙 松

矫矫虬枝影若狂,频含烟雨舞霓裳。

婆娑远系千秋月,枯瘦曾经万古霜。

干老擎天摇戟绿,华秾汛海戏珠黄。

丹峰霞晚行歌后,缥缈惊看露布长。

王于蕃,四川内江人。官中翰。

石 桥 山

清·蒋鸿翼

仿佛如飞童子峰,石桥山上晚烟浓。

潺湲白水来岩槛,落寞青霞泛酒钟。

休说人归已化鹤,但看松老尽成龙。

低徊樵客观棋处,犹自闲云护旧踪。

蒋鸿翼,字孟吉,衢州西安人。顺治时官惠州别驾。所著诗草盈篋,仅存《游天台》《金陵》诸篇。

烂 柯 山

清·周召

青虹吸山泉,首尾俱下覆。

著地化为梁,通躯坚铁瘦。

万壑奔阴森,风雨助龙斗。

蜿蜒鳞鬐张,恍惚闻声吼。

穹然若天门,中穿有神镂。

孰键虎豹关,飞仙托岩窦。

曲脊画青界,一线腹中逗。

骑尾星可摘,昂鼻天易嗅。

诓独培蝼惊,岌嶪拜群岫。

临趾俯百寻,视人细如豆。

白日烟雾昏,松杉复环辏。

敞幄帝所筵,笙璈半空奏。

林幽叫怪鸥,形开缩雄兽。

造物嗜真奇,不仅营纤秀。

一局疲阴阳,此中孰参透。

搔首问苍冥,何时辟宇宙。

混茫元气中,乃割昏与昼。

周召,字公右,号拙庵,衢州西安人。顺治五年(1648)拔贡,陕西凤县知县。著有《双桥随笔》入《四库全书》。

重午日约同人避暑烂柯

清·徐之凯

逢场物采应齐芳,黄实朱英上草堂。

天地菁华初夏满,神仙方药午时良。

残杯莫惜倾山月,好友堪携渡石梁。

此日青霞如可掇,菖蒲已作水云香。

徐之凯,字若谷,衢州西安人。顺治十五年(1658)进士,茂州知府。

游柯山石梁

清·叶淑衍

城市红尘纷扰扰,云中每羡青山好。

今晨衣袂吹新凉,飘飘直上柯山道。

携朋三五挈壶觞,笑踏青霞拾瑶草。

道旁犹剩战龙松,爪鬣依然攫云表。

穹窿百尺玉虹蹲,烂漫香风醉花鸟。

仙童狡狯一枰棋,赚得人间怪未了。

不识羲农到今世,能抵仙家几昏晓。

翻思彭祖非长龄,八百余年亦是夭。

拾级还窥一线天,分明鬼斧恣纤巧。

绝顶婆娑云四垂,川原如画众山小。

一声长啸起松涛,便欲乘风跨蓬岛。

我曾四度探仙踪,一度来回一度老。

年矢相催感慨多,驻颜那得分仙枣。

人生能得几看山,山前劝酒唯嫌少。

醉后莫愁归路迷,山月随人光皎皎。

叶淑衍,字椒生,号如庵,衢州西安人。康熙九年(1670)进士,官江西德兴知县、枝江知县。有《如庵文集》。

烂 柯 山

清·王文龙

鸿濛谁划破,旧眼乍惊新。

天影东西照,林光左右亲。

远山层列画,小鸟韵留人。

不是桃源路,烟封阻问津。

王文龙,字宛虹,常山人。康熙举人。著有《梅质诗集》。

登柯山最高顶(二首)

清·王观文

一

御风登绝壁,骋望俯神州。

大野孤云没,高空白日流。

何人传绛雪,有地似丹丘。

我欲从之去,天长路莫由。

二

咫尺丹霄近,餐霞踏紫氛。

人仙一气合,高下两仪分。

谷响空中应,松声杖底闻。

羽衣如可接,试与共论文。

王观文,字文正,衢州西安人。康熙十七年(1678)以副榜贡入太学。著有《宜园小品》。

游烂柯山(二首)

清·陈苌

一

一径入青萝,飞梁接涧阿。

洞门疑偃月,桥下不闻波。

石润岩花遍,烟深鸟语多。

徘徊未能去,木末响樵歌。

二

天桥跨长虹,无由识化工。

近身皆鸟道,满耳是松风。

钟韵传云外,山光落酒中。

仙人棋竟未,归路夕阳红。

陈芟,字玉文,江苏吴江人。康熙进士,桐庐知县。

冬日同鹿鸣府祐钱广文瑞正

清·朱彝尊

游烂柯山二十韵

道书诠洞天,青霞居第八。

流传负薪翁,披榛入块圠。

中有两青童,棋声暗相戛。

俄惊斧柯烂,逝节等奔鹎。

此事知有无,特书在琳札。

我来太末墟,十月方纳秸。

晓出通仙门,缘溪碎石滑。

拂林风骚骚,鸣碓水汍汍。

明府政不烦,广文俗能拔。

於焉齐唤渡,次第枙车辖。

飞梁忽在望,相视笑且咄。

灵境兹最奇,造物亦太黠。

疑经百虫焚,或受五丁掘。

连蜷虹霓偃,垢腻神鬼刮。

倾崖穿一线,断塔盘秃鹙。

丹枫露已凋,瑶草霜未杀。

剜苔读遗碑,汲井恣拭刷。

昔贤斗茶地,昧者莫之察。

日斜洗行厨,得食鸟嘎嘎。

徘徊双松阴,惆怅别香刹。

朱彝尊(1629—1709),嘉兴人,著名学者,"通经史,工古文,能诗善词,是浙西词派"的鼻祖,诗歌与王士祯齐名,有"南朱北王"之称。康熙十八年(1679)参与修纂《明史》。著有《曝书亭集》《经义考》等。前者入《四库全书》。

奉和学宪周老大人游烂柯山纪事

清·董宏毅

玉堂峻望玉山清,太史由来有令名。

不侈马帏陈女乐,偶携谢屐听莺声。

登高能赋人谁敌,负耒横经士尽耕。

此日从游追胜会,惠风和畅雨初晴。

董宏毅,字士超,号伍庵,辽宁沈阳人。康熙二十五年(1686)任衢州知府。

丁丑九日柯山即事

——用吴西瀛"客中三度访青霞"为起句各成十六韵

清·陈鹏年

客中三度访青霞,此地登高兴倍奢。

江上百年逢九日,人间万里聚浮槎。

丹梯险辟仙灵窟，蜡屐闲寻老衲家。

自是神功开混沌，遂令虚谷露嵳峨。

虹梁跨壑鞭秦帝，鳌背凌霄炼女娲。

世外烂柯人已去，山中看弈路空遐。

沾衣岩翠寒新起，聒耳松声静少哗。

一带晚山明夕照，几湾秋水傍兼葭。

木奴晴婵金丸弹，乌桕霜酣鹤顶砂。

问道乍疑鸡犬路，深村初转稻粱车。

白衣酒至惭陶令，吹帽风来忆孟嘉。

自笑一官腰屡折，无端索句手频叉。

鲸吞座上夸中圣，壶隐尊前点辟邪。

宦况只应同落叶，乡心聊复问黄花。

蚕丛到处看张艾，邱壑关情类嗜痂。

早晚衔芦随塞雁，白云西望是长沙。

丁丑为清康熙三十六年（1697）。

再用九日前韵咏怀

清·陈鹏年

城南一片是青霞，半日余闲福便奢。

敢谓名山叨地主，不闻沧海系灵槎。

旱余晚穗垂千杵，雨后新晴遍万家。

衣袖乍沾云嫒㟴，足音微响谷嵳峨。

莓苔剥蚀悲龙象，陵墓迁移变女娲。

筇杖偶来耽寂历，芒鞋不碍讨幽遐。

接天红叶凋逾丽，漱壑凉飔静转哗。

故国音书迟候雁,伊人秋思在蒹葭。

山风果落收丹粒,岩窦泉香掬玉砂。

道术难期黄石履,闲心须付曲生车。

登临慷慨输羊岘,酬唱风流胜永嘉。

自笑减围腰渐瘦,谁怜执板手常叉。

贫非关病虚游圣,壮不如人岂触邪。

似我尊前聊白眼,共君头上插黄花。

百觞痛饮因消渴,七字豪吟惯嗜痴。

野渡舟横归路晚,夕阳烟树霭平沙。

陈鹏年(1663—1723),字沧洲,湖南湘潭人。清康熙三十年(1691)进士。历官西安知县,江宁知府,河道总督。雍正元年(1723)逝于河防工地。

游 柯 山

清·张溶

一局残棋不记年,游人困倦枕松眠。

桃花零落铺红雨,古树扶疏挂碧泉。

樵径未知何处是,山容犹自带春妍。

探奇欲觅蓬瀛路,已入通明八洞天。

张溶,河北沧州人。康熙三十五年(1696)任衢州知府。

烂 柯 山

清·潘肇发

石室丹丘八洞天,神工一线旧痕穿。

嶙峋四壁排云起,红染朝霞碧暮烟。

岩下青葱群玉圃,五色鸾凤纷啸舞。

紫芝朱草夹清泉,珠树琪花罗翠坞。

战龙苍崖万木丛,至今鳞甲动秋风。

怒似海潮摇地轴,痴如春雨闪丰隆。

阊阖千门高且敞,虹梁突兀横千丈。

不是天台渡石桥,即疑华岳舒莲掌。

仙缘樵子夙三生,邂逅双童下玉京。

大枣犹餐西母席,几先一著悟楸枰。

数点星残初罢弈,斧柯忽烂山头石。

不知尘劫已千年,冉冉流光驹过隙。

丁公华表复归来,摇落亲朋安在哉。

故里衣冠沦蔓草,旧时台榭只蒿莱。

徘徊往事殊今昔,凭吊空山悲寂历。

缑岭谁吹子晋笙,叶凫舄曳王乔舄。

迟日开樽憩山亭,碧桃花下校丹经。

御风我欲凌云去,羽化何时集紫亭。

凝望清都虽咫尺,绝磴莓苔虚锁碧。

浪传员峤与方壶,眼际仙凡此判隔。

潘肇发,衢州西安人,康熙四十三年(1704)岁贡。

游烂柯山

清·车德辅

为有寻幽兴,驱车入烂柯。

山花迷古洞,石磴冒青梦。(冒一作扪)

尘劫随年换,仙枰尚未磨。

自怜无大药,空唱采芝歌。

车德辅,德清人,举人,康熙四十六年(1707)任衢州西安教谕。在任18年,后寓西安。

游 烂 柯 山

清·车景镇

积翠染层冈,斜阳满林麓。

孤筇入烂柯,乃与闲云逐。

天矫横鲸梁,寒峰何矗矗。

古洞生凉风,双龙战空谷。

山花自开落,幽禽杂羊犊。

曾闻晋王质,于此得辟谷。

我欲从之游,黄粱苦未熟。

嗟彼长安尘,金紫空接毂。

何如山中僧,晚食以当肉。

戚戚田舍翁,鸡鸣求利禄。

何如山中樵,倏然友糜鹿。

江河多蛟龙,云雨常翻覆。

世纲终须捐,悠悠采兰菊。

车景镇,德清人,车德辅之子。

游烂柯山(二首)

清·车景锜

一

山色松声九月寒,日迟亭畔夕阳残。

我生自顾伤凡骨,不向青霞觅大丹。

二

疏钟峭向闲云度,落叶徐从倦鸟飞。

长惜斧柯容易烂,棋残一局便催归。

车景锜,德清人,车德辅之子。

游烂柯山(二首)

清·车景銮

一

试访青霞洞,云封隔软尘。

松荫摇荡处,犹见采樵人。

二

我亦思逃俗。移柯坐暮烟。

心兵消欲尽,谁与共谈元。

车景銮,德清人,车德辅之子。

题柯山二禅师遗像

清·郑万年

咄嗟二禅师,人不知何许?

何以叶蓬山,尚传卢与杜。

郑万年,字胜犟,号竹坪,衢州西安人。雍正十年(1732)举人,乾隆四年(1739)进士,广西知县升知州。

与客游青霞洞天用唐贤刘迥韵(二首)

清·詹文焕

一

陟磴触云动,看碑忘鸟还。

欣与佳侣集,成此一日闲。

寒林无斧声,脱叶流空山。

二

岩罅裂千载,青苔堁无迹。

蟉松燎野火,空处远水隔。

吟雨病龙子,帅烟渺鹤客。

詹文焕,字维韬,号石潭,后改名文启,衢州西安人。雍正十年(1732)举人,任内阁中书、工部屯田清吏司主事。著有《酌雅斋》。

游 烂 柯 山

清·叶闻性

流水桃花引兴长,松声夹路奏笙簧。

空山兀自留虹影,陆地何由跨石梁。

光逗峰头天一线,风生足下树千章。

仙人局罢今何往? 只觉双丸阅世忙。

叶闻性,字逢一,衢州西安人。乾隆六年(1741)拔贡。著有《自娱传》。

日迟亭坐酌望一线天

清·翟灏

回憩日迟亭,洞壑青映面。

天道閟盈亏,光景露一线。

吾乡瑞石岩,佳名此洞羡。

径仄两难登,苍苍终莫见。

深林坐松影,斜日照芳甸。

溪山多胜情,欲游吾已倦。

瞿灏,字大川,仁和人。举人。乾隆二十四年(1759)衢州府学教授。自壮至老,撰述不倦,有《四书考异》。

登石梁最高顶

清·陈圣洛

揽衣升绝境,浮梁结构同。

渐看天路近,忽讶地轴空。

笑语落寒碧,声响如丰霳。

俯瞰飞鸟背,遥负海日红。

浮图压鳌脊,髯龙号罡风。

浩浩云涛涌,恍与银河通。

陈圣洛,字仁川,号且翁,衢州西安人。清乾隆间诸生。与弟圣泽一同负诗名。著有《桐炭集》《候虫集》。

仙　岩

清·陈圣泽

醉把浮丘袖,乘风叩石关。

拂云空四壁,坐啸答千山。

碧薛层层合,丹房处处闲。

仙翁顾我笑,笑我滞人寰。

陈圣泽,字云腭,别号橘洲,衢州西安人。陈圣洛弟,精研经传,以著书自乐,著有《橘洲近稿》4卷,及《谈易记诗经集》等。

石室遇雪次用胡焕章韵

清·余之柭

步至仙窝竟懒归,天教留客雪花飞。

白描楼阁重重幻,青看松杉渐渐非。

醉眼模糊银世界,好山仿佛玉屏帏。

痴来欲拟寒江画,著个渔蓑坐钓矶。

余之栻,字继南,号敬斋,衢州西安人。乾隆间贡生。玉环县学训导。

宿石桥寺

清·叶日萦

中夜不成寐,迎凉坐井桐。

溶溶窗漾月,习习衲生风。

人静道心长,天清尘虑空。

伊谁持半偈,高咏出帘栊。

叶日萦,字鹤仙,衢州西安人,乾隆三十年(1765)拔贡。主讲鹿鸣书院。著有《焚余集》。

次陆放翁游烂柯山原韵

清·范崇楷

白云红叶指孤村,石室天然迹尚存。

古木山腰寻鹤子,秋风谷口见兰孙。

独扪古碣寒烟淡,细觅仙枰暮景昏。

莫笑游筇归去晚,樵人柯烂在云根。

范崇楷,字式之,号退樵,衢州西安人。乾隆四十八年(1783)举人。官福建宁德知县。著有《助药集》4卷。

游石桥山观唐人石刻

清·朱理

晋代樵人去,唐年刺使来。

丹虹谁一跨,白鹤欲飞回。

樟日寒岩净,松风暮鳘哀。

六朝诗格在,守护亦仙苔。

朱理,字燮臣,号静斋,安徽泾县人。乾隆进士,嘉庆元年(1796)任衢州知府,擢贵州巡抚。

约友游日迟亭不至赋此遣兴

清·范锡畴

忽作烟霞想,仙踪路不迷。

幽亭芳草歇,老树淡云欹。

茗熟樵归候,棋残客倦时。

徘徊夕阳下,得句亦迟迟。

范锡畴,字秋崖,范崇楷之子。乾隆四十八年(1783)举人。

青　霞　洞

清·龚士范

羽客下太虚,深洞鬼神擘。

袖来一片霞,忽向此中掷。

猿狖不敢窥,灵光时翕辟。

战　龙　松

清·龚士范

绝壑奔洪涛,双松作龙斗。

元黄战血枯,老鹤骇飞走。

至今剧岑人,犹怯风雨吼。

梅 岩

清·龚士范

东风吹寒梅,春色满岩谷。

卜稳有晦翁,讲堂枕山麓。

我欲寻余芳,携书此中读。

游 仙 渡

清·龚士范

泛棹入仙岩,岚气扑人爽。

樵子去不还,泉声空滉漾。

到此尘怀消,凌风发遐想。

仙 枰

清·龚士范

白云锁仙室,荒几生寒烟。

传闻一局棋,著破世千年。

如此消岁月,人胡乐为仙。

日 迟 亭

清·龚士范

亭幽白日静,山色四围抱。

约伴笋舆来,及兹春未老。

乐事仿醉翁,不向仙人讨。

柳 塘

清·龚士范

新涨弥野塘,柳絮半狼藉。

一带水云春,弄影媚词客。

幽鸟惜春归,掠破冷烟碧。

题 退 思 亭

清·龚士范

亭檐榜退思,高义闲领取。

筑岩企宗道,补衮追山甫。

严居渺凝虑,炉烟飘缕缕。

龚士范,字式方,号春帆,衢州西安人。嘉庆六年(1801)举人,国史馆誊录,江西永丰知县。道光间充乡试同考官,归里后掌教正谊、鹿鸣书院。退思亭为宋徐霖隐居讲学处。

出郭望南山至青霞洞天礼拜

清·姚宝煃

多稼纳场静,严霜被陇密。

出郭行逶迤,南山射果日。

穹窿闷灵秀,草木光郁勃。

斋沐神已亲,驰骛面相失。

仰睇豁峦岫,俯视交阡术。

岩春酿岁和,俗淳本仙质。

松籁吹笙竽,焚香祷石室。

丹枣非所期,丰乐愈民疾。

姚宝煃,字省斋,湖北人。嘉庆十二年(1807)任西安知县。

过岩底渡望烂柯山

清·余凤喈

仙山可望不可即,淼淼东流一脉长。

我欲渡河问樵子,行归还是旧家乡。

余凤喈,字伯林,衢州西安人。嘉庆十九年(1814)进士,官翰林。著有《余氏传稿》。

游柯山(四首)

清·朱岊

一

我公怀抱迥青霞,为访名山兴倍赊。

岚气空濛添画本,仙心缥缈入诗家。

绿茎自秀连畦麦,红艳谁栽满路花。

蜡屐欣兹陪谢傅,银河先约泛星槎。

二

笋舆轻稳路回环,未觉云梯不可攀。

翘首想能通帝座,观心聊复叩禅关。

人原不易同仙隐,官亦何妨似佛闲。

犹有山中未归客,数声樵斧出林间。

三

百丈飞梁驾玉虹,到来两腋便生风。

凿空应费五丁力,叠翠还余一线通。

残劫未消思弃叟,寒柯欲折问樵童。

断碑多少题名客,畦赏原知今昔同。

四

扪葛牵萝亦未遑,危崖仄径足徜徉。

兴逢胜友联云袂,地有残僧裹鹤粮。

仙果不饥逾火枣,清醪一饮即琼浆。

归来坐觉尘襟净,吟籁相和夜雨长。

朱鬯,字雪君,嘉兴人。举人,嘉庆八至十四年(1803—1809)任西安县学教谕。富有诗才,著有《盈川小草》。

烂 柯 怀 古
清·王世英

仰止石室山,崔嵬自天作。

危梁半压云,高松常宿鹤。

绝顶天语闻,深洞鬼斧凿。

何年采樵子,观弈世忘却。

秦汉求不来,无心得丹药。

因思万六会,大却咸错愕。

顷刻数十年,仙家竟何乐。

我来寻往踪,空山何寂寞。

但见仙人棋,不见仙人着。

当年述异人,意亦有所托。

王世英,更名炳晖,字颉云,号诚斋,衢州西安人。道光间岁贡,明经。著有《颉云诗稿》。

癸未解组归里重至烂柯山有感(二首)
清·张德容

一

夙闻此地息神仙,一别凄然三十年。

笑揖山灵谈往日,剧怜佛宇荡秋烟。

枰间黑白争多少,眼底沧桑易变迁。

莫怪当时采樵子,归来不复识从前。

二

山中水木绝清虚,还记当初此读书。

墓古已难挼晋宋,求仙应欲混樵渔。

残秋尚醉黄花酒,傍晚重停红叶车。

待我百年来作伴,望衡对宇结邻居。

张德容,字少薇,号松坪,衢州西安人。咸丰三年(1853)进士,官湖南岳州知府。著有《衢州备志》、《笺注唐赋》4卷、《评选明文》2卷。

访 烂 柯 山

清·徐瀛

为对仙子出尘寰,行遍枫林石径弯。

忽听丁丁樵斧响,犹留残局在空山。

徐瀛,字晓蓬,衢州西安人。同治间岁贡。

烂 柯 话 别

清·刘国光

光绪丙戌夏,余交卸后,六月二十一日经绅友二十余人,邀游烂柯山石室,畅叙竟日,不减修禊风流。爱集兰亭序字一律,以纪其事:

流览临崇岭,山间又一天。

风清犹在室,日永不知年。

陈迹当无异,斯游得自然。

欣同修禊会,觞咏集群贤。

刘国光,字宾臣,湖北安陆人。光绪六年(1880)任衢州知府。

和烂柯话别韵（二首）

清·郑锷

一

为有异人至,游观山外天。

室幽怀往迹,亭古慨当年。

盛会因同坐,清言自快然。

日长乐未尽,流契后时贤。

二

此地有兰若,清修期九天。

仰观述异事,闲得老彭年。

长短唯随遇,古今大致然。

人生尝会合,引领在诸贤。

郑锷,号莲航,衢州西安人。光绪间岁贡,教谕。

和刘太尊同游柯山原韵（三首）

清·范锡祺

一

此系天生地,同游天外天。

坐观一长日,陈迹万斯年。

乐矣知无极,言之或慨然。

时清风自古,盛会集今贤。

二

群山观不尽,极目向诸天。

静坐得清气,倦游感暮年。

会稽无此遇,长老有同然。

陈迹斯言毕,流风惠后贤。

三

其在无怀世,人云又有天。

一亭今合坐,九老昔齐年。

流水期知己,清风列快然。

山林间自得,情趣异时贤。

范锡祺,字少颜,衢州西安人。永宁知县。

恭和宾臣公祖游柯山作(原韵集字)

清·詹熙

幽怀无所系,取舍听诸天。

民事犹陈迹,山林自永年。

盛游知乐矣,后会可欣然。

坐次山阴长,清风类昔贤。

詹熙,衢州西安人。光绪八年(1882)副贡榜,宣统元年(1909)乡选为谘议局议员。

前　题

清·程大廉

游山终一日,亭外坐观天。

时带清和气,世犹大古年。

老怀能契合,相遇不期然。

欣览同人咏,当知长者贤。

程大廉,字让泉,衢州西安人。

前　题

清·孔昭晙

古迹今犹在,人云不老天。

当初有殊遇,少坐得长年。

后惠尝无已,斯游亦暂然。

相期文化事,乐此寄群贤。

孔照晙,字寅谷,衢州西安人。

前　题

清·张城

世事当随遇,迁流听在天。

盛游期后会,古迹览陈年。

风日清于此,山林乐自然。

一觞今寄咏,引领向诸贤。

张城,字厚庵,衢州西安人。

刘宾臣夫子柯山志别次韵

清·王藻

山林曾管领,齐集仰清天。

当此左迁日,期诸观察年。

感时为知者,览古或欣然。

自列春风坐,情怀况大贤。

王藻,字绮霞,衢州西安人。同治岁贡。德清训导。

前 题 并 序

清·金丽源

流览群山感慨不尽,合坐一室和乐生春。欣为兰若之游,自得竹林之契。既诸贤之有作,岂后会之无期,相与引觞以娱,永日遂同集咏次及少年。

览古寄幽感,风情似乐天。

异人有异迹,流水若流年。

文事过知己,游怀亦畅然。

此山长不老,会合近时贤。

金丽源,字诵瀑,衢州西安人。

和玉岩柯城晚眺

清·杨葆光

飘飘一叶枕江干,容易年华又大寒。

游迹不堪羁岁暮,家书差喜报平安。

斧柯烂尽仙仍去,棋局纷如著更难。

濯足濯缨无处是,登高那得客心宽。

杨葆光,江苏华亭人。光绪二十五年(1899)任龙游知县。善书画。著有《苏庵文集》。

柯山见五色灵芝

清·郑永禧

为看仙人一局棋,山中草木亦含奇。

经今黑白消残劫,尚见光华五色芝。

和喻凌云题石岩寺

清·郑永禧

早秋天气半晴阴,山外斜阳淡欲沉。

四壁葱笼青嶂合,一庵盘薄白云深。

遥空鸟语宣僧呗,细溜泉声净客心。

忆得仙岩题御笔,苔花剥蚀到而今。

仙岩寺瞻王质遗像

清·郑永禧

白云缥缈访仙踪,暗翳空山绿树浓。

棋罢烂柯人不见,居然一笑又相逢。

重至柯山觅五色灵芝不得复前韵

清·郑永禧

古洞荒凉仙子棋,白云回合太离奇。

料因劫火空明后,错认昙花作彩芝。

郑永禧(1866—1931),字渭川,号不其山人,衢州西安人。光绪二十二年(1896)解元。西安教育会首届会长,县参事、知事、省议会秘书长,县修志局主纂(民国《衢县志》),著有《衢州乡土厄言》《烂柯山志》等。

游　柯　山

清·吴寿潜

逶迤山径入清幽,何必神仙世外求。

坐久不知方近午,到来忽觉过深秋。

千峰滴翠如眉列,一雨飞泉对面流。

醉后只疑柯欲烂,此时身已在丹邱。

吴寿潜,字彤本,衢州西安人。

九日烂柯山登高

清·陈宪

仙源尘迹两茫茫,丘壑犹存旧石梁。

洞口秋涛鸣落叶,岩边晚树散幽香。

当年看弈浑闲事,今日留题选胜场。

更藉风流贤令尹,登高采菊共飞觞。

陈宪,字聿章,生平不详。

过毛家塘怀古作

清·郑桂堂

四围春柳自依依,水溅浓青汁染衣。

堤上一鞭飞马过,当年曾是状元归。

郑佳堂,字绍宋,衢州西安人,清道光初恩贡。

游柯山次徐晓蓬韵

清·梅国泰

通仙门外访仙寰,曲水回崖路几弯。

见有樵夫忙问讯,白云堆里指柯山。

徐晓蓬即徐瀛,有《访烂柯山》诗。

梅国泰,字国卿,衢州西安人。

游柯山次徐晓蓬韵

清·江念泮

莽莽红尘遍九寰,清溪流水自成湾。

武陵渡口春如许,偏许渔人浪入山。

江念泮,字鲁香,衢州西安人。诸生。

游柯山次徐晓蓬韵

清·徐中求

谁架飞桥石一寰,神斤鬼斧劚成弯。

此间别有闲天地,且数夕阳山外山。

徐中求,字洛川,衢州西安人。廪生。

游烂柯山次徐晓蓬韵

清·郑安允

游仙应自脱人寰,远眺云中半月弯。

樵子至今去何许? 一千年后且还山。

郑安允,字信川,衢州西安人。庆元县学训导。

日 迟 亭

清·王荣绶

山亭伫望挹春华,远树萦烟入坞赊。

半壁琅玕横过日,一泓寒碧上蒸霞。

悬崖巉峭垂苍薜,古木蓊葳集暮鸦。

棋罢始知柯斧烂,悠悠归路夕阳斜。

王荣绶,字紫卿,号若庵,衢州西安人。乾隆三年(1738)举人。著有《若庵集》。

题 石 岩 寺

清·喻凌云

洞天石室霭层阴,洞外浮云自古今。

峭壁苍苍仙迹杳,危岩岌岌乱泉深。

松风萝月清禅性,暮鼓晨钟警客心。

感慨诗人唯我最,桂花香里一登临。

喻凌云,宁乡人。

游烂柯山有感世情诗自戒(七绝二首)

清·郑德望

一

世事纷纷如此局,黑白争驰未了足。

何事旁人不着高,忘却机关三百六。

二

犹是神仙用机心,黑白分明太认真。

不若旁人着冷眼,胜负场中不涉身。

郑德望,衢州西安人。庠生。

日迟亭怀古

清·范崇模

长虹天桥千尺悬。刺史瞿公涉其巅。

初阳未唏浮霭集,引睇块莽思渺然。

探奇葺亭何挺特,洞启八窗尘虑息。

苍崖绿树为藩垣,白云丹霞为垩饰。

我来长啸浊醪倾,夕阳西匿寒烟横。

昔日樵子已仙去,至今唯听采樵声。

范崇模,字法周,号琢堂,衢州西安人。清乾隆时廪生。著有《琢堂诗集》二卷。

游柯山即景（四首）

清·范广成

一

晓步寻幽过峻岭，层峦叠嶂蔚蓝天。

茸茸绣陌牵黄犊，隐隐寒云飞白鸢。

世外烟霞成古趣，山中草木不知年。

老农那解长生事，手把青秧自插田。

二

远闻流水响淙淙，曲径危桥路可通。

仙迹已成蕉鹿梦，忠坟无复石驼封。

翠迷山影寒方竹，白卷涛声失古松。

一带残垣围败井，晚来惟有夕阳烘。

三

游仙渡口快扬舲，行过诸峰入窈冥。

古木啸天垂褭娜，飞泉穿石滴珑玲。

半规偃月虚留白，一线撑云划破青。

到此恍疑身世幻，几番回首日迟亭。

四

莓苔寂寂百花香，坐对空山意味长。

风乱塔铃和月语，雨余棋局拂星凉。

沧桑世界劳樵斧，驹隙光阴醉羽觞。

千古碧桃人不见，一枝花影度红墙。

范广成，字希皋，衢州西安人。廪生。

烂柯山怀古

清·雷大震

山中原不计春秋,岁月悠悠似水流。

棋局尚留人已渺,石梁宛在梦曾游。

弹琴杂见诸家说,飞舄还同空际楼。

仙子红尘一游戏,直如射覆与藏钩。

雷大震,字馥亭,衢州西安人。

柯 山 题 壁

清·汪锡龄

仙子无端爪印留,荒荒片石足千秋。

炉中九转丹初熟,局上双丸子未收。

坐久只疑山月照,身轻还讶洞云浮。

我来不遇樵苏客,绝顶高登豁远眸。

汪锡龄,字绍文,衢州西安人。

衢 州 竹 枝 词

清·朱益

参差碧岫抱乡关,一带人家夕照间。

行转通仙归路晚,樵歌唱出烂柯山。

朱益,字友三,江山人。

烂 柯 怀 古

清·祖江

石室天生说烂柯,棋枰赢得绿苔多。

山中樵子今何在,洞口斜阳空自过。

山下青山岩下岩,天开一线隔尘凡。

空亭剩有迟迟日,龙战孤松云半衔。

祖江,俗姓张,字东林,号苇波,衢州西安人。西安弥陀寺僧。工诗书画。

烂柯山纪游

清·龚大锐

吾闻昆仑之山纵横一万一千里,中有五色云光五色水;又闻蓬莱之山四百三十有二峰,峰峰削出青芙蓉。

梅花香涌白成海,迷芒月影来仙风。

昆仑蓬莱不可即,青霞洞天亦奇特。

携粮蜡屐恣胜游,岩畔桃花望如织。

行行重行行,一径喧松声。

松顶老鹤骇飞去,虬枝拗战双龙鸣。

似松似龙态矫变,忽见长虹亘匹练。

奇石堕地化为梁,腹贮岚光通一线。

洞门幽敞无尘缘,传闻此地栖神仙。

观棋樵子讶柯烂,著残一局忘岁年。

琴歌杳杳仙何有,楸枰尚饬山灵守。

山灵随意弄谲奇,攫入烟云迷洞口。

携云入袖云忽飞,须臾仍觅天门归。

银河滉漾逼衣冷,势将一泻倾珠玑。

其前峙危亭,其后藏深谷。

峻嶒倒插万重绿,俯瞰他山不盈掬。

阴阳摩荡胸襟开,置身疑上金银台。

李白梦游未到此,底事孙绰夸天台。

呜呼,人间难觅长生草,谁识此山即仙岛。

药炉丹灶罗列精,只须赠以安期枣。

仙乎仙乎如不还,吾将坐待山中老。

龚大锐,字君怀,衢州西安人。贡生。官嘉兴训导。著有《倚云楼稿》。

烂 柯 山
清·陈一夔

女娲炼石补天阙,呵斥五丁劚山骨。

顽山劚尽元气生,幻出长虹驾突兀。

长虹天矫欲飞走,十丈浮图压其首。

至今雷雨昼冥冥,逆风犹作苍兕吼。

上清仙童携手行,绿发覆额嬉青春。

笑指山形真奇绝,举袖拂石开楸枰。

残星一局尚未了,何以疗饥袖中枣。

石上松阴影渐移,海水桑田几颠倒。

吁嗟呼!

神仙之说诚有无? 祖龙海上空驰驱。

不死之药终不得,不如山中一樵夫。

我来绝顶何所见? 万里空青窥一线。

目光摇摇魂欲飞,松涛浩荡惊龙战。

云外丁丁犹伐柯,洞中仙子今如何?

碧桃花落白日暮,空岩隐隐答樵歌。

陈一夔,字赏侯,别号二石,衢州西安人。凛生。著有《二石诗稿》二卷。

湘湖徐汝为游柯山

清·汪致高

以诗见寄奉答元韵

徐君拄杖出杭州,来访柯山古树秋。

霜叶恰从棋子落,寒泉闲共白云流。

夕阳催酒花边醉,逸兴题诗石上留。

示我吟笺吟不尽,悠然如见采芝游。

汪致高,字尧峰,号亦园,衢州西安人。官州司。著有《亦园诗稿》。

烂柯山

清·柳日培

先人屡咏烂柯句,旷代难求九转丹。

倘使仙家还对弈,也应一局未曾完。

柳日培,字圣清。祖籍浦江,元柳贯后人,清时住西安县柳家源。诸生。

罗芸皋副使袁丹叔太守招游柯山

清·尤侗

此山特以石梁奇,驾海何年鞭至斯。

散骑正当炎日卓,披襟时有好风吹。

崩崖俯瞰崭岩谷,落叶纷披偃蹇枝。

尽说仙人柯已烂,漫劳吾辈看残棋。

尤侗,字展成,长洲人。

秋暮游烂柯山(二首)

清·杨湘

一

时序天涯迫小春,驱车为觅采樵人。

烟霞十里游仙路,黄叶丹枫气象新。

二

一望秋山落木多,秋云长自洞中过。

荒唐莫问当年事,且拾残棋补烂柯。

杨湘,生平不详。

舟 过 衢 州

清·许勉炖

平生闻说烂柯事,今日看山不上山。

为怕仙人棋入眼,等闲一局误人间。

许勉炖,字晚榆,海宁人。举人。

自题柯山晚归图

清·吴发云

烂柯仙不来,青霞满古洞。

我学采芝人,枕云闲一梦。

梦醒问何年,天风晚相送。

吴发云,字岂潜,自号石室山樵,衢州西安人。善山水、书法。

衢 州 杂 感

清·曹延懿

樵客何时到,青霞千古闻。

纵横一局小,胜负百年分。

古洞留明月,危梁跨白云。

仙棋谁解覆,争劫日纷纷。

曹延懿,太仓人,进士。

宝 岩 寺

清·范珏

空山得古刹,一望翠屏遮。

樵去林犹瘦,僧归月半斜。

寒云萦寺额,修竹撼檐牙。

有客题诗在,何人护碧纱。

范珏,字亦萧,号石潭,衢州西安人。诸生。著有《石潭集》。

战 龙 松

清·叶南生

密云百尺护松栽,天矫还疑龙托胎。

真欲拂将风雨吼,不教脱却爪牙来。

苔封石碣元黄古,径畔樵柯黑白猜。

谡谡凉飔虹影外,峰头明月吐珠回。

叶南生,生平不详。

衢 游 返 棹

清·李渔

数日曾穿万叠山,浑身衣带翠微斑。

原来济胜非奇事,兴至登高若等闲。

有句但思留石上,无魂不虑返人间。

斧柯未烂归期促,愧自神仙洞里还。

李渔(1611—约1679),字笠鸿,号笠翁,兰溪人。精谱曲,时称李十郎,著名戏曲家,有《李渔全集》。

石 桥 山

清·王纳海

乘风览胜石桥山,六月松涛万壑潺。

谢传围棋方破敌,羊公缓带称投闲。

杯流清晕霞光满,洞拂花阴日影艰。

莫怪樵人柯易烂,酣棋若个肯知还。

王纳海,太原人。节推。

游烂柯山(二首)

清·贾山宗

一

双移日月任年年,误入玄亭不记眠。

剔藓洞中无剩局,拨云石罅见寒泉。

晓凝黛落侵寒壁,暮映苍霞带瑞烟。

读罢断碑残碣处,欲将奇幻问穿天。

二

披云选胜踏苍苔,瞬息玄机莫慢猜。

长啸风前惊籁发,放歌林麓听声回。

危桥绝顶行难渡,峭壁层扉叩欲开。

为说浮生寻秘诀,烂柯深处是仙胎。

贾山宗,上虞人。宁陵知县。

游烂柯山登石梁

民国·余绍宋

忽焉碧落垂长虹,似欲射天强挽弓。

乍观叫绝出意表，未见疑无嗟神功。

天台南明岂其匹，奇观卓绝夸江东。

四围山势亦飞动，上有一线窥苍穹。

兹山得名始任昉，寓言入九依神通。

江左偏安但苟且，清谈岂得休兵戎。

遐思幻想得王质，亦若五柳寻渔翁。

不知有汉与魏晋，同于返舍迷其踪。

棋局未终柯已烂，意在惊世鞭愚蒙。

时期修短本无定，大钧所运彭殇同。

不然凡久仙反暂，伊谁辟谷还相从。

至人无心缗机智，云何巧拙何雌雄。

岂其登仙尚昧此，一语道破宁须攻。

我虽居衢与山近，抗尘走俗难为容。

前游倏逾四十载，山灵再见惊龙钟。

我柯已寒亦将烂，玄黄战局何时终。

岂惟神仙事近诞，本来真伪言难穷。

不如乘兴索幽异，坐啸山月吟松风。

仙凡久暂一瞥耳，石梁终古横长空。

过柯山战龙松故址口占

民国·余绍宋

明谢肇淛《五杂俎》载，柯山有数松，盘孥蹙缩形势殊诡，朱晦翁题碣，号为"战龙松"云。今松碣俱亡，别有新碑立于故址。

赖有新碑识故踪，闻名犹得想姿容。

此松且不为天宥，奚事人间尚战龙。

余绍宋(1883—1949),字越园,号寒柯,龙游人。曾任北京法政大学教授、司法部次长,浙江通志馆馆长。编纂《浙江通志》,主纂《龙游县志》。著作宏富,撰写《续四库全书提要》予部艺术类提要。辑录《寒柯堂诗》400篇。富藏书,善画梅、兰、竹、菊。

烂柯山名胜管理委员会广征题咏爰赋四绝句应之

民国·张应铭

一

游戏人间秋已迟,黎民城郭异当时。

仙家别有消闲法,不管沧桑但弈棋。

二

辟谷只因消俗虑,餐霞却要抱仙才。

柯枰木石犹声气,除着樵夫不许来。

三

白云黄鹤在来频,望郎都非面目真。

片石纵横松子落,更将残局付何人。

四

洞天依旧石能言,云树苍茫月有痕。

甲子须庚归去也,仙山回首总销魂。

柯山道上杂诗

民国·张应铭

渡头忽听水潺潺,一棹悠然绝俗缘。

三尺清流鱼可数,名山未到已逢仙。

渐近仙山若有机,白云红叶鸟高飞。

松林沿岸都千尺,可惜樵人尚未归。

白花荞麦黄芦粟,田亩庚庚道路长。

几曲青溪水清浅,扁舟可入小南乡。

鸟声尚弄午风柔,来往轻车亦胜游。

恍向山阴道上过,壑流岩秀最宜秋。

张应铭,号更生,广东嘉应人。

上巳日宴日迟亭诗

民国·胡大猷

一

残棋一局阅沧桑,始信仙家日月长。

却笑当年柯烂后,又来世上负薪忙。

二

多谢诸公肯赏音,名山约我共登临。

松风过去寺钟动,似答幽人张素琴。

三

年年此地阅兵车,惭愧未能赋遂初。

何日承平方罢戍,青霞洞畔读吾书。

四

我来恰值暮年时,似有前缘亦一奇。

兢病未工君莫笑,碧桃花下且题诗。

胡大猷,团长。

和胡大猷上巳日宴日迟亭诗(前韵)

民国·沈致坚

一

一亭四度历沧桑,话到樵柯故事长。

恰笑白云无意识，在山还是往来忙。

二

忽听飞鸿送远音，胡公节钺又重临。

林间收拾残棋局，为待幽人来抚琴。

三

学士才华富五车，日迟名义记明初。

洞天喜见新题榜，胜向仙岩觅御书。

四

瞿公雅谊聚当时，断碣重掺出土奇。

太息陈碑今没字，似留片石客题诗。

此次修亭掘得残碑不少，唯陈恪勤柯山亭碑今已磨去。

秋日游烂柯山（四首）

民国·沈致坚

一

携筇著履步城南，水绕山环胜景探。

霜叶渐红花渐瘦，夕阳渐处露晴岚。

二

武陵何事觅仙缘，路入青霞别有天。

棋局未终惊世变，不应犹是永康年。

三

上到柯山第一峰，石梁空处白云封。

古来樵子知多少，终隔仙凡路几重。

四

鹬蚌相持年复年，风霜才度菊花天。

人间不尽沧桑感，一著偷闲便是仙。

沈致坚,湖北黄冈人,字卓如,1920年衢州道尹。

烂柯山感吟
民国·王学浩

民国三十六年十月初二、初五、初七,以佛因缘,三到烂柯山感赋一律。敬呈钟专员诗杰大法家,洪莲上人,智尘大师,慧可:

柯山三到我何由,千载宗风不放求。

一局棋残遭大劫,采樵人去几多秋。

王仙已去幽关道,佛地还同黄鹤楼。

否极泰来岂欺我,清香一柱伴云游。

王学浩,时任衢中高中部英文教师。

第六节　词

念奴桥·暮秋登石桥追和祝子权韵
宋·毛开

十年湖海,叹潘郎憔悴,无心云阁。强起登临惊暮序,日极清霜摇落。散发层阿,振衣千仞,浩荡穷林壑。沆寥无际,镜天收尽云脚。

长啸声落悲风,沧洲万里,想当年归约。回首区中无限事,此意谁同商略。欲驾飞鸿,翩然独往,汗漫期相诺。滞留何事,坐令双鬓如鹤。

毛开(?—1180),字平仲,祖籍西安县,毛友之子。曾为宣州、婺州通判,著有《樵隐集》15卷、《樵隐词》1卷。后者入《四库全书》。

瑞鹤仙·送张丞罢官归柯山
宋·侯寘

楚山无际碧湛,一溪晴绿,四郊寒色。霜华弄初日,有玉明遥草,金铺平碛。天涯倦翼,更何堪,临岐送客。念飞蓬断梗,无踪把酒,后期难觅。

愁寂梅花憔悴，芭舍萧竦，倍添凄恻。维舟岸侧，留君饮，醉休惜。想柯山春晓，还家应对菊老松坚旧宅。叹宦游索寞，情怀甚时去得？

侯真，字彦周，南宋初东武人。绍兴中以直学士知建康，乾道淳熙间其人尚存。著有《娴窟词》入《四库全书》。

风入松·听琴中弹樵歌

元·张炎

松风掩昼隐深情。流水自泠泠。一从烂柯归来后，爱弦声，不爱枰声。颇笑山中散木，翻怜爨下劳薪。

透云远响正丁丁。孤凤划然鸣。疑行岭上千秋雪，语高寒，相应何人。回首更无寻处，一江风雨潮生。

张炎（1248—1314），宋张俊五世孙，字叔夏，号玉田，又号乐笑翁。祖居临安，宋亡，潜迹不仕，纵游浙东西，落拓以终。工长短句，以春水词得名。著有《山中白云词》《乐府指迷》，其中《山中白云词》入《四库全书》。

第七节　曲

人月圆·三衢道中有怀会稽

元·张可久

松风十里云门路，破帽醉骑驴，小桥流水，残梅剩雪，清似西湖。
而今杖履，青霞洞府，白发樵夫。不如归去，香炉峰下，吾爱吾庐。

红绣鞋·三衢山中

元·张可久

白酒黄柑山郡，短衣瘦马诗人。袖手观棋度青春。仙桥藏老树。石笋痤苍云，松花飘瑞粉。

金字经·青霞洞赵肃斋索赋

元·张可久

酒后诗情放,水边归路差,何处青霞仙子家。沙翠苔横古槎,竹阴下,小鱼争柳花。

朱履曲·烂柯洞

元·张可久

永日长闲福地,清风自掩岩扉,樵翁随得道童归。苍松林下月,白石洞中棋,碧云潭上水。

张可久,字仲远,号小山,庆元人。以路吏转首领。擅词曲,有《小山乐府》。

蟾宫曲·题烂柯山石桥

元·薛昂夫(马昂夫)

甚神仙久占石桥,一局楸枰,满耳松涛。引得樵夫,旁观不觉,晋换了唐朝。斧柄儿虽云烂却,裤腰儿难保坚牢。王母蟠桃,三千岁开花,总是虚谣。

懒朝元石上围棋,问仙子何争,樵叟忘归。洞锁青霞,斧柯已烂,局势犹迷。恰滚滚桑田浪起,又飘飘沧海尘飞。恰待持杯,酒未沾唇,日又平西。

薛昂夫,汉姓马,亦称马昂夫,字九皋。元至正九年(1349)衢州路总管。

小梁州·侍马昂夫相公游烂柯

元·曹德

紫霞仙侣翠云裘,文采风流,新诗题满凤凰楼。挥吟袖,来作烂柯游。王樵不管梅花瘦,教白鹤舞著相留。听我歌,为君寿,一杯春酒,一曲小梁州。

曹德,字明善,衢州人,一说松江人。元统(1333—1335)间为衢州路吏,至元(1335—1340)初为山东宪吏,晚年隐居乡间。性情淡泊。散曲风格清劲。

第八章　丛录纵览

第一节　烂柯异说

全国各地有多处以"烂柯"命名的山、石、亭,同时还有与此故事相类似的传说。今分类择要摘载如下。

一、烂柯山

山西省武乡县烂柯山　《武乡县志》载:"烂柯山在县西五十里。俗传王质樵采入山,遇两仙围棋,质观局未终,斧柯已烂。"

又据《四库全书·山西通志》:"烂柯山在(武乡)县西五十里。《明一统志》:隶沁州。二石人对弈,其一旁观。"

武乡县建制沿革:《四库全书·山西通志》载:"武乡县汉为涅氏县地,隶上党郡。晋仍置涅县,又始置武乡县,仍隶上党郡。北魏延和二年(433)置乡郡,改武乡县为乡县,设郡治于乡县。隋开皇初郡废,以乡县隶上党郡。唐武德初属韩州,州废,属潞州。武则天统治时复加武字。宋太平兴国时改隶'威武'军。元至元三年(1266)并入铜鞮,后复置,隶沁州。明、清因之。"现属长治市。

广东省高要县烂柯山　《明一统志》载:"肇庆府烂柯山,在府城东二十六里,其上傜人所住。土俗相传为王质观棋处。"明徐应秋《玉芝堂谈荟》云"广东肇庆府烂柯山,一名斧柯山,旧传王质观棋处。"《四库全书·广东通志》载:

"烂柯山在城东五十里,高百余丈,峰如卓笔。俗谓樵子观棋处。后人于石上镌'烂柯处'三大字,径尺余。"蔡方炳《广舆记》又称:"肇庆府城东烂柯山,相传王质烂柯处,恐非。"

高要县建置沿革:《四库全书·广东通志》载:高要县秦属南海郡,汉元鼎六年(公元前111)析南海置苍梧郡;三国时,高要属苍郡;晋时,高要县仍隶苍郡。南北朝梁天监六年(507)置高要郡;隋开皇九年(589)废高要郡,置端州于高要县;大业三年(607)改端州为信安郡;唐武德四年(621)复改信安郡为端州;天宝九年(750)复改端州为高要郡。宋重和元年(1118)入肇庆府。元、明、清因之。

陕西省洛川县烂柯山　《广舆记》记载:"陕西延安府洛川县有烂柯山,俗传王质遇仙烂柯处。"《四库全书·陕西通志》载:"烂柯山在县东南六十里。其相近有黄粱谷,黄粱水所出。相传为王质遇仙烂柯处。"

洛川县建置沿革:《四库全书·陕西通志》载,洛川县秦、汉时为鄜县地。晋置洛川县。南北朝魏置敷城郡,后废。以县属上郡。隋仍为洛川县。明、清均为洛川县,属延安府。

二、烂柯亭

四川省达县凤凰山烂柯亭　宋吴曾《能改斋漫录》载:"李宗谔云:达州烂柯亭在州治之西四里。古有樵者观仙弈棋不去,至斧柯烂于腰间,即此地也。"《广舆记》载:"夔州府达州有凤凰山,形如飞凤,掩映州城。昔有异人对弈石上,因建烂柯亭。"《四库全书·四川通志》亦有与此内容相同的记载。并说:"烂柯亭在州北三里凤凰山上。有碑志,剥落。"

达县建制沿革:汉和帝(88—105)分巴郡宕渠县之东境,置宣汉县,属巴郡。晋初废,后复置,属宕渠郡。两魏改称通州。隋开皇初郡废,改称通县。唐武德元年(618)复称通州。宋乾德三年(965)改称达县,元称达州。明复称达县,属夔州府。清称达县。

三、烂柯石

福建省永安县栟榈山烂柯石 《四库全书·福建通志》记载:"栟榈山在永安县治北二十七都,多产栟木榈木,故名。……有降仙台石,高大而平,有仙人迹。台下一石室,棋局界画分明,有黑白数子,左右苍石可坐,名烂柯石。……"《广舆记》载:"延平府尤溪县九仙山,岩壑幽深,人迹罕到。昔有樵者入山,见二人弈。少顷二白鹤喙杨梅,堕一颗于地,樵者食之,遂失弈所。抵家遂辟谷,颇知人休咎。"据《四库全书·福建通志》载,汉建安初在延平置南平县,东晋太和四年(369)改称延平县。唐武德四年(621)置南平军。元时称南平路,明改称延平府,并于景泰二年(1451)析延平府尤溪、沙县两县地增置永安县。据此,永安原为尤溪县地,故疑《广舆记》与《福建通志》所记载的二条相类似传说应为一事。

四、类似传说

桃源洞仙人棋子 据清郑永禧《烂柯山志》转引唐李浚《松窗集》载,有桃源洞中仙人著棋事,仙人棋子尚存。

平凉石桥仙人著栱台 《明一统志》载:"石桥在平凉府崆峒山,两峰之间有巨石横亘,名'仙人石桥'。峰顶有石供盘纹,俗呼为仙人著棋台。"

江西龙雾嶂谢仙翁采樵 《江西通志》载:五代周,谢仙翁登龙雾嶂采樵,偶于池侧见二女弈,从旁观之。女食桃遗核,因取食之,不饥。弈罢,恍失二女所在。谢骇而归,不知若干年矣。

白羊山童子牧羊 《畿辅通志》载:"白羊山在元氏县西北五十里。昔有童子牧羊,见二老弈棋,童子从旁观之。弈毕,二老不见,驱羊不动,尽化为石,至今宛若白羊状,故名。"

淳安县尹山 明嘉靖《浙江通志》载:尹山"在(淳安)县西南七十里。两峰对峙,跨石如桥,倚石如人。中有石室、石棋,皆天然之胜也"。

又郑永禧《烂柯山志》所载"新安烂柯山"条下,转引明陈延器《琴轩诗集》中,有游新安烂柯山王乔洞诗。

淳安县三国吴太末长贺齐讨平山越,升叶乡为始新县。晋时为新安郡治,隋开皇中废郡改始新为青溪。南宋绍兴时改县名为淳安,后即因之。据此,淳安即为晋之新安。上二条所记疑是一处。

郑永禧《烂柯山志》所载,其他以弈棋为题材而命名的山石尚有"柳州仙弈山、建宁仙枰石、莆田棋山仙人台、桂林隐山石棋枰、西湖棋盘岭、海宁柯仙山"等多处。

五、以柯山为名的地方

浙江省绍兴柯山 雍正《浙江通志》载:"(柯山)《山阴县志》:在县西南三十里。"作者注:"按《后汉书·蔡邕传》注,张骘文士传云:邕告人曰:'昔经会稽高仙亭,见椽竹东间第十六可以为笛取用,故有异声。'伏滔长笛赋云:'柯亭之观,以竹为椽。邕取为笛,奇声独绝。'柯山得名以此。"又郑永禧《烂柯山志》载,会稽烂柯山,相传汉朱买臣采樵烂柯处,有柯亭。蔡中郎尝取笛于此。

黄州城东柯山 张耒,北宋时人,祖籍楚州淮阴,字文潜,熙宁进士。宋徽宗时官至太常少卿,出知颍、汝二州,坐党籍落职。据郑永禧《烂柯山志》载,张耒晚年安置黄州。居柯山,自号柯山居士,著《柯山集》五十卷行世,有《柯山赋》《柯山集诗》。《柯山赋》云:"入东门而右回兮,原迤逦以相属,拔磅礴以陆起兮,是为柯山之麓。"故疑此山即在黄州城东。

上记二条虽未涉及王质遇仙烂柯故事,但因其名与柯山同,故记此以备查。

第二节 掌 故 杂 记

南朝梁时信安县的王质及其弟王固 清嘉庆《西安县志》转引《陈书·王质传》载,王质,字子质,为梁武帝之外甥,被封为甲口亭侯。元帝时任为右长史,后即出任都督吴州诸军事、宁远将军、吴州刺史,领鄱阳内史。荆州陷,侯填镇溢城,与王质不和,派遣其偏将羊亮来代理王质职务。王质即率领部属过信安岭,依靠留异。后文帝镇会稽,以兵助王质,并令其镇信安县。

其弟王固,字子坚,也因是梁武帝的外甥,而被封为莫口亭侯。荆州陷落后去鄱阳,与其兄王质过东岭,即居信安县。

石门里岭底石室　据民国《衢县志》载,石门里岭底,与烂柯山隔溪相望,相距约5华里。据民间相传,其地有古石室,石室内有石床、石凳。明代时曾发现石门,但通往石门的小径均被荆莽、野草所埋没。当地乡人曾屡次前去开辟,且逐步发现通道,但总因迷路而无法进入石室。

道岩王山人　郑永禧《烂柯山志》载,离城三十里有一名大岩的地方,其地与九仙岩相望。据传,有一王山人隐居于此修道,常发现青鸟和紫芝。据说,王山人是王质的后人。

烂柯山道士徐景立　唐黄滔《王审知福州造像碑》:梁时王霸于怡山上升,山在府城之西五里。光启丁未(887)岁,衢州之烂柯山道士徐景立于仙坛东北隅取土,掘得瓷瓶七口,各可容一升水。其中悉有炭,上总盖一青砖刻文字。

王质观棋镜　宋铜镜,正背两面均有图。正面画面为:重叠的山峰,山脚下,有四位神仙,以树叶为裙,或手举山花,或手提竹篮,在溪边、山谷采仙果,悠闲自得。经过一山冈来到山上,有二位神仙在上坐着下棋,小小棋盘上棋子粒粒可数,中间站一樵夫,手持扁担,腰插樵斧,正在观弈;背面,有二位长者呆呆坐着,边上站立二人,双手捂胸。好像王质的父母妻儿在焦急地等待他回家。(摘于1995年11月26日《衢州日报》,作者王世德)

柯山朱土　明徐日久《葵园杂著》载,柯山出朱土,相传是仙人所炼的丹砂。朱土和银朱、丹砂、赭土相类似,怀疑朱土即是俗称土朱这种东西。

棋仙钱　据验证为明代铸造,铜质,直径3.6厘米,重13克。正面为对弈图,两仙席地而坐,中间钱孔为棋盘,上方刻有"棋仙"二字;背面为朱熹《烂柯山》五言诗:"局上闲争战,人间任是非,空交(教)采樵客,柯烂不知归。"棋仙钱为纪念观赏币中的神灵仙佛钱,极为珍稀。

徐忠壮公 清康熙《西安县志·人物传》按语:"徐忠壮公邑之官塘人也,其家临塘,塘可十亩,深丈许。公于大观中以武勇绝伦科及第。志称为李釜榜进士者误也。自宋时其一家官金紫者十余人,称极盛。故老相传:公长九尺余,膂力绝人,与金兵角敌时单骑被追急,公走入石亭,以一手揽石梁,两足挈所乘腹举之,离地三尺许,如是者三,金兵惊退得免。世称之为擎梁三跨马云。又相传,其家尚存一靴,乃公所曾服,明季时犹有人见之,可受谷二斗许,其雄伟可知。"

宋刘光世自柯山赴召 宋周辉《清波杂志》载:"辉顷随侍,赴官上饶。舟行至钓台,敬谒祠下,诗版留题,莫知其数。刘武僖自柯山赴召,亦记岁月于仰高亭上。……"

刘光世,字平叔。南宋初,随宋高宗赵构南渡,任制置使,后升迁为太尉御营副使。引疾罢军政,拜少师,封杨国公。卒谥"武僖"。

宋陆游偶得石室酒 陆游《偶得石室酒独饮醉卧,觉而有作》诗云:"初寒思小饮,名酒忽堕前。素罂手自倾,色若秋涧泉。浩歌复起舞,与影俱翩仙。一笑遗宇宙,未觉异少年。诗人不闻道,苦叹岁月迁。岂知汝南市,自有壶中天。河洛久未复,铜驼棘森然。秋风归去来,虚老玉井莲。"

宋宁宗赐扇集仙观 据韦居安《梅磵诗话》载,宋宁宗赵扩曾赐烂柯山集仙观御笔画扇。"余甲戌岁(咸淳十年),薄宦三衢,尝陪同僚游烂柯山集仙观,有即事十绝句,内一首《观宁宗御书画扇》云:'箧中宝扇久珍储,上有宁皇御笔书。因记小臣生圣世,为观奎画重欷虚。'"菊磵高九万《赋思陵御制墨本》云"淡黄越纸打残碑,尽是先皇御赐诗。白发内人和泪读,为曾亲见写诗时。"

应臬侨居烂柯山 应臬,字仲鹄。为诸生,后弃去,泛舟江汉间,发为楚声。已而上蓟门,历长安,落落无所合。归而卜筑于东皋之竹苍畈,与二三隐人往

来酬唱。信安方应祥、徐日久延至烂柯山,以诗文师事。(清嘉庆《西安县志》引《鄞县志》)

胡宗宪宴将士于烂柯山　明嘉靖四十一年(1562)倭寇再次骚扰浙江、福建,总督浙直福江军务少保兼太子太保兵部尚书胡宗宪统三军进剿,驻于衢州。剿寇胜利后,胡宗宪在烂柯山宴将士,庆祝胜利。据《静志居诗话》载:"嘉则(沈明臣)、文长(徐渭)同在胡少保宗宪幕府,并受少保知遇。督府周防严密,文长恒戴敝乌巾、白布游衣,非时闯入,或出昵饮,夜深犹开戟户以待。嘉则岳岳不阿,少保遥望见必起立。尝宴将士于烂柯山,酒酣乐作,嘉则于席上赋凯歌十章,吟至'狭巷短兵相接处,杀人如草不闻声',少保起,捋其须曰'何物沈郎,雄快乃尔!'命刻石置山上。"

清吴景旭《历代诗话·癸集(明代)》载:"宗宪尝宴将士烂柯山,文长作诗云:'万里封侯金印大,千场博戏彩球新。'时,沈嘉则同在幕,亦宴山上,请为凯歌十章,援笔立就,釂酒高吟至'狭巷短兵相接处,杀人如草不闻声'。宗宪起,捋其须曰:何物沈郎,雄快乃尔!"

仙游洞石棋子　据清康熙《西安县志》载:"距城四十里有叠石山,山有岩洞,名仙游洞,洞内可容十余人。洞后有穴,可通山顶。其山石叠如垒棋,石顶皆祇平光润,错杂填委,延亘三余里,以百十计。"据传,此石皆为烂柯仙人遗迹。清郑文琅《叠石诗》:"累丸势耸玉连环,仙子飞凫许往还。应是青霞柯烂后,残枰收拾一林间。"

仙岩寺王质像　清郑永禧《烂柯山志》载:"仙岩前有寺名仙岩寺,俗称石岩寺。寺中供有王质及二仙对弈像,据传说,王质曾求仙于此。"

郑永禧《仙岩寺瞻王质遗像》诗:"白云缥缈访仙踪,映翳空山绿树浓。棋罢烂柯人不见,居然一笑又相逢。"

王岩　郑永禧《烂柯山志》:"去烂柯山三里余,有王岩,俗传'皇岩'。其地有王岩堰,相传是王质的故居,故名。"

沐尘王质像 郑永禧《烂柯山志》:"沐尘(今属柯城区九华乡)去城西十五里,相传王质为是处外甥,村中故有王质塑像。"

《柯山棋魂》电视剧 故事发生在衢州烂柯山。其剧概要:相传晋代樵夫王质去石室山砍柴,至石室,巧遇二仙人对弈,王质在观棋中得仙指点,传给后代几册围棋棋谱。明朝时,棋谱传至王质后裔王汉其手中。当时,朝廷上下弈棋成风,许多文人、武将到处搜寻优秀棋谱,皇上也对棋谱珍本爱不释手,凡能进献一部珍贵棋谱,讨得皇上欢心的人,就将加官晋爵,光宗耀祖。因而围绕王家祖传棋谱,演义出劫夺和保卫棋谱这一个悲壮的故事。

该电视剧于1993年3月,由中央新影电视剧部和衢州市人民政府联合拍摄。分上中下三集。于1993年5月1日前先后在中央电视台和省电视台播出。

编剧陈才,导演王永宏,顾问徐文荣,监制郭学焕、刘建中。

烂柯棋社 衢州素来与围棋有缘,自"王质遇仙,观弈烂柯"的美丽传说盛传以后,衢州烂柯山成为围棋圣地,围棋在衢州更为盛传。一批热衷于围棋的人以此为业,乐此不疲。衢州礼贤门(大南门)边的衣锦坊有一位年轻人傅翠忠创办了一处专供下棋的场所,名为"烂柯棋社",自任棋社社长。该棋社可供20余人捉对厮杀,订有《烂柯棋社规则》。每当双休日,围棋爱好者以及慕名而来的人络绎不绝。

忠壮陵园征联 1995年12月31日,市文物局进行烂柯山忠壮陵园征联活动。至1996年12月27日共征得楹联82对,后由市文物局邀请有关领导、专家进行评选,经过9位专家的三轮评选,共有9对楹联入选,其中评出一等奖1件、二等奖3件(2人)、三等奖5件(4人)。

一等奖得主为衢州市政协傅春龄。其楹联为"跨马擎梁,威慑金源,千秋壮烈;盘弓射逆,先驱武穆,一代精忠"。其联现已镌刻于忠壮陵仪门之两侧。

二等奖得主为江山市政协周晋光,其楹联云:"守河西,图河东,忠贯日月;射内弟,屈内子,威震神灵。"其二云:"克岚石,守晋宁,危局孤撑,忠贯日月;

射可求,斥娄宿,丹心永鉴,气吞山河。"此联现张挂于徐徽言坐像两侧。

二等奖另一位得主为龙游县文化馆朱传富。其联为"三衢铁汉,节过鲁公,气壮山河,自古英雄扶正气;二宋功臣,忠比武穆,心昭日月,从来志士振民心"。

三等奖得主共4人,分别是兰溪市亭乡塘上村徐汝昌、市文物局徐文荣、市博物馆潘三古、柯城余良佐。其中徐文荣所撰一联:"父节度,子节度,代代忠良护社稷;兄进士、弟进士,个个俊义理纲常。"现镌写于徐徽言事迹厅的前柱上;潘三古一联"孤军传奇捷,气慑乾坤数一人;高风亮清节,彪炳寰区耀千载"。已镌写于正殿前柱上。

附　录

编者按：此文是老一代学者黄石先生于1935年所写的一篇以西方神话学理论为基础的民俗学论文。全文以翔实的史料为依据，论证了烂柯山及其传说的源头就在浙江衢州。尽管文中的有些观点，如关于烂柯传说原型的某些判断，端州烂柯山传说的流传时间等还值得商榷，对烂柯山传说的流传路线等问题还没能理清，但仍不失为30年代最重要的民俗学论文之一。对今天衢州人对烂柯山传说的再认识也是大有助益的。2011年5月23日，烂柯山传说经国务院批准列入第三批国家级非物质文化遗产名录。他山之石可以攻玉，特转载此文。

烂柯山传说的起源和转变

黄　石

神秘的山林，缈窈的岩穴，在心灵观感上，常给人神奇瑰丽的印象，引起超然物外的遐思；在文学创作上，更由这种印象和遐想，产出奇诡荒诞、潇洒出尘的结撰。你试看古来的神话传说，乃至神仙故事，多半以山林岩穴为背景或题材，就知道这是神奇的感觉与创作的冲动两者的心灵感觉所孕育的果子。烂柯山的传说，便是这种物外憧憬所结成的千万颗金黄苹果之一。

按烂柯山在地舆志上，一共有四处：一个在浙江衢县南二十里。因为山中有石桥，故《通典》又叫作石桥山。因为这是道家的游仙窟，故道书列为

"青霞第八洞天"。《水经注》说山中有石室，所以又叫"石室山"的异名。第二个"烂柯山"在河南新安县西南三十五里。此山在群峰错秀之中，有个王乔洞，相传这就是王乔遇仙的地方。第三个，在山西沁县东北四十里，接近武乡县界之处，也有一个山叫做烂柯山，却不大出名。第四个"烂柯山"，远在五岭以南，广东高要县东南五十里。《舆地纪胜》说此山又名腐柯山。按"腐"当即是"烂"之转。此处烂柯山也因为王质遇仙人赤松子于此而著名，与新安县相似。然而还有使它驰名全国的另一个较重大的原因，就是此山的西麓与峡山相对处，有一条砚坑，出产全国最名贵的"端溪石砚"。自唐宋人在此采砚，此山就享盛名。此外四川的达州有亭，亦以"烂柯"名（详下文）。单是从地志一看，便知道"烂柯"的传说，流传是怎样的广远，并且怎样的为人们所好而传述不绝了。

考这个传说，原来属于神仙故事的型式。它的"母题"，是一个樵夫在山岩间无意中遇到仙人们行乐消遣，他就做了忘形的旁观者，谁知一看就是许多年，及至醒觉时，打柴的斧柄已经腐烂了。轮廓大体是如此，内容的情节却因流传时地的久远而有若干的变化。

据我所知，"烂柯山"的故事最先见于虞喜的《志林》。原文是这样：

> 信安山有石室。王质入其室，见二童子方对弈，看之；局未终，视其所执伐薪斧柯已烂朽。遂归，乡里已非矣。

据这一则简洁的叙述看来，故事的场所是信安山的石室，主人公是王质；故事的轮廓是樵夫观弈忘归，及醒而世事已几经沧桑了。一局棋一下就是那么悠长的岁月——斧柯烂朽，乡里已非，那么，那两个童子一定是仙人或仙人化身无疑。

这里却引起一个地理的问题，就是故事发生的场所到底是"信安山"抑或是"信安"山呢？这问题显然吃了古书无标点的亏。国中有没有一个山专名信安山，我不知道，假如是作"信安"山——即山以地名，指信安的山——解。那么，以信安为名的地方，也有好几处。第一处是晋所置的信安，其地在后汉本名新安，晋才改名信安，唐又改为西安，故城在今浙江衢县境。第二个信安县是梁朝所置，即今湖北麻城县治。第三个信安却不是县而是郡，隋置端州，后改为信安郡，唐复为端州，即今广东高要县治。按虞喜是东晋初永嘉至永和年间人，生于余姚，那么梁置的信安县和隋置的信安郡，当然都不是他所知的。故《志林》所说的信安，无疑的是指今属衢县的信安了。至于此山到底因地得名，抑亦以信安为专名，很难确定。但当虞喜写《志林》三十篇的时代，此山还不曾得"烂柯山"的专名，却可以断定。后人以"烂柯"名山，是因王质山中遇仙、观弈以至于斧柯腐烂的传说而起名，亦可以从《志林》的简括叙述得到确定的推断。

虞喜的著录，也许不是这个传说最初的记载，但至少可以相当地代表初生期的原型。从东晋传到南朝，故事的轮廓虽然依旧，却有点变异了。这个时代的转变，有梁朝任昉《述异记》所述的一则可以代表：

> 信安郡石室山。晋时王质伐木至，见童子数人，棋而歌，质因听之。童子以一物与质，如枣核。质含之，不觉饥。俄（一本作俄顷）童子谓曰："何不去？"质视柯尽烂（一本作起视斧柯尽烂）。既而归去（一本作既归），已无复时人（一本无已字）。（据《汉魏但书》本）

任昉上距虞喜一百三十多年，他的记载比之《志林》的著录就有着几个差异之点：第一，这是最大的一个，信安是明明白白的当作郡名，而山则定名为"石室"，显然的，这是因山中有石室而得名。但传到这个时候，这山仍不曾起名"烂柯"。第二个差异点，比较的不甚重要，即由"二童子"变作"童子数人"。第三个异点，却是一个很大的转变关键：《志林》说童子方下棋，王质倚斧观弈；这里却下棋之外，平添了唱歌的情节，而王质的注意点也从观弈变为听歌。第四个异点，说王质吃了童子所给的仙枣，便忘饥渴，故能听歌多时而忘归。这一点是完全新添的元素，我想，这大约是传述者为要把原来的故事合理化而加入的。不然，童子是仙人，固然可以久弈不倦，王质却是凡夫俗子，怎么能耐饥渴看那延长多年的棋局呢？而且当局者与旁观者经过那么悠久的时间，而可以绝对不生干系，看来也不大合理。如今加入吃枣的情节，这两个困难便都解除了。末了，《述异记》特别表出"俄顷"，童子便唤醒樵夫，叫他归去，此意虽包含于《志林》的简括文字里，却没有那么大的暗示力。显然的，这个故事的中心要旨之一，是俗人所说："山中方七日，世上几千年"的时间观念，但《志林》只把这种观念作模糊的暗示，让人从"乡里已非"四字去体味时间的悠久，而《述异记》却拿"俄顷"与"已不复时人"作强烈的对照，叫人更容易清晰地领会方外与世间的时间差异，究竟达到什么程度。从这几点看，我们可以看到，经过了一百多年，故事的神话色彩便越来越浓厚了。

上面的比较，曾提示听歌是一个重要转变的关键，现在让我们把从这一点承先启后的转变根究下来。古来传述"烂柯山"故事，差不多全以观弈为中心题材，而忽略了观弈之外还有听琴的一种说法。这一个型式的传述，比较上以郦道元《水经注》的记载为最早。《水经注》的原文大致如此：

> 信安县有县室坂（一作悬室坡或室坡），晋中朝时，有王质伐木，听童子弹琴。俄顷，斧柯烂尽（按：这里信安亦指今浙江衢县）。

宋人朱翌撰《猗觉寮杂记》，亦引《水经注》表明"烂柯"传说古已有听琴一型。为便于校证，不辞照录朱氏的引述于下：

　　烂柯山多用棋事,听琴亦然。《水经》:晋民王质,伐木入信安县室坡,见童子四人鼓琴,质倚柯听之。既去,烂柯,去家已数十年。

　　朱氏的引述,比《水经注》原文也略有出入。较重要的一点,是原文不指明弹琴者的人数,而朱氏之文则定为四人。又原文"俄顷"二字所暗示的悠忽观念,引述者改作"既去",时间的久暂反弄模糊了。最后"去年已数十年"一句也叛离原文。

　　今按:观弈听琴情节上的转变,虽与母题无关,却也值得细心研究一下。如果我们拿记载者的先后来推定传述的盖然年代,那么我们便不得不推见于虞喜《志林》的记载为"烂柯"传说的初型。如果我们以流传范围的广远来定传述的正统,那么我们也就难免下"观弈是传说的正统型式,而听琴是旁出的转变"的论断。因为历来文献上的传述,都以采观弈型的居大多数;而采录听琴型的,据我所知,除刚才称引的二书之外,似乎只有明人张萱遥为应和,而归根到底,却断为"当是一事两传也"。他在所著的《疑耀》卷六上面引《东阳记》说:

　　烂柯之说,人皆知为弈者之事。《东阳记》:信安县有悬室坡。晋中朝中,有民王质者,伐木至室中,见童子四人,弹琴而歌,质因倚柯听之。童子以一物如枣核者与质含之,便不复饥。俄顷,童子曰:"其归!"承声而去,斧柯烂尽。既归家,已数十年矣。一以为观弈,一以为听琴,当是一事两传也。

　　《东阳记》未详撰人姓名,无从确定其年代,但可信是比较晚出的书。试将彼所载与前引诸书比较便知是杂糅前代诸说化合而成的。其中除时地与主人公与前人之说完全相同外,童子的人数与朱翌引《水经注》而转述的同。吃仙枣一个情节及"斧柯烂尽"一句以上，全采自任昉《述异记》。"既归家，已数十年矣"一句又与朱氏的引述雷同。可以证明这个传述决不足以代表故事的原型。

现在成为问题的，只是《述异记》与《水经注》原文所著录的两说，究以那一说较早出现。查任昉和郦道元一个是南朝人，一个是北朝人。任氏生当齐末梁初，大约在梁武帝天监年间著书。郦氏生当魏孝文帝太和中。一查年代，他们俩是同时代的人，因此在年代上无法考定两人所著录的传说出现的先后。如果改从故事的本身来推断，问题却较易解决。无论如何，虞喜的时代，都比任昉、郦道元他们早百多年，那么他所听到的传说，至少比较近于原型。要是拿这个作评衡的标准，那么，任昉所述虽然添了听歌的情节，却仍保存下棋的本质；郦道元所录，则仅取琴歌一个元素，而抛弃了下棋一节，从此我们不妨断言任说是较近于原型的。但他述的"棋而歌"一句话，却开了由观弈转变为听琴的门路，因而由歌而琴，是很自然的转变。所以我说，《述异记》所述，是一个重要转变的关键。再者，后世的辗转传述，始终远接虞喜的一脉，以观弈为中心题旨，听琴之说，除几个好古之士广为稽考外，不为大多数人所知。从此，我们至少可以下这样暂定的结论，即："烂柯"的传说，到了南北朝演变为两个相异的型式：一个是保存观弈的本质而附加了听歌的新成分；一个是索性把观弈转变为听琴。但姑勿论怎样转变，故事的母题和轮廓却始终如一，没有改动过。不过听琴一说，只是旋起旋灭的一个小波折，后世的演变，毕竟还是坚持着观弈的原型，一线相连地发展开去。

这个直系的故事，到了唐代，又起了一个小小的转变，丘光庭《兼明书》的一条述说，可以表出它发展的小过程：

> 烂柯山，相传云：昔人采樵于山中，见二人弈棋于松下，因坐而看之。及棋罢而归，斧柯已烂；至家，三岁矣。因名其山曰烂柯山。

丘氏的下文，力辩这个传说的无稽，缺乏神话学的眼光，我们不必管他。单论他记载的内容，有几点很值得注意。第一，在故事发生的初期，人物与场所，都有一定的名称，姑勿论是信安山也好，石室山也好，悬室坂（或坡）也好，反正是个实指地名，也可稽考。传到了唐末，这些实指的地名都消隐了，爽性改作无定指的"烂柯山"。又主人公在较古的传述里，有姓有名——姓王名质，时代也有定指——晋朝中叶。姑勿论这是实在抑是虚构，却都不是泛指。《兼明书》便刊落了主人公的姓名年代，只笼统含糊地说"昔人"。这似乎不是记述棋"松下"、"至家三岁矣"这两句的"松下"和"三岁"，也是一个小小的转变。末后"因名其山曰烂柯山"一句，尤其值得注意。这话充分地表现神话学上所谓"推原论"（Aetiology）的色彩。大约"烂柯山"起先只是一处，并且另有专名，后来越传越广，便越来越多，人们不晓得命名的取义，于是有人出来造作或牵引一个故事来指点得名的由来，或得名的所心然。丘光庭所指的烂柯山，我们不晓得到底指的是那一个，但是他的目的，显然是属于"推原论"的。可知他所记的传统，一定经过长远的转化无疑。

"烂柯山"的传说，虽然中间有过一度听琴的转化，但始终保守着弈棋的情节，久而久之，传到士大夫阶级手里，这故事便成为一个弈棋的典故。宋人姚宽《西溪丛话》卷上所载一段弈棋的逸事，可为表证。原文是这样：

> 蔡州褒信县有棋师闵秀才说：尝有道人善棋，凡对局率饶人一先。后死于褒信，托后事于一村叟。数年后，叟为改葬，但空棺衣襟而已。道人有诗云："烂柯真诀妙通神，一局曾经几度春。自出洞来无敌手，得饶人处且饶人。"

观此，可知这传说的势力已侵入文学界了。同时，作《能改斋漫录》的吴曾又有一则散文的记载，叫人知道"烂柯"的传说，流传越广，便越离本来的面

目。这故事传到四川,却由山洞转变为亭:

> 李宗谔云:达州烂柯亭,在州治之西四里。古有樵者,观仙弈棋不去,至斧柯烂于腰间,即此地也。乃知观棋烂柯,不止衢州。(见卷九)

按达州,唐置通州,宋改为达州通川郡,其地即今四川的达县。这个传述,除变山为亭外,还有一个小小的转变,就是樵夫观弈(或听琴),《水经注》《疑耀》等书,都说"倚柯",这里却说樵夫的斧头仍插在他的腰间,及一局未终,"斧柯烂于腰间"。至于樵者没有姓名年代可考,正显出它是从古远处传来,其理与上同,可勿赘论。惟有吴曾在末后所加的按语,却值得一辩。他虽是个博洽的杂考家,却不知道一个传说会从一个中心点向四面八方播散的。据我们今日的判断,达州的烂柯亭显然从衢州的烂柯山演化而来。

篇首曾说过,国内著名的烂柯山共有四处,其中尤以浙之衢州和粤之端州最有名。衢州(即古之信安)最初的"烂柯"传说大略如上文。如今再觅得清人对于这座古传说所系的名山的记载,可以相当地帮助我们了解传说发生的来由,特节录于下:

> 浙衢州有烂柯山,在通神门(俗号小南门,应作通仙门,原文有误)外廿二三里。有烂柯寺,即烂柯之麓也。……出寺门取路寺左(约百数十步)……望见左侧山顶,有穴露出穴外之天,而树枝横斜,忽蔽忽见。缘石磴而上,盘旋行曲,忽睹一窈然豁然者,弯环起伏,宛如梁状,即道中所望之石穴,王质遇仙之处,道书所称青霞洞天也。……(见《小方壶斋舆地丛钞》再补编所收《烂柯山记》,撰人缺名)

篇幅所限,不能把整篇抄录下来,但只此短短的一段,已足够令人起空灵幻妙的憧憬。然则以那样的境地而产生这般幽玄神异的想象，又何足怪。无疑的，这里所描写的石穴，正是《志林》之所谓"石室"、《水经注》之所谓"悬室坂"，而《通典》之所谓"石桥"，大约也是因石穴"弯环起伏，宛如梁状"吧。这篇游记虽然对于故事的本身无所增益，但读了之后，却令人恍然于传说的产生确有所以然之理，决不是偶然杜撰得来的。此外，"烂柯山"故事为有清一代人士所爱好盛传，我们也从此得到暗示。

在这部舆地丛钞里，还有一篇《游烂柯山记》，也是个缺少作家所作，但所写的却是端州的"烂柯坪"。从此，我们又可以窥见这个故事传到五岭以南变成怎么个样子，故节也节录下来：

> 端州之东，羚峡之中，有烂柯山焉。相传为王质观棋处。山峰峭兀，石壁巍峨。前有望夫石，后为龙华寺。……与府城（按：此指肇庆府）相去二十里。……山麓有巨石，其平如砥，其滑如泽；仙枰具在，食碗犹存。……有语及应瑞者，言仙棋如石卵，其巨如碗，得者主大贵。……

这一段记载，语语很落实，却又很夸张。所谓落实，不但山的所在历历可指，即弈具食碗等都有遗迹可见。所谓夸张，则"神化"气息非常浓厚，而且棋子巨大如碗，得者主大贵，岂非极荒唐的神话？还有屈大均《广东新语》（卷三）的一段记载，较详于故事的本身，但同时也显出同等傅会可笑的怪诞成分。屈翁说：

> 斧柯山海内有四。其在端州者，宋时，凡采石斧柯，祭以中牢，不尔，则雷电晦冥，失石所在。烂柯处在山高顶。王质事有无不可知，然山下姓王，多有称质子孙者。成化间，东溪严氏子入山，方一假寐，家中妻子已失之二月矣。所裹未及果腹，启视犹香无恙，土人至今骇之。山乃桂源第二

峰,有仙弈枰,枰中棋子隐起,黑白判然,有手掌痕迹。石如屏如几者凡七八聚。旁有树,甚怪,千百年物也,不知其名,但称之仙树。……旧有烂柯寺,今亡。

这么一来,山上的一切,不单是前事的遗痕,简直是神迹了!最怪诞的是,山下的王族居然自称为王质的苗裔;而东溪严氏子,也居然再会一次神仙!这一切,拿神话学的眼光一分析,便不难判明越来越神化的傅会成分。

但是这里有两个值得细考的问题。第一,"烂柯"的传说,怎么会流传到岭南?第二,传到此地以后,为什么越来越怪诞?关于第一个问题,我以为可以从历史和地理两方面求解释。先说历史方面,我们知道自汉通南越以后,华族就连连续续地向五岭以南移殖。到了晋代,因受五胡的压迫,更不能不以岭南为移殖的尾闾。晋的名宦世卿曾开府广州,可见两晋对于广东很下过一番开发的功夫。烂柯山的故事既盛传于两晋和南北朝,那么,它随着一批一批的移民往南传播,是很可能的。这些移民,到了移殖的新领土,尚且要凭空造作五羊化石、仙人献穗等传说(广州一名羊城,又名穗城,就是由这些传说而来),那么,要说他们在本土所盛称乐道的故事,不带着南来,也似乎不合情理。由此,我们不妨推断原来盛传于江浙的"烂柯"故事,一定是随晋代的移民传到南边去,所以故事的轮廓与初型没有多大分别。

但是,他们却为什么把"烂柯山"傅会于端州的山峰呢?说到这里,我们还可边带解决第二个问题。前边已经略略提及端州的烂柯山完全因产砚石而享盛名。依屈大均说,这里的"烂柯山"也名叫"斧柯山",古书有时又名"腐柯山",都是音义之转。查《砚谱》有说:斧柯山即高要烂柯山,"端溪有斧柯、茶园、将军地,同是一溪,惟斧柯出者,大不过三四指,一两呵,汗津滴沥,真难得之物。"则山以物名,可以决定。回头再看刚才所引的两段记载,此山的石,除可凿为砚之外,还有种种奇形怪状的岩石:有"平如砥、滑如泽"的,有"如石卵""巨如碗"的,有像瓮像碗的,有像妇人望夫的(望夫石),有像棋盆棋子的,有似留有仙人手迹的,也有"如屏如几"的。这一切奇瑰的山石,处处都充满暗示,处处都能够叫从东南迁徙南来的移民回忆起他们在老家听惯了观弈遇仙的神仙故事来。再加上这个石坑,本来就充满神秘的气息,采石者如果不拿牲来祭斧柯,便采不到好石。这又是一个促动联想的有力因素。由不时遭遇的雷电晦冥,而联想到神仙的出没;由祭斧柯的礼仪而联想到烂柯的传说。有了这一切历史的、环境的和日常生活的因素,他们不把古代的神仙故事傅会到极相似的境地去,那才可怪哩。这么一考察,我们竟可以断定端州的斧柯山是晋时随着移民移殖过去的。

现在剩下来的,还有一个更重大的问题,就是"烂柯山"传说怎样发生起来。我们手头抓着的最古的记载是东晋人的作品,但这还不能证明故事的原始即生于东晋时代。不过如果从故事的本身求内证,更可得坚强的论据。这个故事属于"神仙故事"之列,当无疑问。它的主要成分是仙人在深山的岩穴消遣永日——下棋或弹琴;它所包含的主要观念是"山中方七日,世上已千年"的流行观念和世事沧桑易变、方外万古长春的出世思想。这么一分析,我们马上就看出故事的内容和旨趣与两晋南北朝的时代精神相符合。

何以见得呢? 大家都知道这个时代是竞尚清淡、老庄哲学风靡天下的时代。尚气节的高人雅士都抛开现世,躲到山林去寻他们的皎皎霞外的幽清逸趣,如"竹林七贤"是最著名的代表。就是稍为近俗的人,也把诗酒琴棋作理想清净的生活,所以身当国家重寄的大员,也在皇事鞅掌的当儿,去游山,去下棋,藉此消遣混浊的岁月。甚而至于有明敏头脑的大学者,也只以注老庄、谈玄学为胜业,如何晏、王弼等便是其中的人杰。至于心灵纤细,感觉敏锐的诗人,则终日作潇然物外的遐想,大作其"游仙诗",郭璞之流固然是表表者,就是专以田园诗见长的陶渊明,诗中无一不充满仙境的憧憬,而《桃花源记》一文更露骨地表现他的幻缈意境,严格说,也是"游仙"幻境的一个。总而言之,风靡两晋南北朝百余年间的时代精神,是老庄一派的自然主义哲学,是"竹林七贤"所代表的避世清高的享乐主义,是郭璞所代表的游仙幻的憧憬。这种精神,正是烂柯山故事所具体表现的意象。

不信,再细察一下吧。烂柯山的场面,是红尘不到、清幽绝俗的深山岩谷不是? 烂柯山的角色,是逍遥物外、皎皎不群的方外人物(姑勿论是不是神仙)不是? 烂柯山的生活,是清高逸乐、不萦俗念的生活不是? 烂柯山的时间,是万古长青、没有时计的境界不是? 王质虽是个凡人,及至从仙境醒觉过来,讨饭吃的工具是没有了;重新走到人间,妻儿亲友都灭绝了,然而诸书的记载,没有一本说他表示后悔,可知他多少也沾染了些漠视尘世的仙气。这样的境界,这样的人物,这样的时间观念,这样的生活态度,如果不是从充满出世玄想、游仙梦幻的晋人脑子里翻出来,别个时代的人决不能有这样空灵幻缈的杜撰。

原载《太白》半月刊第2卷第2、3期(1935年4月)

烂柯山探源及烂柯传说的成因

谢昌智

相传自北魏时期就已流传这样一首民谣:

> 王子去求仙,丹成入九天。
>
> 山中方一日,世上已千年。

唐代著名诗人孟郊写了这样一首诗:

> 仙界一日内,人间千载穷。
>
> 双棋未遍局,万物皆为空。
>
> 樵客返归路,斧柯烂从风。
>
> 唯馀石桥在,犹自凌丹虹。

这首诗和流传久远的民谣都描述了一个美丽又神奇的传说——王质遇仙,也记载了烂柯山与围棋这一史实。美丽的故事,神奇的传说,古往今来吸引

了许许多多的文人骚客驻足。从晋代的虞喜,南北朝的任昉,到唐代的孟郊、白
居易、刘禹锡。从宋代的王安石、苏东坡、朱熹、陆游,到元代的马可·波罗,从
明代的徐渭、徐霞客到近代的郁达夫、吴晗、邓拓,等等,有的亲临,有的留下脍
炙人口的诗文。烂柯山已收入了《简明不列颠百科全书》《辞源》《辞海》《中
国地名大辞典》等名典,名声远播海内外。

由于烂柯传说用"偶遇"的方式开辟了凡人成仙的捷径,其传说在神州大
地不胫而走。

全国各地称烂柯山或有烂柯传说的地方甚多。仅凭笔者多方搜索,全国有
烂柯山及烂柯传说的就有十余处:如山西晋城陵川的棋子山,河南洛阳新安的
烂柯山,广东肇庆(端州)高要的烂柯山,四川西昌、达州、福建延平、陕西洛川、
江苏吴县、山西沁县(武乡)的烂柯山,成都的烂柴山,山东莱芜的棋山,武夷
山的仙弈台等,甚至连朝鲜、越南都有类似的传说,且大多以正宗自居。那么,
古籍中的"王质烂柯"究竟指的是何处烂柯山呢?"围棋仙地"又到底在何方
呢? 对此,众说纷纭,连近版《辞海》对烂柯山今址也作了回避,《中国历史文
化悬案,总览》则将其列入,称"烂柯山"有六座。

翻开浩如烟海的古籍,可以看到,最早记载此一传说的主要是晋虞喜
(281—356)《志林》:"信安山有石室,王质入其室,见二童子方对棋。看之,局
未终,视其所执伐薪柯已烂朽,遽归乡里,已非矣。"南朝梁任昉(460—508)的
《述异记》这样写道:"信安郡石室山,晋时王质伐木,见童子数人,棋而歌。质
因听之,童子以一物与质,如枣核,质含之不觉饥,俄顷,童子曰:'何不去?'质
起,视斧柯尽烂。既归,无复时人。"

从以上两处记载可以看出,"烂柯"这一美丽的传说主要有两个要点:一是
地点在信安,山名石室;二是主人公是王质,主要内容是观棋柯烂。根据以上
两个要点,我们来分析判断一下全国各地烂柯山及有相似传说的地方吧。符
合和接近这一传说的主要有浙江衢州、河南洛阳新安、广东肇庆高要的烂柯山

和山西陵川的棋子山。

先从地点上分析,浙江衢州自西晋太康元年(280)改名信安,历经两晋、南北朝(宋、齐、梁、陈)、隋,直至唐咸通年间(860—873)方改为西安;广东肇庆的高要,南北朝时为高要,隋初(581)改为端州,隋炀帝(605)改为信安,到唐(618)又改为端州,宋后改为肇庆,高要现属肇庆。浙江衢州称信安有近600年,而广东肇庆高要仅十余年。浙江衢州晋时称信安,而广东高要晋时未设,隋时才称信安。广东肇庆高要烂柯山又名腐柯山,浙江衢州烂柯山则名石室山等。河南的新安县旧称东垣,北周时改名新安,唐移新址至今,名未变。它不像浙江衢州虽自东汉初平三年(192)置新安县,但到太康元年(280)即已改名为信安。山西的陵川,隋时设立,一直未更名。翻阅《中国古今地名大辞典》,旧称信安的除衢州、高要外,还有湖北麻城、四川彭城、浙江常山及广东开平县东、河北霸县东,这些则无烂柯山及栏柯的传说。

再从主要内容上分析,浙江衢州的烂柯故事主人公是王质,字子仙,俗称王子,家有老母及弟王贵,王质以采樵为生。中间的故事同史书上记载,结尾是王质观棋不解,正待请教,童子(少年)已不见,回身抄斧,发现斧柄已烂尽。归家后,人事已非,经打听,人们说当年王质上山砍柴,一去不复返,至今已百余年了。后王质重返烂柯山,得道成仙而去。广东肇庆高要的烂柯山,主人公也是王质,神仙则为南、北二斗仙翁(一说为赤松子),王质吃的则是蟠桃,余则差不多。而河南洛阳新安的烂柯山,主人公则是王乔,有人误认为王乔是王姓樵夫之误,实则不同。王乔是道教崇奉的神仙。杜光庭《王氏神仙传》云:"王乔有三人,有王子晋王乔,有叶县令王乔,有食肉芝王乔,皆神仙,同姓名。"更能说明问题的是王乔仙洞前有块诗碑,题目是《奉题河南府烂柯山铁斧诗》,开头两句"我生江南山水间,尝闻王口有柯山",就表明了烂柯山应位于江南,而非中州之地。而山西陵川的棋子山,有学者证其为围棋的发源地,山又称箕子山、谋棋山,山名本就不同,烂柯传说虽相近,但主人却是李忤,神仙是两位老者,故事在箕子洞前。

从以上各地烂柯山及传说的分析,要数浙江的衢州和广东肇庆的高要最接近虞喜、任昉的记载了。除前文的分析外,还要引起重视的是,虞、任两位对烂柯山的地形地貌都未作详细的描述。距两位最近有此描述的则有前文引用的孟郊诗,诗中曾写道"唯馀石桥在,独自凌丹虹"。这首诗的诗名为《烂柯山石桥》,由此可见,跨空石梁(桥)是烂柯山的重要地形、地貌。浙江衢州烂柯山又名石桥山、石室山、悬室坂,主峰如一座巨大的石桥,石桥下主洞高10米,东西宽30米,南北深20米,烂柯山这一重要标志在其他的诗人的诗作中也多有体现,如唐诗僧皎然"飞梁丹霞接",宋陆游的"桥作彩虹明",冯熙载的"今有烂柯之石桥,石桥雄浑仰碧霄"。元明以后的诗人如鲜于枢、刘致中等多达十余人则直接用"石桥、石梁"作为诗名。而广东肇庆高要的烂柯山只有烂柯坪、烂柯寺(旧存)等,其他的烂柯山也并无石梁、石桥之类的地形地貌。

至今仍存的围棋古籍《忘忧清乐集》中记有"烂柯图"。此图边注道:"昔王质入衢州烂柯山采樵遇神仙弈棋乃记而传于世"则明确表明了烂柯山在衢州。另据《隋书·经籍志》、《洞天传》中称:"王质者,东阳人也。"(隋,信安属东阳)宋·张君房《云笈七签》说"烂柯山在衢州信安王质隐处,为天下洞山第三十"。此后的众多典籍则大都认为烂柯山在衢州。更可令人信服的是《志林》的作者虞喜是浙江余姚人,《述异记》的作者任昉曾在新安(今浙江淳安西)为太守,唐人孟郊是湖州武康(今浙江德清)人。他们都生活在浙江,对衢州烂柯山的有关记述应是比较可信的。综上所述,"王质烂柯"的传说最令人信服的地点当属浙江衢州的烂柯山。陈祖德先生称之为"围棋仙地"当是名至实归的。

如果说,烂柯山可以确定在衢州,那么,"山中方一日,世上已千年。"这美妙的传说为何诞生于魏晋南北朝时期呢?"棋而歌",这传说为何又与围棋紧密地相连在一起呢?

任何事物的形成,思想文化基础是最为本质的。春秋战国时期,诸子百家学说纷呈,围棋虽已产生但难以盛行。两汉时期,汉武帝"罢黜百家,独尊儒术",而儒家的正统理论开始认为围棋为游戏,为玩物。"玩人丧德,玩物丧志",围棋自然难以推行。到了魏晋南北朝时期,玄学成为当时的主要哲学思潮。玄学,是道学和儒学融合出现的一种文化思潮,也可以说是道家之学一种新的表现方式,故又有新道学之称。

"玄",出自老子《道德经》"玄之又玄,众玄之门",玄道幽深微妙。魏晋时期的清谈学称《周易》《老子》《庄子》三本书为"三玄","玄学"之名由此而来。

汉王朝分崩,统治思想界近四百年的儒学也开始失去魅力。士大夫对西汉经学繁琐学风和三纲五常的厌倦,转而寻找新的精神家园。风雅名士聚在一起,谈说"玄道",时人称之为"清谈"或"玄谈"。素有"手谈"别称的围棋与清谈家们侃侃而谈的场景是多么合拍,无异成为当时士大夫们清谈之后的又一延续。

在战乱纷繁的年代,魏晋人寄情山水则是他们另一悟道生活方式。东晋著名书法家王羲之《兰亭序》里就记载了王羲之等一批文人雅士,在天朗风清,春风和煦的春日,列坐于清流旁,"曲水流觞",饮美酒,赏山色,并赋诗写序以抒怀抱,其情其景与"烂柯传说"中的"棋而歌"何其相仿也。围棋其"坐稳"的精神不就是魏晋人山水畅情的又一注释吗?

魏晋时期的神仙道教则继承了战国仙术,他们坚信神仙实有,长生可学。烂柯传说虽包含了围棋的内容,但对"山中方一日,世上已千年"的向往,其成仙得道的目的则相当明确。

道家重"自然""无为",围棋强调"平常心""流水不争先";庄子提"心斋""坐忘",围棋有"手谈""坐隐"的别称。围棋,其形式外合玄学的表现形式,其"虚""无""空"等围棋哲理无一不与道家文化相通,加之精妙异常,玄味十足的内涵,自然与当时的玄学相通。由此可见,作为内外相通的围棋在玄学占统领地位的魏晋南北朝时期迎来第一个黄金时期自然不足为奇了。

如果说,思想文化层面是烂柯传说产生的基础之一,那么,围棋邑的建立,棋品制度的确立和大型活动的推行,则是其产生的基础之二。

据"中国围棋大事年表"记载:"南朝宋明帝置'围棋州邑'。以建安王休仁为围棋州都大中正,王谌、沈勃、王抗等四人为小中正,褚思庄、傅楚之为清定访问"(《南齐书·王谌传》)。围棋州邑应是掌管围棋的专门机构,仿州、郡设大、小中正等,这应是中国最早的围棋官员,这对围棋的发展无疑有十分重要的意义。

在魏晋南北朝时,棋品制度的创立,也是当时围棋勃兴的一件大事。曹魏时期,曹操创立了九品中正制,为以后几朝所承继。与九品中正制相对应,曹魏时期也出现了将棋艺分为九品的说法。《艺经·棋品》云:"围棋之品九,一曰入神,二曰坐照,三曰具体,四曰通幽,五曰用智,六曰小巧,七曰斗力,八曰若愚,九曰守拙。"《艺经》虽已亡佚,但棋品的划分还有其他的见证。如范汪的《围棋九品序录》《棋品》。袁道有《棋后九品序》。这都表明,围棋已形成独立的评价体系。

据《中国围棋大事年表》记,自棋品制度确立后,仅南朝就有三次大的皇家品棋活动。

第一次在南齐永明年间(483—493),齐武帝敕王抗品棋,王抗为围棋第一品,褚思庄、夏赤松并列第二品。

第二次在南朝梁天监年间(502—519),梁武帝使柳恽品定棋谱,登格者278人,第其优劣,为《棋品》三卷。

第三次为南朝梁大同九年至十一年(543—545),梁武帝诏陆玄公校定棋品。

棋品制度的建立与推行,使围棋人士可以品评高下,有了发展的目标,这自然成为推动围棋发展的基础。

在魏晋南北朝时期,统治者及士大夫对围棋者爱好、重视应是烂柯传说产生的基础之三了。沈约在《棋品序》中说:"汉魏名贤,高品间出。晋宋(南朝)盛士,逸思争流。"说明到两晋南北朝时,围棋人才已是群星闪烁了。

曹操好围棋且棋艺不低。史载:"冯羽、山子道、王九其、郭凯等善围棋,太祖(曹操)皆与埒能。"(《三国志·魏书·武帝纪》)"孔桂……晓博弈,故太祖(曹操)爱之,每在左右。"《忘忧清乐集》则记载了西晋的第一个皇帝司马炎与王子武的一局棋。而"烂柯传说"诞生地的吴国,当时吴国的奠基人孙策,就好围棋,《忘忧清乐集》就留下了他与大臣吕范的棋局。孙策之后,孙权、孙皓均好棋。大臣中,顾雍等都棋力不弱。严子卿、马绥明被时人称为"棋圣"。东吴弈风愈盛,"不务经术,废事弃业,忘寝与食,努日尽明",以至太子孙和命韦睢作《博弈记》,以图纠正时风。

围棋在南朝最为兴盛,宋、齐、梁各代帝王均喜爱并提倡围棋。宋文帝刘义隆与黄门侍郎羊玄保赌棋,因羊胜而补为宣城太守;齐高帝萧道成观棋自食时至日暮,疲倦不堪时才归。梁武帝萧衍性好棋,常招棋士和大臣对弈,每"达旦不辍",除命人品定棋谱外,还亲撰《棋品》三卷,作《围棋赋》。

帝王的喜好自然影响甚广,当时,士大夫中围棋也十分流行,人人皆知的淝水大战,前秦符竖率八十万大军进抵淝水,东晋军队仅八万人。"谢公与人围棋",胜利消息传至,他"意色举止,不异于常",仅以"小儿辈大破贼"道之,其名士风流借围棋可真表现得淋漓尽致了。"祖纳……好弈棋,王隐谓之曰:'禹惜寸阴,不闻数棋。'对曰:'我亦忘忧耳。'"(《晋书·祖逖传》)祖纳以围棋为"忘忧"。王坦之以围棋为"坐隐",支道称围棋为"手谈",这些魏晋名士为围棋留下的别称至今仍然被人们熟知并一直流传。更为直接的是,太康年间,时任东阳太守(辖今衢州等地)的范汪在政务十分繁忙的条件下,仍亲著《围棋九品序录》、《棋品》五卷(隋书·经籍志)。任昉《述异记》还有一篇《朱道珍、齐廓生死围棋》：朱道珍尝为孱陵令，南阳刘廓为荆州参军，每与围棋，日夜相就局事，略无暂辍。道珍以宋元徽三年六月二十六日亡，至九月，廓坐斋中，忽见一人以书授廓云："朱孱陵书。"廓开书看，是道珍手迹。云："每思棋聚，非意致阔。方有来缘，想能近领。"廓读书毕，失信所在，寝疾寻亡。故事虽说荒诞，但士大夫们对围棋可生可死之情自可见一斑了。

　　烂柯传说，历今已近两千年了，烂柯传说的产生，不一定非要有魏晋南北朝时的思想文化与社会环境，但魏晋南北朝时的思想文化与社会环境产生了以围棋为内容的烂柯传说自是不足为奇了。烂柯传说具体的成因，谁也说不清楚了，但通过对当时大环境的分析，对烂柯传说的成因，烂柯与围棋的关系，还是有一定作用的。

本文在中国国际棋文化峰会上宣讲，

收入《钱塘棋会》，王国平主编，2013

大事记

汉

东汉初平三年(192),分太末县置新安县,属会稽郡。

三　国

吴宝鼎元年(266),分会稽郡设东阳郡,新安县隶东阳郡。

晋

太康元年(280),改新安为信安县。

晋中期(344—356),虞喜(76岁卒)《志林》载:"信安,山有石室,王质入其室见二童子对弈,看之。局未终,视其所执伐薪柯已烂朽,遽归,乡里已非。"《晋书》亦载。

南　北　朝

南朝梁任昉(460—508)《述异记》载:"信安郡石室山,晋时王质伐木至,见童子数人棋而歌,质因听之。……"

北魏郦道元(466?—527)《水经注》引《东阳记》称:"信安有悬室坂,晋中朝时,有民王质伐木至石室中,见童子四人弹琴而歌,质因倚柯听之。"

梁大同七年（541），柯山南麓建石桥寺，后又称宝严寺、宝岩寺、宝石寺。

梁简文帝萧纲（503—551）写《龙邱引》诗前后，曾为王质烂柯之事题词治碑："斧柯虽朽，碑石无穷。"

陈永定三年（559），置信安郡，领定阳、信安两县。郡治在信安。

陈天嘉三年（562）。信安郡撤。

隋

大业三年（607），信安县隶东阳郡。

唐

武德四年（621）十一月，于信安县置衢州，隶越州总管府，郡治在信安。

贞观十年（636），魏徵等撰《隋书·经籍典》载之《洞仙传》称："王质，东阳人，入山伐木，见石室中有数童子围棋，质置斧柯观之。……童子云：'汝来已久，可还。'质取斧，柯已烂尽，便归家，计已数百年。"

神龙元年（705），开元寺建于柯山西北1.5公里处。

景云年间（710—711），信安郡王李祎任衢州刺史，有《登石桥寺寻王质观棋所》诗。

开元二十四至二十五年（735—736），李祎再任衢州刺史间，在石室山洞中置雕木为仙对弈、王质坐而观之像。

天宝元年（742），改衢州为信安郡，属江南道。乾元元年（758），废信安郡，复置衢州。

大历（766—779）前后，刘迥、李幼卿、谢剧、羊滔和贞元十八年（802）、元和七年（812）分别任衢州刺史的李深、薛戎等六人，先后各赋《游烂柯山》四首，并刻碑立于石桥寺内，均载入《全唐诗》。

贞元三年（787），李祎外孙、衢州刺史韦光辅，于青霞洞右建严绶撰《刺史韦公镌外祖信安郡王诗之记》碑。

贞元六年（790），于邵被贬为衢州别驾，曾陪卢侍御游柯山，作《晚秋陪卢侍御游石桥序》。

贞元十七年（801），杜佑《通典》撰成，其《州郡典》载衢州信安"石桥山，晋王质烂柯处"。

元和元年（806）三月十八日（一说十日），衢州刺史陆庶与亲朋游烂柯山，撰《游石桥记》，并镌刻立碑。

元和四年（809）二月辛丑，岭南尚书公李翱去广州赴任途至衢州，以妻疾止行，居开元佛寺临江亭，三月丁未移住衢城。四月丙子朔，翱与西安县令侯高宿石桥，丙戌离衢。

元和九年（814），衢州刺史徐放赠刘禹锡缟纻、竹书箱，刘以诗为谢道："烂柯山下旧仙郎，列宿来添婺女光。"

咸通中（860—874），改信安县为西安县。

杜光庭（850—933）《洞天福地记》载："烂柯山在衢州西安县，为七十二福地之一。"故称烂柯福地。

宋

太平兴国二年（977）始，至八年（983）撰成《太平御览》之卷四十七引《郡国志》曰："石室山，一名石桥山，一名空石山。"

太平兴国间（976—983），乐史《太平寰宇记》载信安县石桥山王质烂柯事。

咸平二年（999），真宗赵恒赐仙集观"玉斧剑"。

景德二年（1005），赵恒赐石桥寺"宝严教寺"额，故该寺又名宝严寺。

大中祥符间（1008—1016），张君房《云笈七签·洞天福地》载："七十二福地第三十：烂柯山，在衢州信安县，王质先生隐处。"

宝元二年（1039）六月，叶清臣游烂柯山，作《游烂柯山石桥诗序》。

熙宁四年（1071）孟春九日，祝绅、林英、刘彝、钱颢、梁浃、郑庭坚会宿斗茶于柯山。

熙宁五年（1072）一月十一日，衢州比部郎中张槛唐等五人同游烂柯山立碑。此碑背面刻记元符二年（1099）九月二十日，朝散大夫提点刑狱公事游嗣立游柯山事。

元丰三年（1080），王存等编修成《元丰九域记》载衢州信安烂柯山王质事。

绍圣（1094—1097）初，三衢祝不疑在京都与国手刘仲甫对弈，胜之。

大观年间（1107—1110），毛友、郑可简于柯山右筑舍读书。宣和年间（1119—1125），毛友子毛开筑室梅岩，取名梅岩精舍，聘朱熹讲学，研读经籍。

建炎三年（1129），徐徽言被金杀害。高宗赵构称徐"报国死封疆，临难不屈，忠贯日月"，谥忠壮。后在烂柯山下建徐忠壮公祠，内有朱熹书"忠贯日月"匾额，并列宋范浚《徐忠壮公传》碑，明方应祥《竭徐忠壮公祠》诗碑。

曾幾（1084—1166）《迪侄屡响新茶》诗载烂柯山产"柯山点"茶，柯山点俗称衢点。

绍兴（1131—1162）中，宣城人周紫芝登第，辛未二十一年（1151）秋，于衢人处得石室酒之酿法，后两月赴官江西，酿成酌客，无不喜者，作《风流泉铭并叙》，故石室酒又称风流泉。

乾道二年（1166）阳月，永嘉王木叔为毛开平仲作《题樵隐词》。《四库全书》编入《樵隐词》。

乾道二年（1166），西安县丞张应麟督建石室堰，将成，山水暴涨，张衣冠乘马入水死，民于堰北建祠以祀。

淳熙五年（1178），陆游到衢，赋《柯山道上作》《赠柯山老人》《访毛平仲问疾与其子适同游柯山观王质烂柯遗迹》，在《偶得石室酒独饮醉卧觉而有作》

诗中称名酒石室酒"色若秋涧泉"。

淳熙七年(1180),柯山人毛开(字平仲)卒,韩淲作《毛平仲挽词》二首,朱熹赋《题毛平仲墓铭后》诗。毛著《樵隐词》,内载《念奴娇·暮秋登石桥追和祝子权韵》《满江红·怀家山作》入《全宋词》。尤袤、王木叔、毛晋分别为《樵隐词》作序、题、跋。

庆元间(1195—1200),祝穆《方舆胜览》载:"烂柯山……在西安,乃青霞第八洞天。"

庆元初,宁宗赵扩赐烂柯山画扇一把,后藏于集仙观。咸淳十年(1274),高九万官衢,与同僚游柯山,集仙观内见扇,于《即事十绝》之《观宁宗御书画扇》诗述之。

嘉定元年(1208)六月,徐载叔邀陆游来桥南书院,陆游为书院作记。另韩淲《题桥南书院图卷》诗称:"几年来往柯山下,合到桥南书院中。"

淳祐六年(1246),衢州郡守杨彦瞻请于朝立梅岩精舍为书院。九年,郡守游钧筑舍,邀徐霖讲学,远近学子奔来求教者多达三千。

景定二年(1262),孔子五十世代裔孙孔元龙任柯山精舍书院山长。

景炎二年(1277),徐天俊重建书院,次年改精舍书院为柯山书院,徐任山长。

元

至元二十六年(1289),王恽离京赴任福建宪使途经衢,在《衢州》的"烂柯闻有局,无分蹑仙梁"诗句后注:"州南三十里有天然石梁,长约十丈,谓之烂柯仙界。"翌年冬,王恽由闽返京,在衢游烂柯山,赋《又题石桥山》。

大德五年(1301)。鲜于枢(字伯机)卒。生前作《石桥山留题》,入《元诗选》。后吴师道作《和鲜于伯机旧题柯山韵》。

大德四年至至大元年(1300—1308),柳贯任江山县教谕,所作《送陈彦正山长奉亲赴柯山》诗,有"之官深入烂柯乡"句。宋代即有烂柯乡建置。

大德间,钱塘张雨弃家为道士,其《句曲外史集》载《烂柯图》。入《元诗初选》。

延祐五年(1318),《文献通考》作者马端临任柯山书院山长。

至正二年(1342),杨明游柯山赋《洞天春游》,诗碑曾立柯山,明时毁。

至正九至十四年(1349—1354),马浩(字昂夫)任衢州路总管,作有《柯山石桥记》等。萨都剌、蒲室禅师各作《三衢守马昂夫索题烂柯山石桥》《次韵马昂夫总管饮仙桥诗》。

至正二十四年(1364)六月七日,胡翰和龙泉章三益游烂柯山,并作《青霞洞天游记》,内载:"道家所谓青霞洞天者,世名烂柯山,即晋王质观弈棋处,在今信安兴贤里。"另有《青霞洞天偕章三益佥事观石桥》入《明诗综》。

明

洪武元年(1368),留文溍任西安县训导,作有《烂柯山记》。

洪武二至三年(1369—1370),《元史·食货志》载:"产铁之所在江浙曰衢州石室,……石室街有冶厂一所,多取近山之铁。"

洪武八年(1375),刘基(字伯温)卒,生前作《自衢州至兰溪》诗有"仙山在咫尺,早晚期登临"句。

永乐二十一年(1424),成祖赐葬叶贞,于柯山垅口建墓。嘉靖元年(1522),吏部尚书杨一清奉诏撰《名臣都御史叶贞墓志铭》。

天顺(1457—1464)初,龙游知县王瓒作《题烂柯山》,载入《古今图书集成》。

成化七年(1471),衢州知府阎铎偕郡丞等游烂柯山,后作《柯山揽胜诗序》。

弘治十三年(1499),沈杰修葺城垣,引石室堰水入城壕,成为环城储水源。

嘉靖元至六年(1522—1527),林有年任衢州郡守间,曾率陆应阳、刘以昱、王士熙、王瓒等游烂柯山,并以《烂柯山留题》同名各赋诗一首。

嘉靖十七至十九年(1538—1540),李遂任衢州知府间,于青霞洞东摩崖题刻"天生石梁";二十三至二十五年,杨子臣任知府间,于洞西题刻"烂柯仙洞"。

嘉靖四十一年(1562)孟冬,胡宗宪督师平倭,宴将士于烂柯山,徐渭(文长)、沈明臣等陪宴,即席赋凯歌刻石碑。胡还于青霞洞崖题刻"十里云天一径通,天门高敞五云中"。

万历十二年(1584)正月,立"烂柯山宝岩寺常任僧产碑记"。

万历三十五年(1607)元日。御史金忠士游柯山,立碑。并崖刻"碧汉长虹"。

万历四十四年(1616),方应祥举进士。晚年与学友徐日新、叶秉敬于柯山麓举办青霞诗文社。

万历四十五年(1617),衢州知府瞿溥于青霞洞西建日迟亭,惜将兵燹摧残尚存之唐、宋断碑尽弃埋作亭基址,致古迹湮没不少。亭成,瞿溥及吏部文选司郎中徐可求各作《柯山日迟亭记》《日迟亭记》。后瞿溥编《烂柯山志》,已佚。

万历四十八年(1619)秋,应臬与徐日炅到柯山数日行,作《日迟亭赋》并序。

万历年间(1573—1620),在史局十五年的国子祭酒萧良撰《龙文鞭影》,载柯山王质事。

约万历年间,谢肇淛《五杂俎》载:"三衢烂柯山中有数松,盘拏蹩缩,形势殊诡,余尝过之,叹其生于荒僻,无能赏者。又十数步武,石碣表于道周,大书曰'战龙松',朱晦庵笔也。"

万历四十五年至天启元年(1617—1621),瞿溥任衢州知府期间,修建宝岩寺,并作《修饰三宝佛像开光疏》,为此叶秉敬作《修建宝岩寺题疏》,徐可求作《烂柯山疏》。

天启二年(1622),徐日炅举进士。后编纂《烂柯山洞志》,已佚。清《四库全书》存目。

崇祯五年(1632)重阳,衢州知府丁明登率别驾冯莹等登柯山,各作《九日与同寅游烂柯山》《和〈九日诗〉韵》。

崇祯十二年(1639)春,王范巡历衢州,欲游柯山,因遇雪阻而未果。清顺治四年(1647)受衢州知府冷时中所邀,游烂柯山,作《丁亥秋日游柯山诗序》,七月四日又为冷时中《烂柯山志》作《柯山志叙》。

清

顺治三年(1646),冷时中任衢州知府。次年撰《烂柯山志》,现原本藏天津图书馆。同时作《柯山纪游诗序》。

顺治四年(1647),钱塘举人吴山涛任西安县学训导(与府学同)。是年作《柯山诗选序》。

顺治十六年(1659),顾祖禹始撰《读史方舆纪要》,至康熙三十一年(1692)完成,内载:"衢州烂柯山:府南二十里,名石室。《通典》谓之石桥山,山中有石桥也。道书谓之青霞第八洞天。"

康熙十三至十四年(1674—1675),周召《双桥随笔》载王质烂柯事。

康熙二十一年(1682),于城北书院村建青霞书院,废于嘉庆前后。

康熙二十九年(1690),两浙督学使周清原偕西安令鹿祐等游柯山,并立碑。

康熙三十一年(1692)初冬,朱彝尊应西安知县鹿祐邀来衢间,作《冬日同鹿明府、钱广文游烂柯山二十韵》及《跋唐衢州刺史嗣江王祎石桥寺诗》,后者曾立碑。

康熙三十五年(1696),陈鹏年知西安县,多善政,后升河道总督,雍正元年

（1723）逝于河防工地。衢民念其政绩,于柯山集仙观右立陈公祠以祀。

康熙三十五至三十七年（1696—1698）,陈鹏年重建日迟亭,并易名为柯山亭。同时于战龙松侧新建"我来补亭"。三十七年仲春,叶淑衍撰《柯山亭记》。

康熙三十七年（1698）,《西安县志》载:潘世懋著有《续修烂柯山志》。已佚。

康熙四十年（1701）二月二十二日,戴名世游烂柯山作《游烂柯山记》,载入《南山集》。

雍正十年（1732）,西安县以字号作行政管理区域名号,柯山属"馀"字。

乾隆五十三年（1788）,宝岩寺再修,称柯山石桥寺。咸丰间毁于兵燹。

道光二十二年（1842）,衢守汤浚重修柯山亭复名日迟亭,并立碑。同治初毁于兵燹。民国10年（1921）修复,后圮。

同治元年（1862）五月,太平军侍王李世贤在衢南石室,衢东北莲花、云溪一带筑坚垒抵御左宗棠清军。

光绪六年（1880）冬初,郑永禧在柯山采五色灵芝一枝,而赋《柯山见五色灵芝》诗。

光绪十一年（1885）,寺僧广信募缘重建石桥寺。广信作有《初到柯山》诗。

光绪二十三年（1897）,郑永禧中解元,后撰《烂柯山志》,于三十二年（1906）出版。

中 华 民 国

元年（1912）3月1日,西安县易名衢县。

5年,柯山属衢县黄坛区。9年,属黄坛乡。

6年10月,省立第二造林场在柯山创办。

10年,6月出版的《中国人名大辞典》载王质遇仙故事。

22年11月,郁达夫游烂柯山,作《烂柯纪梦》。

24年,衢县烂柯山名胜管理委员会广征题咏爰赋,寓衢杭人张应铭以赋烂柯山的四绝句应之。

29年,国民政府勘测黄坛口水电站坝址。37年,由全国水力发电总处钱塘江水力勘测处完成初步工程设计,因乏资金未能动工。后转函资源委员会拨款兴建。

31年,国民党八十六军教导营驻烂柯山,以青霞洞石室为培训军官之课堂。

33年,衢县名胜管理委员会立"战龙松遗迹"碑、"五指樟遗迹"碑。

34年2月,衢县设柯山乡。乡公所驻石室街。次年6月,柯山乡并入黄坛乡。

38年5月6日,中国人民解放军第二野战军第五兵团十六军解放衢县。5月20日,衢县人民政府成立。8月,柯山属衢县黄坛区(区所驻石室街)黄坛乡。

中华人民共和国

1950年5月,烂柯山属衢县大洲区石室乡。

1952年10月,衢城至黄坛口公路建成。

1958年10月,在石室乡横路村建衢州化工专科学校。1960年2月,浙江化工专科学校由杭州迁衢,与该校合并建立浙江化工学院,地址在烂柯山南麓乌溪江旁的石室村。1980年,浙化迁杭。

1958年,溪东埂桥建成。石室渡(游仙渡)口消失。

1959年,石室至天苍岭公路建成。1979年,石室至黄坛口公路通车。

1961年9月,烂柯山属花园区石室公社。1982年底公社改乡。

1961年,邓拓于北京晚报上发表《烂柯山故事新编》。

1964年,衢县人民政府拨款7000元修建宝岩寺。

1972年，宝岩寺大雄宝殿被拆除，宋古松、古枫12株被砍伐。

1979年，国务院批准以衢县部分区域设立衢州市（县级）。1981年4月15日，国务院批准撤销衢县，并入衢州市（县级）。烂柯山属衢州市（县级）花园区石室乡。

1985年4月，在浙江化工学院原址建立浙江工学院浙西分校。1993年改称浙江工业大学浙西分校。

1985年5月15日，国务院批准撤销金华地区，衢州市升为地级市，设立柯城区和衢江区（1986年改为衢县）。7月17日，柯城区建立。自此，烂柯山属衢州市柯城区石室乡。

1987年，衢州市规划处与同济大学规划系合作编制《烂柯山森林公园总体规划》，1991年5月29日，由衢州市人民政府主持通过专家评审。

1988年7月，省人民政府批准兴建乌溪江引水工程。翌年8月8日动工。1994年8月4日全线通水。其渠首枢纽工程距烂柯山南3公里，渠水流经烂柯山脚下。

1988年10月，建设部副部长、古建筑专家戴念慈考察烂柯山风景区。

1989年10月，衢州市园林管理处重建日迟亭。副市长徐邦毅书撰楹联。

1990年4月，在青霞洞内玉枰仙隐处重修围棋盘，以厚10厘米、90厘米见方的324块青石板铺砌而成，为"天下第一大围棋盘"；秋，市园林管理处修复青霞洞。重立"青霞第八洞天"青石柱。并于其背面刊《重修迟日亭记》。

10月21—26日，举行衢州市首届"烂柯杯"围棋大奖赛。决赛在烂柯山举行。

1991年10月7日，浙江省人民政府批准衢州为省级历史文化名城。1994年1月，国务院批准衢州为国家级历史文化名城。

初夏，建设部规划司司长赵士修到烂柯山进行实地考察，并为烂柯山题词。

6月20日,衢州市人民政府在烂柯山召开有关部门负责人会议,研究修复烂柯山风景区事宜,迎接1993年全国围棋锦标赛在衢州进行。

7月30日,衢州市人民政府成立烂柯山风景区开发建设领导小组。

1992年底,由中央新影电视剧部承担拍摄的电视剧《柯山棋魂》开始拍摄。

是年,衢州市佛教协会重建宝岩寺内地藏殿。

是年,衢州市围棋启蒙学校成立,设在市区新华幼儿园。

是年,修复宝岩寺至青霞洞的2条山径小道,全长370米,用青石板铺筑。又修筑从市水泥厂至烂柯山脚公路,全长1公里,宽6.5米,泥石路面。

1993年3月14日,中央电视台台长杨伟光会见郭学焕市长,商谈有关《柯山棋魂》电视剧的播映事项。

是年春,全国人大常委会副委员长程思远为烂柯山题词:"天下第一梁。"

4月,国家体委主任伍绍祖为全国围棋锦标赛在衢州举行题词:"烂柯棋局传千载,衢州建设展新颜。"

4月20日,烂柯山风景区开发建设办公室在青霞洞和宝岩寺前建立由中国书法家协会张源、刘艺、李铎、佟韦等名家书写的石碑。

4月,烂柯山开通直拨电话。

4月30日,邮电部在烂柯山举行《围棋》特种邮票及首日封发行仪式,邮电部副部长刘平源及省邮电管理局局长金德章、副局长屠用和参加首发仪式。

5月1—16日,全国围棋锦标赛(团体)在衢州举行。聂卫平、刘小光、俞斌、张文东等围棋国手参赛,并游览烂柯山。

5月2—3日,衢州市人民政府与中央电视台、浙江电视台联合举办"围棋仙地文艺晚会"。

8月9日,衢州市政府发文成立烂柯山风景管理处。

是年,《上海钱币通讯》第35期载以衢州烂柯山王质遇仙下棋为图案之古币。

是年,共青团衢州市委筹资于梅岩对面的狮子山上建梅亭,旁立市政协主席吴海松题书碑。

是年,由崔铭先、郑艮安主编的《烂柯山诗集》出版发行。

是年,《人民日报》体育版详细介绍烂柯山地理环境、人文景观、历史渊源和投资环境。

是年,在烂柯山山门东石壁上完成一个5米见方的繁体仙字摩崖石刻。

1994年2月,烂柯山风景管理处于柯山麓重建莲池,面积3000平方米。9月2日又修建3000平方米的水上游乐场。

2月,全国政协副主席、中国佛教协会副会长赵朴初为烂柯山题词。

暮春,著名作家王西彦游烂柯山,并撰文介绍。

4月12日,副市长姜宁馨主持召开举办全市围棋启蒙学校协调会议。会议要求全市城镇幼儿园、小学开设围棋课培养围棋人才。

5月14—15日,衢州市首届"节水杯"少年儿童围棋赛在市围棋启蒙学校举行。市节水办公室与市体育协会签订协议,由节水办公室提供10年"节水杯"少儿围棋赛经费。

9月,市闸桥水电站与石室三村联合开发的梅岩景区对外开放。

11月,衢州市政府邀请参加全国历史文化名城研讨会的专家,就《烂柯山风景区规划建设方案》到烂柯山进行实地考察论证。

1995年2月15日,市编委会以衢市编(1995)1号文,将烂柯山风景区管理处归口市文物管理委员会办公室管理,编制2人。

1995年6月8日至11日,全国第六届"天神杯"中国围棋棋王赛在衢州举行,棋王马晓春、挑战者张文东九段、讲解刘小光九段来衢参加,中国棋院副院长王桢参加开幕式。赛后,马晓春将"天神棋王奖杯"转赠给衢州市围棋协会。

6月11日,张达洋市长代表衢州市政府授予马晓春、张文东、刘小光3人为衢州市荣誉市民称号,颁发荣誉证书。

6月,中央电视台"东西南北中"节目,专题介绍烂柯山。

11月,由山东曲阜市文物局长孔祥林率领的全国孔庙保护协会的专家一行游览烂柯山。

12月,衢州市公安局柯城分局烂柯山派出所挂牌工作。

同月,忠壮公徐徽言后裔、书法家徐润芝为烂柯山题词:"烂柯仙境。"

是年,浙江省围棋传统项目学校在衢州市成立,设于衢州师范学校附属小学。

1996年2月10日,融祠、墓、园林、塑像和事迹陈列馆于一体的忠壮陵园于柯山南麓落成,占地2万平方米。

上半年,发现民国之"战龙松遗迹""五指樟遗迹"碑。后又发现宋"毛庭兰墓碑"。

5月8日,7月17日,《衢州日报》相继报道市社会科学界联合会"毛氏课题研究组"取得毛泽东祖先在衢州烂柯山下石室村之研究成果的消息。中共中央文献研究室、中央档案馆主办的《文献研究》1997年第3期刊登郑艮安的研究论文。

6月,衢州市人民政府批准烂柯山——乌溪江风景区为市级风景区。

8月,浙江省建设厅厅长李志雄来烂柯山视察。

9月,浙江省旅游局局长俞剑明到烂柯山检查指导工作。

同月,香港孔教学院院长汤恩佳先生偕夫人游览烂柯山,并向烂柯山风景区捐资港币两万元,用于忠壮公徐徽言的陵园复建。

同月,烂柯山风景管理处立7块各界人士和单位捐款碑。

同月12日,市编委会下文将烂柯山风景管理处隶属为市建设规划局,事业编制5人。

12月,历时13个月的忠壮公陵园楹联征集与评选揭晓,1997年1月1日

《衢州日报》选登：傅春龄的"跨马擎梁威慑金源千秋壮烈，盘弓射逆先驱武穆一代精忠"获一等奖，周晋光、朱传富获二等奖，另四人获三等奖。

1997年1月20日，浙江省人民政府批准烂柯山——乌溪江景区为省级风景名胜区。

1998年，衢州市佛教协会自筹资金200万元重建大雄宝殿、地藏殿、西方三圣殿、寮房及斋堂，先后雕塑全堂佛像。宝岩寺占地六亩。中国佛教协会会长赵朴初题写"宝岩寺"匾额。2000年10月，大雄宝殿落成开放。2001年5月，天王殿落成开放。

2000年9月25日，投资761万元，占地面积2万平方米的西入口综合服务区竣工投入使用。并开通景区西线通道。

10月，烂柯山风景管理处隶属衢州市建设局。

同月，华中科技大学城市规划设计院与衢州市规划局制定完成《烂柯山——乌溪江风景名胜区总体规划》，分规划文本、规划说明两个部分，共8万余字。

2002年10月，"江铃杯"全国围棋甲级联赛浙江主场移师衢州。

10月25日，中国棋院院长陈祖德，浙江新湖围棋队的李昌镐、马晓春、俞斌等众多的围棋高手来到"围棋仙地"烂柯山。在世界第一大棋盘上，陈祖德、李昌镐、马晓春、俞斌、彭荃、施洲分别简评"烂柯古谱"，围棋高手们分别和市委副书记章文彪、衢州棋王徐叔寅、少年棋手杨桦等40多位棋迷下指导棋。

2003年4月1日，全国围棋团体锦标赛在上海举行。衢州市首次以"烂柯山"冠名的被媒体称为美少女队的"烂柯山队"成为本次围棋赛最大的亮点。

5月，为推进烂柯山景区的开发，衢州市将烂柯山风景区范围内原建设、水电、林业、文化、民族宗教等五部门的资产进行整合、评估，以净资产1890万元注册成立国有独资公司——衢州市旅游发展有限责任公司。

10月，在首届浙江作家节期间，60余位作家到衢州开展文学采访活动，到了包括烂柯山在内的多处名胜地体验和采访。

2005年1月11日,衢州市机构编制委员会批发,同意将市烂柯山风景区管理处成建制划归市旅游局管理。

7月,衢州市旅游发展有限公司以实际入股资产1029.9万元,与投资现金2403.1万元的浙江国旅合资组建新的合资公司——衢州国际旅游集团烂柯山开发有限公司,共同开发经营烂柯山。

2006年9月18日至22日,第一届"衢州·烂柯杯"中国围棋冠军赛在衢州隆重举行。陈祖德、聂卫平、马晓春、俞斌、常昊、罗洗河、古力、周鹤洋八位九段参加。

2006年,"烂柯山的传说"入选衢州市首批非物质文化遗产名录。2007年入选浙江省第二批非物质文化遗产名录。2011年入选第三批国家级非物质文化遗产名录。

2008年11月9日至13日,第二届"衢州·烂柯杯"中国围棋冠军赛第三阶段的八强赛、半决赛、决赛在衢州举行。

2010年9月30日,第三届"衢州·烂柯杯"中国围棋冠军赛决赛在衢州举行,谢赫七段胜江维杰四段,获"烂柯山杯"冠军奖杯,获得50万元奖金。

2011年6月,中国围棋协会授予衢州市为全国围棋之乡。

2012年8月26日至28日,第四届"衢州·烂柯山杯"中国围棋冠军赛在衢州举行八强赛、半决赛和决赛,孟泰龄六段击败柁嘉熹三段,夺得冠军。

9月27日,浙江省"十大文化谷"和文化产业发展122工程首批二十家重点文化产业园区之一的中国围棋谷在烂柯山南麓的荆溪村正式开园,为期一个多月的中国围棋谷文化节也在同时拉开帷幕。

2014年5月28日,中国围棋协会授予衢州市为中国围棋训练竞赛基地。

9月12日,第五届"衢州·烂柯杯"中国围棋冠军赛在衢州落下帷幕,范廷钰击败时越夺冠并获得50万元奖金。

2015年,浙江大学出版社和浙江摄影出版社分别于11月和12月出版两种版本的《烂柯山的传说》,分别收入民间传说62篇、56篇。后者是浙江省非物质文化遗产代表作丛书的一种。

2016年2月,重新修订完成《烂柯山——乌溪江风景名胜区总体规划》。

5月18日,第六届"衢州·烂柯杯"中国围棋冠军赛在衢州开幕,包括聂卫平,柯洁在内的32位中国顶尖棋手齐聚衢州。5月20日决出八强。八位中国顶尖棋手于10月12日至15日再聚衢州,参加八强赛、半决赛和决赛。芈昱廷获冠军,柯洁获亚军。

5月19日,举行衢州市暨柯城区围棋育苗工程启动仪式,市委副书记江汛波宣布仪式启动,副市长陈锦标等领导出席。出席仪式的贵宾有:中国围棋协会副主席林建超、聂卫平,中国围棋队领导华学明,中国围棋队总教练俞斌,世界冠军棋手常昊、古力、时越等。

后 记

作为衢州区域文化集成丛书的一种,《围棋仙地——衢州烂柯山》在1998年版《烂柯山志》的基础上作了增删、修改和调整。

1998年版《烂柯山志》于1997年编纂完成,1998年7月由浙江人民出版社出版。编纂领导小组由顾问余子安、傅春龄,组长王义布,副组长虞安生、徐文荣,成员王义布、范显镗、诸葛静、徐文荣、梅建宏、虞安生组成。主编徐文荣、诸葛静、范显镗。姜宁馨、王义布分别作序。

《围棋仙地——衢州烂柯山》的编纂工作在衢州市住房和城乡建设局主持下进行。编纂领导小组由顾问徐文荣,组长周红燕,副组长季日新、张晓宏、樊笑安,成员汪金根、何剑、石延海、方建伟、蓝朝龙、江健、郑骏、涂建明、赵红兴、周萍组成,编辑周樟华、姜平,摄影许军、周志浩、王洁廉。编纂工作得到市方志办、市旅游委员会、市体育局、市围棋协会、市图书馆等相关部门、单位的热情支持,于2016年11月编纂完成。

值此新书出版之际,向所有为《烂柯山志》和《围棋仙地——衢州烂柯山》的问世付出过辛劳的同志们致以衷心的感谢。